绩优企业
|是这样炼成的|

人力资源管理一本通

RENLI ZIYUAN
GUANLI
YIBENTONG

《绩优企业是这样炼成的》编委会 / 主编
石文慧　张　卓 / 编著

内蒙古人民出版社

图书在版编目(CIP)数据

绩优企业是这样炼成的：人力资源管理一本通 / 《绩优企业是这样炼成的》编委会主编；石文慧，张卓编著. —呼和浩特：内蒙古人民出版社，2019.11

ISBN 978-7-204-15108-0

Ⅰ. ①绩… Ⅱ. ①绩… ②石… ③张… Ⅲ. ①企业管理-人力资源管理 Ⅳ. ①F272

中国版本图书馆 CIP 数据核字(2019)第 154606 号

绩优企业是这样炼成的：人力资源管理一本通

主　　编	《绩优企业是这样炼成的》编委会
作　　者	石文慧　张　卓
图书策划	石金莲
责任编辑	晓　峰　杜慧婧
封面设计	宋双成
出版发行	内蒙古人民出版社
地　　址	呼和浩特市新城区中山东路 8 号波士名人国际 B 座 5 层
印　　刷	内蒙古爱信达教育印务有限责任公司
开　　本	710mm×1000mm　1/16
印　　张	18
字　　数	300 千
版　　次	2020 年 9 月第 1 版
印　　次	2020 年 9 月第 1 次印刷
印　　数	1—3000 册
书　　号	ISBN 978-7-204-15108-0
定　　价	38.00 元

如发现印装质量问题，请与我社联系。联系电话：(0471)3946173　3946120

前　言

人力资源开发与管理的比较系统的理论是西方经济学家、管理学家于20世纪60年代以后提出的。不过，人力资源开发、管理活动的历史却可以追溯到遥远的古代，无论是中国还是外国，在现代人力资源理论建立之前，都已经积累起这方面比较丰富的思想和实践经验。挖掘整理这些思想和实践经验，有助于我们对人力资源开发与管理的孕育、产生、发展和变化有更清晰全面的认识。

实际上，中国历史上就有许多知人善任的事例，并由此而形成了“事在人为”的理念。不过，由于人力资源管理的概念是一个舶来品，因此，我们根据美国学者的看法，将人力资源管理的产生和发展的过程划分为以下4个阶段：手工艺制度阶段、科学管理阶段、人际关系运动阶段和目前的组织科学—人力资源方法阶段。

在过去一个很长的时期中，我们对人力资源管理显得比较陌生，这与传统的计划经济管理体制有密切关系，因为国有企业和公共事业单位中的人员管理一直实行着集中统一的计划管理模式。随着市场经济的发展，非国有经济成分发展迅速，但是在非国有经济发展的开始阶段，依靠的主要是市场开拓与资金运用，企业中人员的差异并没有构成主要的决定因素。随着市场竞争的加剧，资金供给紧张的形势缓解，企业的成功与其员工队伍之间的关系就逐渐得到人们的关注。人力资源管理问题便显得日益重要了。

在经济改革开放之初，我们非常重视向西方国家学习市场经济理论。经济理论是对现实的抽象和简化，它经常假定生产能够在生产可能性边界上运行。这要求企业已经做到了人员在数量、结构和质量各方面与企业需要相互配合，并且员工总是在发挥自己的最大能力。人力资源管理在实质上就是要寻找让这一理想的假设成为现实的方法。从传统经济学中生产函数的角度看，产出决定于资本和劳动力两个基本的因素。在资本的约束不是关键问题的情况下，选择哪些求职者成为本企业的员工，如何对这些员工进行培训、激励和补偿，对企业产出的数量和质量具有决定性的影响。换言之，不同的人力资源管理水平对应着不同形式的生产函数形式，因此，人力资源管理有效性的提高能够具有与技术进步一样的效果。

现代的人力资源管理是从传统的人事管理演变和发展而来的，然而两者之间的差异使我们有足够的理由将人力资源管理看作一个崭新的学科。与人事管理相比，人力资源管理更加强调将员工作为一种具有潜能的资源，强调对组织中人员的激励与发展；同时，人力资源管理也不只是将对人员的管理作为企业管理中的一个单一职能，而是重视有效的人力资源管理对整个组织运营活动的支持与配合作用。随着我国劳动力市场的建立和完善，随着员工越来越重视自己的工作生活质量，随着政府部门关于劳动就业法规的逐步完善，企业中的人力资源管理将变得非常关键。由于环境的变化，组织的成功，对组织中的人员提出了更高的要求，要求人力资源经理人员能够发挥更大的作用，并且具有很强的适应性。实现对组织中人力资源的有效管理需要大量的专业知识和技能，人力资源经理人员不仅需要了解组织面临的竞争环境和组织的需要，而且还需要了解和掌握那些有竞争力的组织人力资源管理的观念、方法和技术。

本书的目的是帮助读者了解国外特别是美国当代人力资源管理理论和实践的基本内容和发展状况，提高人力资源管理的理论水平和操作性技巧。需要强调的是，现代人力资源管理的一个重要观点是，人力资源管理是所有管理工作的核心，或者说组织中所有经理人员的工作都涉及人力资源管理的成分，因此本书还强调人力资源经理和企业中的其他经理人员在人力资源管理中的不同作用，以帮助读者成为一个更有效率的人力资源经理或直线经理人。

本书能够在一年多的时间里顺利编写完成，离不开诸多同仁的精心协作和努力。在这里我们要感谢李元秀、贾瑞山、徐凤敏、孙影、夏飞、邓颖、陈礼春、石文慧、张卓、莘瑞印、秦宇超等同志参与编写，感谢你们的努力与付出！在此付梓之际，一并向你们表示衷心感谢！

编委会

目录

第一章

人力资源管理概论

企业之间的竞争是人才的竞争，而现代企业对人才的竞争归根到底是人力资源的竞争。人力资源管理是一个将战略目标转化为个人绩效的系统，通过有效地组织以取得最优的工作结果。

本章首先讨论人力资源及其相关的基本概念和理论，然后从人力资源管理观念、组织层面、部门层面、历史演变、国内外发展等方面对人力资源管理的基本内容进行介绍。

人力资源概述

人力资源的含义

要进行社会经济活动，必须以具备一定的资源为前提。资源指有价值的、可用的东西或原始的物资，亦即经济活动要素。没有人的工作，一切经济活动都无法进行。人力资源最一般的含义是指智力正常的人。广义上理解人力资源是指能够推动特定社会发展进步并达成其目标的该系统的人们的能力的总和。这主要是从社会系统的角度讨论人力资源。狭义的人力资源指特定社会组织所拥有的能推动其持续发展、达成其组织目标的成员能力的总和。此定义局限于在社会组织的层面讨论人力资源。概括讲，人力资源是指一定范围内的人所具备的劳动能力的总和。

人力资源经典观点

1. 人力资源不仅是自然存在的资源，而且更重要的是一种资本性资源。人力资源与生产资料一样，也需要投资才能提高产出率。

2. 并非一切人力资源都是重要的资源，只有通过一定的投资，掌握一定知识和技能的人力资源才是重要的。

3. 人力资源作为一种生产要素，其资源能力远远超过一切其他形态的生产要素资源能力的总和，对人的投资所带来的收益率大大超过一切其他形态生产要素的投资收益率。

4. 人力资源既是生产的手段又是生产的目的；既是生产的承担者又是生产发展目的的实现者。这是人力资源与其他生产要素的最大区别。

5. 人力资源是自然性与社会性、经济性与政治性等多种属性的统一。因此，人力资源既是一种生产性要素，也是一种经济性要素。

6. 开发与管理人力资源的目的，是为了有效地运用人的劳动能力和社会活动能力。

7. 人力资源所具有的劳动能力存在于人的身体之中，是人力资本的存量

表现，这种存量只有在人们劳动时才能发挥出来。

人力资源的构成

一个社会的人力资源，由下列8个部分构成：

1. 处于劳动年龄之内、正在从事社会劳动的人口，即“适龄就业人口”，它占据人力资源的大部分。

2. 尚未达到劳动年龄、已经从事社会劳动的人口，即“未成年劳动者”或“未成年就业人口”。

3. 已经超过劳动年龄、继续从事社会劳动的人口，即“老年劳动者”或“老年就业人口”。

4. 处于劳动年龄之内、具有劳动能力并要求参加社会劳动的人口，这部分可以称为“求业人口”。

5. 处于劳动年龄之内、正在从事学习的人口，即“就学人口”。

6. 处于劳动年龄之内、正在从事家务劳动的人口，即“家务劳动人口”。

7. 处于劳动年龄之内、正在军队服役的人口，即“军队服役人口”。

8. 处于劳动年龄之内的其他人口。

人口总体中的这八个部分统称为劳动力人口，即人力资源。

1~8的部分，即人力资源。其中前三部分人，构成了“就业人口”的总体。前三部分加上第四部分求业人口构成“经济活动人口”，即现实的社会人力资源供给，这是已经开发、能够马上运用的人力资源。后四部分并未构成现实的社会人力资源供给，它们是尚未开发的、处于潜在形态的人力资源。

人力资源与劳动力资源等的关系

人口资源、人力资源、劳动力资源、人才资源四者之间的包容关系如图1-1。

人口资源是指一个国家或地区的人口总体，它主要表现为一个数量观念，它是其他有关人的资源的基础。

劳动力资源是指一个国家或地区具有劳动能力并在劳动年龄范围内的人口总和，即人口资源中拥有劳动能力且在法定劳动年龄段的那一部分人。

人才资源是指一个国家或地区中具有较强的专业技术能力、创造能力、

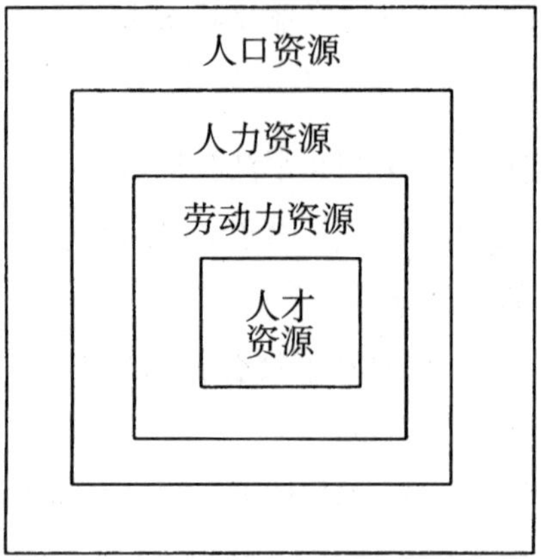

图1－1　人口资源、人力资源、劳动力资源、人才资源四者之间的包容关系

管理能力、研究能力的人们的总称，强调的是劳动力资源中比较杰出、优秀的那一部分人。

人力资源强调人们所具有的劳动能力，因此它超过了劳动力的资源范围，涵盖了全部人口中所有具有劳动力的人口（现实和潜在的劳动力资源）。狭义的人力资源，把人力资源等同于劳动力资源，在企业等微观组织范畴内用得较多。

人力资源的基本特征

人力资源与自然资源、物质资源等相比，具有以下明显特征：

1. 能动性

人力资源在经济活动中是居于主导地位的能动性资源。由于人类活动不同于自然界的其他生物，总是具有目的性、主观能动性和社会意识，人们能够根据外部可能性和自身的条件、愿望，有目的的确定经济活动的方向，并相应地选择、运用或适应外界资源。作为劳动者的人不仅能够认识世界，而且能够改造世界，在经济生产活动中总是处于发起、操纵、控制其他资源的位置上。所以，人力资源与其他被动性生产要素相比，是最积极、最活跃的主动性生产要素，在社会生产中居于主体或主导地位。人力资源的能动性主要表现在人们的自我强化、选择职业以及劳动的积极性等方面。积极劳动或劳动积极性的发挥则是人力资源能动性的最重要方面。

人们劳动积极性的发挥状况对于人力资源的潜力发挥具有决定性的影响，因此，管理人力资源要重视如何调动人的主观能动性，发挥人们积极性

等问题。

2. 再生性

经济资源可以分为非再生性资源和可再生性资源两大类。非再生性资源，例如矿藏，在它的某一部分被开发出来并耗费使用以后，只能使总体减少，绝不可能靠自身恢复。可再生性资源一般是生物资源，例如森林，在被开发、使用以后，只要保持其必要的条件，是可以恢复、保持原有总体的。人力资源是一种可再生性资源，人力资源的再生性基于人口的再生产和劳动力的再生产，通过人口总体内各个个体的不断替换、更新恢复，以及“劳动力耗费—劳动力生产—劳动力再次耗费—劳动力再次生产”的过程得以实现。

3. 时效性

人力资源是存在于人的生命——一种生物有机体中的劳动能力，它的形成、开发和利用都受到时间方面的限制。就组织的人力资源构成个体来看，作为生物有机体的人，都有其生命的周期。而作为人力资源的人，能够从事劳动的不同时期（青年、壮年、老年），其劳动能力也有所不同。就组织的人力资源总体或社会的角度来看，在各个年龄组人口的数量以及它们之间的联系方面，特别是“劳动人口与被抚养人口”的比例方面，也存在着时效性的问题。因此，任何范围的人力资源开发与管理都需要考虑动态条件下人力资源形成、开发、分配和使用的相对平稳性，尊重人力资源内在的生命周期规律和时效性规律。

4. 生产与消费两重性

人力资源既是创造财富的生产要素资源又是投资（消耗社会资源）的结果，这与每一个劳动者既是生产者又是消费者，既是生产的承担者又是产物的享受者的两重性是一样的。从生产和消费的角度来看，人力资源的投资、开发和维持是一种消费行为，往往是一种先于人力资源使用和收益的必须性消费行为。人力资源的使用和创造财富则是一种生产性行为。人力资源与其他资源一样具有投入与产出规律，需要先期的各种投入才能获得后期的收益。但是，需要特别注意的是，人们的消费行为具有刚性，只要是有生命的人，无论他是否在为社会创造财富，都需要消耗社会生活资料；而人们的生产行为则具有弹性，受制于年龄、能力、机会、生产资料等多种因素的影

响。因此，任何组织在投资、开发、利用和管理人力资源时，应当充分重视和平衡人力资源的“两重性”，正确处理好人力资源的投资与产出、开发与使用、数量与质量等相互制约的多重关系。

5. 社会性

人是社会存在与自然存在的统一，现代人主要是社会存在物或“社会的人”。人力资源具有社会性。从宏观上看，人力资源的形成要依赖社会，它的分配（或配置）要通过社会，它的使用要处于社会经济的分工体系之中。从微观上看，人类劳动是群体性劳动，不同的人一般在社会经济运动中都分别处于各个劳动组织之中，承担社会分工的劳动。因此，从本质上讲，人力资源是一种社会资源。开发和管理人力资源除了要关注其经济性的一面外，还须重视其社会性的一面，通过精神文化、价值观、人际关系、团队建设、利益整合等方式，促进人力资源的有效开发与管理。

人力资源对企业生存发展的意义

企业从事经济活动以实现其既定的目的，就必须使用各种资源作为投入。通常认为这些基本资源可分为五类，即人、财、物、信息与时间。这五类资源就其根本性质而言，还可以进一步分为人与物这两大类。财（资金）、物（设备与物料等硬件）、信息与时间都可归入“物”这一大类中去。由于人力资源不能用来直接反映企业的繁荣或经营状况，所以经常会被一些管理人员所忽视。在一定的生产力条件下，人与物这两因素，只有人的因素才是决定性的。彼得·德鲁克曾经说过：“企业只有一项真正的资源：人。”IBM公司前总裁小汤玛斯·华生也说过：“你可以搬走我的机器，烧毁我的厂房，但只要留下我的员工，我就可以有再生的机会。”可见人力资源是企业生存的关键资源。

现代企业的生存是一种竞争性生存，人力资源自然对企业竞争力起着重要作用。这种竞争优势可以通过两个途径达到：一是成本优势，二是产品差异化。人力资源的重要性体现在许多方面，人力资源对企业成本优势和产品差异化优势意义更为重大。

1. 人力资源是企业获取并保持成本优势的控制因素

其一，高素质的雇员需要较少的职业培训，从而减少教育培训成本支出。其二，高素质员工有更高的劳动生产率，可以大大降低生产成本支出。

其三，高素质的员工更能动脑筋，寻求节约方法，提出合理化建议，减少浪费，从而降低能耗和原材料消耗，降低成本。其四，高素质员工表现为能力强、自觉性高，无须严密监控管理，可以大大降低管理成本。

2. 人力资源是企业获取和保持产品差别优势的决定性因素

企业产品差别优势主要表现于创造比竞争对手质量更好的产品和服务，提供竞争者提供不出的创新性产品或服务。显然，对于前者，高素质的员工，包括能力、工作态度、合作精神对创造高质量的一流产品和服务具有决定性作用。对于后者，高素质的员工，尤其是具有创造能力、创新精神的研究开发人员更能设计出创新性产品或服务。两者结合起来就能使企业持续地获取和保持相对于竞争对手的产品差别优势，使企业在市场竞争中始终处于主动地位。

3. 人力资源是制约企业管理效率的关键因素

管理出效率，人才是关键。这里的人才指的是管理人才。企业效率离不开有效的管理，有效的管理离不开高素质的企业经营管理人才。例如前述竞争优势的获取和保持，其前提条件是科学的人力资源管理，包括选人、用人、育人、培养人、激励人，以及组织人、协调人等使组织形成互相配合、取长补短的良性结构和良好气氛的一系列科学管理。企业发展仰赖于一大批战略管理、市场营销管理、人力资源管理、财务管理、生产作业管理等方面的高素质管理人才。

4. 人力资源是企业在知识经济时代立于不败之地的宝贵财富

20 世纪 70 年代以来，知识经济时代的来临将人们对人力资源的认识提高到人力资本的高度，而且将智力资本视作为人力资本的核心。知识经济是以知识为基础的经济，在知识经济时代，社会发展的方方面面均依赖于知识，企业经济活动也不例外。在其中，信息、知识、科技、创造力成为最重要的战略资源，而产生这些资源的唯一来源就是人。所以，在知识经济时代，经济竞争的重点必然由物质资源、金融资本的竞争转向人才、人力资源、智力资本的竞争。

人力资源管理概述

人力资源管理的定义

人力资源管理可以分为宏观和微观两个方面，宏观人力资源管理即对全社会人力资源的管理，由国家在全社会范围内进行。微观人力资源管理则是对组织人力资源的管理，由组织在组织内部进行。本书所指的人力资源管理是人力资源的微观管理，特别是企业的人力资源管理。

人力资源管理是指根据组织的战略目标制定相应的人力资源规划，进行人力资源的获取、使用、保持、开发、评价与激励等有效管理组织中人的活动，以实现组织的目标。

人力资源管理的内容

1. 人力资源规划

人力资源规划是根据企业的发展战略，运用科学的方法，保证人力资源管理活动的各个环节互相协调的人力资源管理的各种计划或方案。

2. 工作分析

工作分析是指对企业各个岗位的设置目的、性质、任务、职责、权力、隶属关系、工作内容、工作条件、环境以及岗位任职所需具备的资格条件等进行系统分析和研究，编制工作描述与工作规范等人事文件。工作分析是人力资源管理的基石。

3. 员工招聘与甄选

员工招聘与甄选是指组织通过采用一些方法寻找、吸引那些有能力又有兴趣到本组织来任职的人员，并从中选出合适的人员予以聘用的过程。

4. 员工培训与开发

员工培训与开发是指企业组织员工从事学习和训练，从而不断提高员工的知识和技能，改善员工的工作态度、激发员工的创新意识的管理活动。培训的主要目的是使员工较快地适应工作岗位的要求或提高职业技能和绩效；开发的主要目的是将企业的战略目标与员工个人的职业生涯发展相结合，不断地使员工的潜能发挥出来，实现组织和个人的“双赢”。

5. 员工绩效考评

绩效考评是指针对企业中每个员工所承担的工作，运用各种科学方法，对员工行为的实际效果及其对企业的贡献或价值进行考核和评价，从而为员工提供利用其能力，克服其不足的机会。

6. 薪酬管理

根据员工为实现组织目标所做的贡献，提供给员工合适和公平的报酬，将员工的薪酬与组织的目标有机地结合起来。

7. 员工职业生涯管理

职业生涯管理是对员工个人职业生涯的发展与变化进行的管理。它包括组织主动实施的职业生涯管理和自我职业生涯管理。

8. 劳动关系管理

劳动关系管理是指劳动者与所在单位之间在劳动过程中涉及有关劳动法规、员工合同等事宜的管理。

人力资源管理的任务

人力资源管理的基本任务就是：吸引、保留、激励与开发组织所需的人力资源，促成组织目标的实现，从而使组织在市场竞争中得以生存和发展。

吸引：吸引各类人才，选聘组织需要的人力资源。

保留：保证将所聘人员保留在组织内，充分发挥他们的所长。

激励：调动员工工作积极性。

开发：提供训练和发展的机会，开发员工的潜能，使他们不断增强能力。

除了上述的基本任务以外，人力资源管理还有以下一些重要的任务：

1. 促使员工将协助组织的成功当作自己的义务，进而提升员工个人和组织整体的业绩。

2. 确保各种人事政策和制度与组织绩效间的密切联系，维护人事政策和制度的适当的连贯性。

3. 确保各种人事政策与组织经营目标的统一。

4. 支持合理的组织文化，改善组织文化中不合理的地方。

5. 创造理想的组织氛围，鼓励创造性，培养员工积极向上的作风，并为

合作、创新和全面质量管理的完善提供支持。

6. 创造灵活的组织体系，确保组织反应的灵敏性和强有力的适应性，从而协助组织实现竞争环境下的具体目标。

7. 确保并提高组织结构、工作分工的合理性和灵活性。

8. 为员工充分发挥潜力提供所需的支持。

9. 维持并改进员工队伍的素质，维护并完善组织的产品和服务。

人力资源管理的特征

1. 人力资源管理的人本化

人力资源管理始终贯彻的主题就是：员工是组织的宝贵财富，组织应对员工实行“人本主义”管理。

2. 人力资源管理的战略化

人力资源管理要为企业战略目标的实现承担责任做出贡献。人力资源战略已成为企业战略的重要组成部分。人力资源部门在组织中的地位显著提高。

3. 人力资源管理的服务性

人力资源管理部门的职能转向服务支持型。人力资源管理不仅服务于公司的整体战略，更重要的是要把员工当客户，为企业内部的高层、中层以及基层的管理者提供有关人力资源管理的系统的解决方案，提供持续的人力资源开发与培训，提升员工的人力资本价值，建立支持与求助系统，为员工提高工作绩效、完成工作目标提供条件。

4. 人力资源管理的自主性

人力资源部门的集中、监督式管理更多地转向员工的自主式管理。人力资源管理是全体管理者及全体员工的责任：人力资源部门的职责主要变为集中制订人力资源政策，帮助并监督各职能部门、个人执行政策；直线经理增加了人力资源管理的责任；员工增加了自主管理的责任，有更多的参与管理与决策的机会。

5. 人力资源管理运作具有整体性

人力资源管理的运作必须依赖于整个组织的支持，而且人力资源管理各项职能之间应当具有一致性。

6. 人力资源管理的利益共同性

人力资源管理强调组织和员工之间的“共同利益”，并重视发掘员工更大的主动性和责任感。

人力资源管理者和人力资源管理机构

人力资源管理者

人力资源管理对所有的管理者都很重要，而不仅仅是人力资源部门的事情。公司的高层管理者、非人力资源部门管理人员、人力资源部门和员工四方面都不同程度承担着人力资源管理的职责。因此，除员工自我开发与管理外，企业所有各级管理者，都是人力资源管理者。

一、人力资源管理者角色

人力资源管理在企业中扮演 4 种角色：

1. 战略角色

战略角色是指确保企业所制定的与企业经营战略结合在一起的人力资源管理战略得以贯彻执行，提供基于战略的人力资源规划及系统解决方案，是企业战略的助推者和企业的战略伙伴。

2. 服务激励角色

人力资源管理既扮演着员工服务者角色，也扮演着员工激励者角色，为员工提供人力资源管理服务，是员工的良师益友。同时，人力资源管理还承担着激发员工的积极性、不断挖掘员工的潜能管理的任务。

3. 管理专家角色

这一角色要求设计执行服务于战略目标的人力资源政策、制度或操作性方案，建立起包括员工的甄选、培训、开发、评价以及报酬等一系列完善的人力资源管理的制度体系。

4. 变革推动者角色

市场经济环境下，企业要在残酷的竞争中立于不败之地，唯有不断变革，持续创新。组织变革必须要进行内部整合和人员重组，建立适应市场发展的组织结构，人力资源管理者必须参与组织变革和创新，推动并协助完成变革。

二、人力资源管理者的职责

人力资源管理职责是一种职能性的责任，不由某个部门独自承担，必须清楚界定各级、各类管理者的人力资源管理职责界限。

1. 高层管理者

高层管理者主要从战略的高度考虑人力资源管理活动。其职责包括：人力资源战略的制订、中高层经理的选拔录用决定、企业人力资源规划的审核、企业文化的塑造与发展、部门关系的协调、组织运行风格的确定以及建设领导团队等重大人力资源管理职责。

2. 人力资源管理部门

人力资源管理部门主要从事人力资源总体规划、政策的制定与监督，更多地为直线部门提供相应服务，其战略地位已有所提高。

3. 非人力资源管理部门

非人力资源管理部门主要从事人力资源开发与管理的具体执行，执行人力资源政策和制度的事务性工作，也是人力资源管理氛围的营造者，其职责正不断加强。

人力资源管理部门与非人力资源管理部门承担着大量的人力资源管理职责，其管理职责的划分不是绝对的，它们的侧重点有所不同，互相提供信息，合作完成人力资源管理工作。人力资源管理部门与非人力资源管理部门的职责分担示例见表 1－1。

表 1－1　人力资源管理部门与非人力资源管理部门的职责

职能	人力资源管理部门	非人力资源管理部门
工作分析	根据非人力资源管理部门提供的信息，编写或修订职位说明。	向人力资源管理部门提供有关职位的信息。
人力资源规划	预测公司的人员需求，预测公司的人员供给，制订平衡人员供给与需求的计划，制订人力资本投资规划，建立人力资源管理信息系统。	向人力资源管理部门提供需求计划。
招募与甄选	发布招募信息；开辟招募渠道，选择各类人员甄选工具量表，初步筛选应聘人员，配合其他部门对应聘者进行面试和其他测试，为新员工办理各种手续。	提出人员需求的条件，在人力资源部门的配合下确定最终人选。

续表

职能	人力资源管理部门	非人力资源管理部门
绩效管理	制定绩效管理体系，确定考核内容、时间、周期、方法及步骤等；指导各部门确定考核标准；培训考核者；组织考核的实施，协助并监督各级主管进行绩效考核；绩效考核面谈；处理雇员对考核的申诉；保存考核结果；对考核进行评估总结；根据考核结果作出有关决策。	确定本部门考核标准；参加考核培训；对本部门实施考核；就绩效考核问题与员工沟通，制订绩效改进计划。
薪酬管理	进行市场薪酬调查，确定薪酬结构、薪酬水平、发放方式等，制定各种薪酬管理体系；制订各种激励、奖励计划；审核各部门奖惩建议；制订福利计划。	向人力资源管理部门提出有关奖惩建议等。
培训与开发	制订培训管理体系；确定培训需求；制订培训计划；组织实施培训计划，对培训过程进行管理；建设并管理培训开发基地；评估培训效果；制订管理继任者计划；管理者能力评价与潜能开发。	向人力资源部门提出培训需求，组织员工参加有关项目的培训，提出改进建议。
职业管理	员工适岗率调查，工作轮换与内部流动管理，晋升与离职的管理，员工职业生涯设计指导。	在招募时提供较为现实的未来工作展望；提供一个富有挑战性的最初工作；根据员工的职业目标评价其职业进步情况，确认员工需要在哪方面进行职业开发活动。

4. 员工

员工自己也承担着人力资源管理的一定责任，主要包括：员工对组织的心理期望要与组织对员工的心理期望达成“默契”，参与团队管理，成为学习型人才，进行职业生涯设计与管理，进行跨团队、跨职能的合作，即员工负有自我开发与管理的责任。

人力资源管理机构

一、人力资源管理部门的设置

1. 在百人以下规模的小型企业中，通常由经理处理人力资源管理问题。

2. 在100人以上300人以下的中小企业中有两种结构：一是只设置一个人力资源管理主管，直接向企业经理负责，肩负起企业的人力资源管理工作；二是建立一个小型的人力资源管理机构，通常由2～3人组成，负责企业的人力资源日常管理工作。

3. 在300人以上1000人以下的中型企业中，一般都设立有人力资源管理部，将其作为一个独立的部门负责处理企业的日常人力资源管理工作。

4. 在1000人以上的大型企业（如集团公司）中，人力资源管理职能更加专门化。在人力资源管理部内设人力资源调动、薪酬福利、培训等若干科室或专员。

5. 在特大型企业中，其公司总部层次和公司事业部层次均设有人力资源管理部门。公司总部的人力资源部主要负责全公司的人力资源战略及其规划的制订、中高层主管人员的管理等。事业部层次的人力资源管理部主要负责该部的日常人力资源管理工作，通常无权制定人事政策。

二、人力资源管理部门的结构

人力资源管理部门的结构是人力资源管理部门内部的组织机构设置，一般是根据人力资源管理的主要活动来设计工作岗位的。较小的企业一般有专门的人力资源管理人员，但没有独立的人力资源管理部门。企业达到一定规模后，人力资源管理部门就出现了。典型的人力资源管理部门组织结构如图1－2所示。

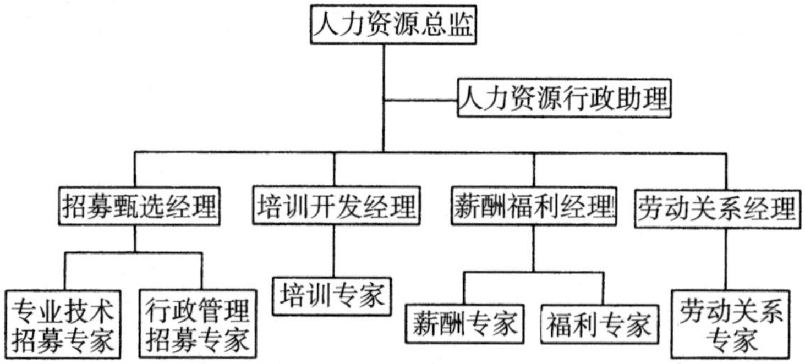

图1－2 人力资源管理部门组织结构图

人力资源管理与劳动人事管理

劳动人事管理

劳动人事管理，是指对人事关系的管理，它是以从事社会劳动的人和相关的事为对象，在一定管理思想和原则的指导下，运用组织、协调、控制、监督等手段，形成人与人之间、人与事之间相互关系的某种状态，以实现组织目标的一系列管理行为的总和。

人事管理过程包括“进、管、出”三个环节。人的调进调出被当作管理活动的中心内容。强调“听从安排”，否定个人的需要和个性。

人力资源管理与劳动人事管理的异同

认识人力资源管理和劳动人事管理的区别，转变观念，从劳动人事管理的固有观念中解放出来，建立“以人为本”的人力资源管理理念，用人力资源管理的理论、模式和方法指导人事管理工作。

一、人力资源管理与劳动人事管理的相同之处

1. 管理对象

两者的管理对象都是人。在实施管理中，都要了解人的能力是否达到岗位的要求，使人与岗位的匹配达到最优。要不断解决、协调管理中“人与人”、“人与事”之间发生的各种矛盾及产生的各种冲突，以保证组织的正常运行。

2. 管理任务

两者在管理任务上有很多相同之处，比如人员的招聘录用、考核奖惩、职务升降、考勤、工资福利、档案管理、培训等，这些工作既是劳动人事管理的基本任务，也是人力资源管理的基础性工作。

3. 管理目的

两者的管理目的都是为了实现组织目标。

二、人力资源管理与劳动人事管理的区别

人力资源管理与劳动人事管理之间有着本质的区别。主要表现在现在以下几个方面：

1. 管理观念不同

人事管理是把人的劳动作为一种在企业生产过程中的耗费或支出的“成本”来认识的。这种认识把人等同于物，企业以尽量降低人力投资，来提高产品在市场上的竞争力。人力资源管理是把人看成“资本”，而资本是能带来剩余价值的价值，通过有效的管理和开发可以创造更多的价值，是能够长期给企业带来价值的特殊资本。

2. 管理模式不同

传统的人事管理习惯于长期以来形成的固定模式进行操作，管理范围也局限在对员工劳资关系、福利、档案管理以及人员的招收、任用、调配等静态方面，把人视为管理控制的对象。人力资源管理将人看成是一种动态的发展对象来管理，管理方式活跃，内容广泛，强调整体开发。

3. 管理性质不同

劳动人事管理多为行政事务管理，是一种单纯的业务型、战术型的管理，活动范围有限，短期导向，主要由人事部门人员执行，很少涉及企业高层战略决策，而人力资源管理则是一种战略型策略型的管理，重视对人的能力、创造力和潜力的开发和发挥，既要考虑如何适应企业发展，又要满足人力资源开发的需要，直接参与企业的决策并配合和保障企业总体战略目标的实现。

4. 管理内容不同

劳动人事管理内容简单生硬，主要是对员工“进、管、出”的管理过程。所谓“进”，是指员工的招聘、录用；所谓“管”，是指员工的考核、奖惩、职务的升降、工资福利待遇、档案管理等；所谓“出”即办理员工离职的各种手续等。劳动人事管理是一种简单的事务性人事管理。而人力资源管理不仅涵盖了劳动人事管理的基本内容，而且管理内容更加丰富：工作范围拓宽了，工作内容增加了，工作内涵加深了。它根据组织的发展，设计组织结构，进行工作分析，制定人力资源规划，合理组织和使用劳动力，进行员工培训与开发，建立科学的绩效评估系统和激励机制等，使人力资源得到有效开发、合理配置、充分利用。

5. 管理地位不同

劳动人事管理活动处于执行层、操作层，被认为无须专业技术、谁都能掌握担任的工作。而人力资源管理已进入决策层、运作层，是具有战略和决

策意义的管理活动，它把人力资源与企业单位的战略目标紧密地联系在一起，关系到企业战略目标的实现，人力资源的重要性使人力资源管理的地位大大提高。人力资源管理被视为一种专业性的工作，人力资源管理人员以其专业技术提供专业性服务，协助企业高层管理者制定战略，是企业的核心部门。同时，随着人力资源管理地位的上升，对人力资源管理工作人员的素质提出了更高的要求。

6. 管理方式不同

劳动人事管理属于“被动适应型”的操作式管理，侧重于运用行政方法、经济方法等刚性管理方法，来实施对员工的严格管理；而人力资源管理属于“主动开发性”的策略式管理，侧重于刚柔相济主要是采取柔性管理方式，它强调“以人为本”，强调多激励少惩罚、多表扬少批评、多授权少命令，实行灵活多样的奖励方式，提倡分享权力，重视员工的个人价值，重视组织与员工之间的诚信与合作关系，重视员工的成长。

7. 管理关系不同

劳动人事管理是以工作为核心，管理者与被管理者的关系具有抵触性，压抑了人的主动性，不利于工作效率的提高和员工潜能的开发。人力资源管理是以人为中心开展工作，它将人看作是活的、主动的因素，是一种具有能动性、创造性的资源，寻求“人”与“工作”相适应的契合点，将人与企业的发展有机地联系起来。企业要发展需要人力资源的支持，员工要想发展离不开企业的培育，在企业和员工互利合作下，达到“双赢”的目的。

8. 绩效考核不同

劳动人事管理绩效考核目的在于发现员工绩效的现状，并以此作为报酬、奖励、提升的有力依据。而人力资源管理的绩效考核目的在于获取员工绩效的现状和信息，绩效优秀的员工将得到物质或提升等鼓励；而绩效较差的员工因此找到目前的差距及未来的制约，得到培训的机会，以使其适应岗位的需要。所有员工将从中受益，绩效考核成为企业和员工之间主动交流的有力手段；考核内容和指标更加多样化，它重视员工综合素质的发展，尤其是创新精神、团队合作和工作潜能的发展。

人力资源管理的历史演变与发展

人力资源管理的历史演变

学者们对人力资源管理的发展阶段进行了深入的研究，提出了各自的观点，下面仅介绍六阶段论和二阶段论。

1. 六阶段论

美国华盛顿大学的 W. L 弗伦奇从管理的历史背景角度将人力资源管理的历史划分为 6 个阶段。

（1）第一阶段：科学管理运动阶段。这一阶段的代表是泰罗和吉尔布雷斯夫妇，主要关注工作分析、人员的选拔、培训、报酬方案的制订以及管理者职责的划分。

（2）第二阶段：工业福利运动阶段。在这一阶段中，企业出现了所谓的福利部、福利秘书或社会秘书，主要负责员工福利方案的制订和实施。早期的人事经理被称为福利部长。员工的待遇和报酬问题被纳入管理者关心员工的思想体系中。

（3）第三阶段：早期工业心理学阶段。这一阶段的代表是心理学家雨果·芒斯特伯格等人，他们的研究成果推动了人事管理工作的科学化进程。工人福利的最大化是工业心理学研究的焦点问题。

（4）第四阶段：人际关系运动时代。这一阶段的代表是梅奥等人，由他们发起的、以霍桑实验为起源的人际关系运动，在整个管理学界引起了革命，也对人力资源管理产生了重要影响。人力资源管理开始从以工作为中心转变到以人为中心，把人和组织看成统一和谐的社会系统。

（5）第五阶段：劳工运动阶段。雇用者与被雇用者的关系一直是人力资源管理的重要内容之一。美国的工会运动以 1842 年美国马萨诸塞州最高法院对劳工争议案的判决为起点开始快速发展，到 1869 年形成了全国性的网络。1886 年，美国劳工联合会成立。大萧条时期，工会运动进入低潮。但到了 1935 年，随着美国劳工法案即《瓦格纳法案》的颁布，工会又重新兴盛起来。这一时期，罢工现象此起彼伏，缩短工时、提高待遇的呼声越来越高，并因此出现了集体谈判。到 20 世纪 60 年代至 70 年代，美国联邦政府和州政府连续颁布了一系列关于劳动和工人权利的法案，促进了劳工运动的发展，人力资源管理成为对法律比较敏感的部门。这个阶段组织内部人力资源管理的首要任务是重视工人利益和权利。

（6）第六阶段：行为科学与组织理论时代。从 20 世纪 80 年代开始，组织管理的特点发生了变化，人的管理成为主要任务。管理已从单个的人扩展到组织人，对组织中的个人进行管理，强调文化和团队的作用，成为人力资源管理的新特征。

2. 二阶段论

中国学者赵曙明从人事管理和现代人力资源管理之间的差异性角度，将人力资源管理的历史划分为人事管理和人力资源管理两个阶段。

（1）人事管理阶段。在人事管理阶段，又细分为：科学管理理论阶段、霍桑实验和人际关系运动阶段、组织行为学理论的早期发展阶段。

人际关系运动最终在大约 20 世纪 60 年代中期的时候成为组织行为学的一个分支，并为组织行为学领域做出了贡献。人际关系理论强调只有理解员工的需要，才能提高员工的满意度和生产力。组织行为学通过对个体、群体以及组织在工作中行为的研究，说明它们是如何影响个体、群体的生产力水平以及生产绩效的。

行为科学的产生与发展对人事管理产生了一定的影响。20 世纪 70 年代以后，这一时期的激励理论对后来的人力资源管理的理论与实践产生了深远的影响。

（2）人力资源管理阶段。人力资源管理是作为替代人事管理的概念提出来的，它重在将人看作为组织中的一种重要资源来探讨如何对人力资源进行管理和控制，以提高人力资源的生产效率，帮助组织实现其目标。

20 世纪 70 年代中期，人力资源管理的定义发生了变化，“人力资源管理”一词已为企业所熟知。但在最初，人力资源管理的概念和传统的人事管理非常接近，两者基本上没有本质的区别。

随着人力资源管理理论的发展，学者们开始更多地探讨人力资源管理如何为企业的战略服务，即提出了战略人力资源管理的观点。战略人力资源管理理论的提出和发展，标志着人力资源管理正在走向成熟。

人力资源管理起源于20世纪60年代初期。美国著名经济学家舒尔茨教授提出“人力投资”学说，即美国国民生产总值的快速增长不仅仅靠资本，人力资本的投入也是促进经济发展的重要因素。到20世纪70年代，人事管理和人力资源管理两个术语被交替使用。但从20世纪80年代初开始，人们开始快速地转向并青睐人力资源管理。在学术界，到20世纪90年代中期，几乎所有的教材都放弃了人事管理而选择了人力资源管理。

在中国，对人力资源管理的研究可以追溯到20世纪80年代中期。1984年，中国人力资源开发研究会的前身——中国人力资源开发研究中心成立，其任务是“组织研究中国人力资源开发问题的理论和政策，探索具有中国特色的人力资源开发和管理体系，开展有关人力资源研究和开发的国际合作，提供咨询服务等”。但是系统地研究人力资源管理理论实际上是从20世纪90年代初期才开始的，一些学者开始出版一些人力资源管理方面的专著。目前，中国几乎所有主要大学的商学院都设有人力资源专业或研究方向，许多企业的人事部门也逐渐被人力资源部门所代替，因为不仅大公司意识到人力资源管理的重要性，中小企业也不例外。越来越多的企业已经认识到“企业的成败最终归结为企业中的人”。

人力资源管理的发展趋势

一、人力资源管理向战略层面转变

目前，人力资源管理已经构成组织的一种战略活动，即围绕企业的战略目标进行人力资源管理，其目标就是为众多的利益相关者（本企业、投资者、客户、员工、社区和战略伙伴等）服务。这使得人力资源管理成为企业战略规划及战略管理不可分割的组成部分。其主要表现是：通过制定适当的人力资源政策，影响和引导员工的行为，确保员工精力集中到最能与企业战略目标一致的方向上；通过参与企业的战略决策和对员工职业生涯的设计与开发，实现员工与企业的共同成长和发展；通过教育培训和组织文化的建设，强化“人”这一组织的战略资源；等等。

二、人力资源管理创造新价值的功能增强

人力资源管理“创造价值”的职能具有两层含义：一是人力资源管理的新模式能为企业的生产增加新价值；二是人力资源管理部门通过在企业内外

提供有偿服务，而逐步转变为利润中心。由于人力资源管理部门越来越多地在企业的经营决策和业务活动中扮演重要角色，其核心功能也由传统的控制人力成本转变为增加产出。越来越多企业的人力资源部门将工作重心放在提高生产力上，将事务工作标准化、自动化，而在设计实施各种有利于提高员工生产力和组织整体绩效方案上投入更多的精力。

三、人力资源管理工作者地位提高

现代的人力资源管理在组织经营管理以至发展战略中具有重要作用，这推动了人力资源管理部门地位的逐步提高。这种提高主要表现在两个方面：一是人力资源管理技能成为高级管理人员必备的主要技能，二是人力资源的经理职位成为通向高级管理职位的重要途径。随着人才竞争的激化和“人才制胜”时代的到来，人力资源管理专家成为企业最高职务的最有力竞争者。而且，组织的人力资源管理工作开始被确认为各级管理人员的共同职责，尤其是直线经理的职责。越来越多的企业要求各级管理人员参与人力资源管理，并对其进行人力资源管理知识和技术的培训。

四、企业内部人力资源管理虚拟化

随着现代信息技术的迅速发展，企业的组织形式和管理方式正在发生巨大变化。为了降低管理成本、获取竞争优势，企业职能管理部门浓缩和精简成为一种重要方式。具体来说，一些企业的人力资源管理部门可能弱化，可能与其他部门合并。同时，人力资源管理的一些职能，如招聘、员工晋升和降级、考核等职能在以不同的方式转移回到直线管理部门，重新整合于一般的管理活动之中。这样，人力资源管理部门的不少业务开始出现虚拟管理的趋势，例如工资发放、福利与津贴的管理以及招聘、培训等、业务，可能外包给企业以外的人力资源服务机构，以提高人力资源管理部门自身的工作效率。

五、人力资源管理柔性化、扁平化

随着企业管理内容和特点的变化，随着网络技术的迅速普及，人力资源管理逐渐走向柔性化和扁平化。由于管理者更加看重员工的积极性和创造性，更加看重员工的主动精神和自我约束，这促使了人力资源管理的柔性化。由于传统的“金字塔式”生产经营组织在当今时代容易反应滞后，对企业发展的负面作用甚大，因此，精简中层、使组织扁平化已经处于可见的萌

芽状态。此外，随着经济活动的复杂和现代信息技术的发展，分散化办公将成为未来社会的一种必然的发展趋势。分散化办公增加了人力资源管理跨度和管理难度，使得人力资源管理复杂化，对改善人力资源管理制度与模式也提出了挑战。

六、人力资源管理核心转向价值链管理

按照“二八管理”的原则，管理者要关注那些能够为组织创造巨大价值的骨干员工，即核心员工。由此，价值评价问题成为人力资源管理的核心问题，通过价值评价体系及评价机制的确定使人才的贡献得到承认，使真正优秀的、为企业所需的人才脱颖而出，使企业形成凭能力和业绩选拔、任用人才的人力资源管理机制。即组织日益重视绩效，其管理核心由一般性的考核、薪酬等工作转向绩效管理，进而由个体性绩效管理转向群体、团队和组织的绩效管理。

第二章

工作分析与工作设计

工作分析是人力资源管理的第一个主要环节。工作分析是获得有关工作信息的过程，这些信息包括需要完成的任务方面的信息和有关完成这些任务所需要的人的特点（如教育背景、经验和专业训练等）方面的信息。因此，工作分析要研究并决定一项工作的特定性质与职责，明确工作的各个细节，使人们比较深刻地理解工作在员工行为方面的要求，以及什么样的人员适合担当组织中的什么工作，从而为与工作有关的人事决策奠定坚实的基础。

工作分析的程序

工作分析中的基本概念

工作对个人的重要性在于它决定着一个人的生活水平、居住地点、地位（个人因为所处的职位而获得的社会评价）以及人的自我价值观。工作对组织的重要性在于它是实现组织目标的手段。在日常的工作和生活中，人们对有关工作的概念有很多种，如任务、职责、职位和职业等等。美国劳工部对有关工作的一些术语给出了比较规范的定义。任务指的是员工在某一有限的时间段内为了达到某一特定的目的所进行的一项活动，如打印一封信件就是一项具体而明确的任务。职责指的是由一个人承担的一项或多项任务组成的活动，如进行员工满意度调查是人事经理的一项职责，它包括设计调查问卷、发放问卷、回收问卷并进行整理，将结果表格化并进行解释，把调查结果通知有关人员等。职位是在一个特定的组织中，一个或多个任务落实到一个特定员工身上时出现的工作岗位。有关职位的一个特征是在一个组织中，职位的数量等于其成员的数量。换言之，每个员工都有自己的一个职位。至于我们最经常谈到的工作则指的是由一个或一组主要职责相似的职位组成的事项。一项工作可以只有一个职位，也可能有多个职位。另外，在人力资源管理中还有工作族的说法，工作族指的是由两个或两个以上的工作组成的工作体系，这些工作或者要求工作者具有相似的特点，或者包括多个平行的任务，例如企业中的销售和生产就属于两个不同的工作族。职业指的是在不同的组织中的相似的工作构成的工作属性。我们需要注意的是工作是就一个组织内而言的，而职业则是就跨组织而言的。一个人的职业生涯是指一个人在其工作生活中所经历的一系列职位、工作或职业。例如一名大学教师的职业生涯很可能是从助教开始，再担任讲师、副教授和教授。工作分析通常要采集有关特定任务的信息，一个员工完成的一组任务构成一个职位，相同的职位形成一个工作，相似的工作又构成一个职业。

工作分析是收集数据进而对一项特定的工作的实质进行评价的系统化过

程，而作业分析是对创造产品或提供服务中所包含的人的因素进行研究，目的是理解员工是如何增加价值的。一般而言，企业中的每项工作都应该有两份文件，即工作描述和工作规范，它们都是进行工作分析的成果。其中，工作描述也被称为工作说明，它是以书面叙述的方式来说明工作中需要从事的活动，以及工作中所使用的设备和工作条件的信息。而工作规范则被用来说明对承担这项工作的员工所必须具有的特定技能、工作知识、能力和其他身体和个人特征的最低要求。

组织结构图的作用及其局限性

人们建立组织的目的是让组织内的人员分担不同的工作，相互协作达到组织的目标。组织本身并不是目的，组织只是达到组织目标的手段。几乎任何组织都有自己的组织结构图，它能够为我们提供许多有用的信息，但是它仍然无法替代工作分析。组织结构图的作用是表明组织中总共设立了哪些部门，指明各个部门的负责人，指明每位经理人的职位，指明组织内上下级的隶属关系和责任关系，使每一位员工明确自己的职位及其在组织中的地位。需要注意的是组织结构图也有其自身的局限性，也正是这些不足使得工作分析显得更为必要。组织结构图的局限性是它无法说明各项工作的日常活动及其职责，不能说明组织中实际的沟通方式，不能反映员工受监督的程度，不能说明各级经理人所掌握的实权范围。为了解决这些问题，我们需要借助于对工作所包含的各方面信息的深入探究，即工作分析。

工作分析的用途

工作分析可以为许多人力资源管理活动提供信息。公司将每项工作所包含的任务、责任和任职资格用正式的文件明确下来，这可以保证组织中的每项工作都是按照管理人员的意愿进行分配，对企业的管理效率的提高和公正管理的实现具有重要的意义。表2－1对工作分析的作用进行了概括。

从招聘和录用方面看，对工作要求的充分理解是企业实现有效招聘的前提条件。有效的人力资源计划是企业人力资源管理工作的重要指导，而工作分析正是预测人力资源需求的基础，也是对培训、调任或晋升等活动进行计划的基础。因为招聘录用过程是要发现将来最能胜任工作的人员，因此首先需要明确将来的工作对工作者的要求。工作分析能够提供工作内容和任职的资格条件方面的资料，所以可以用来决定招聘与任用哪种人才。同时，工作分析也可以用作确定和实施选择候选人的遴选工具。此外，员工的工作安排也需要工作分析信息。尽管从理论上讲，录用和工作安排应该同时进行，但是在现实中，企业经常是首先录用优秀的申请者，然后再把他们安排到各个岗位上。另外，也存在原有员工工作重新安排的情况。在这些情况下，都只有在明确各项工作要求的基础上，才有可能做到事得其人，人尽其才。

表 2－1　工作分析的作用

招聘和选择员工	发展和评价员工	薪酬政策	工作和组织设计
人力资源计划 识别内部劳动力市场 招聘 选择 安置 公平就业机会 实际工作概览	工作培训和技能发展 角色定位 员工前程计划 业绩考核	决定工作的报酬标准 确保同工同酬 确保工作报酬差距公正合理	工作设计/重新设计以提高效率和激励 明确权责关系 明确工作群之间的内在联系

从员工的职前教育、培训和发展来看，员工在培训中学到的应该是在将来的工作中要用到的。因此培训中所设计的工作职责应该准确地反映实际工作的情况。通过工作分析得到的工作说明书指明了各项工作所需要的技能，据此就可以设计适合的训练培养计划，包括评估培训的需要，选择培训方式等。同时，工作分析还可以被用来建立员工的晋升渠道和职业发展路径。在组织帮助员工建立自己的职业前程规划时，只有组织和个人都对工作的要求和各项工作之间的联系有明确的了解，才能设计出有效的职业前程规划。从员工自身的角度看，工作说明和工作规范也可以帮助员工进行有效的职业定位和了解自己的职位申请资格。美国最新的研究成果表明，企业中对承担文秘工作所要求的技能、知识和工作能力与最基层的管理岗位的要求非常相似。由于文秘工作基本上是一个粉领职业，因此企业的管理层可以考虑让女性员工来承担最基层的管理工作。另外，员工工作绩效评价也是人力资源管理中的一项重要内容，而工作的要求是评价员工工作成绩的标准和依据。工作分析可以确定绩效标准，然后把员工的实际绩效和组织的期望绩效相比较，就可以进行绩效评估。

从薪酬政策的制定角度看，工作评价是合理制定薪酬标准的基础。而工作评价则要求深入地理解各种工作的要求，这样才能根据它们对组织的价值

大小进行排序。工作分析通过了解各项工作的内容、工作所需要的技能、学历背景、工作的危险程度等因素确定工作相对于组织目标的价值，可以作为决定合理薪酬的依据。在美国等西方国家中，工作分析的结果还有助于劳资谈判的顺利进行和消除劳资双方的权限争议。

从工作和组织的设计与重新设计的角度看，工作分析信息可以帮助我们明确各项工作之间在技术和管理责任等各个方面的关系，消除盲点，减少重复，提高效率。只有运用工作分析的资料，才能可靠地确定组织中各种工作之间的关系结构，正确划分工作族。如果企业要使用稳定高效的机器设备和改进工作手段，就需要首先确切地了解工作对操作者的要求，工作方式的改进也需要首先明确工作的要求。而且在工作分析中，人们经常可以发现由于环境因素或员工的习惯造成的安全隐患。日本汽车和电子行业的国际竞争力的取得在很大程度上应归功于它们进行得非常详尽的工作分析，它增强了人们对工作性质的认识，而在此基础上设计的工作环境又使员工能够高效率地工作。在很多情况下，对完成某一项特定的工作任务所需要的动作的深入分析往往使得许多日本企业能够用机器人来替代人力。

收集工作分析资料的人员选择

收集工作分析资料的人通常有 3 种类型：工作分析专家、主管和工作的任职者。3 种人员各自都有自己的优点和缺点。由训练有素的工作分析专家收集工作分析信息的优点是最客观公正，保持信息的一致性，他们在工作分析方式的选择上有专长。这种方法的缺点是价格昂贵，而且他们可能会因对组织的情况缺乏了解而忽略工作中某些无形的方面。由主管人员收集工作分析信息的优点是对所要分析的工作包括它的无形方面具有全面而深入的了解，同时收集信息的速度也比较快。这种方法的缺点是需要首先对主管人员进行如何开展工作分析的培训，而且收集工作分析信息对主管人员来说在时间上是一个沉重的负担，而且如果主管人员也感到员工负担过重的情况下，其工作的客观性没有保证。由任职者收集工作分析信息的好处是他们对工作最熟悉，信息收集的速度也很快。这种方法的缺点是所收集信息的标准化程度和工作职责的完整性都比较差，如果不是承担某种工作的所有员工都承担工作分析任务，那么就会引起那些被要求收集工作分析信息的员工的抵触。

需要强调的是，无论是选择收集工作分析信息的方法还是选择负责收集信息的主体，都要首先考虑工作分析的目的。不过，对收集信息的人员的选择要比对收集信息方法的选择更为重要。

选择工作分析的目标工作

进行工作分析时，应该选择哪些工作岗位作为研究对象呢？一般说来，影响工作分析对象的选择的因素有工作的重要性、完成难度和工作内容变化等。对那些关系着组织成败的非常关键的工作是需要进行认真研究的，对那些因工作完成的难度比较大而需要对员工进行全面的培训的工作也是需要分析的。如果由于技术变动或组织的管理方式变化使得员工当前的工作内容与以前制定的工作描述出现了差别，结果以原有的工作描述为基础的人力资源管理功能无法得到正确的体现，这时也需要对这一工作进行工作分析。再有，如果企业中设置了新的工作岗位，就也应对这一工作岗位进行工作分析。

首先提出进行工作分析要求的可能是员工，也可能是员工的主管和部门的经理人员。员工提出工作分析要求往往是工作要求与这一工作岗位的报酬之间不匹配，特别是在对工作的任务和责任补偿不足的情况下，员工就特别敏感。管理人员提出工作分析要求可能是由于要为工作岗位建立合理的报酬依据和水平，也可能是因为要为招聘、培训等人力资源管理活动建立正式的书面文件。

工作分析所需资料

一般而言，工作分析所需要的基本数据的类型和范围取决于工作分析的目的、工作分析的时间约束和预算约束等因素。工作分析所需要的信息的主要类型如表 2－2 所示：

由此可见，工作分析所需要获得的有关资料包括工作活动资料，指各项工作实际发生的活动类型，如清洗、打字等；人类行为资料，指与个人工作有关的人类行为资料，如体能消耗情况、行走距离长短、写作能力等；工作器具资料，指工作中所使用的机器、工具、设备以及辅助器械的情况；绩效标准，即用数量或质量来反映的各种可以用来评价工作成绩的方法；相关条件，指工作环境、工作进度、组织行为规范以及各种财务性和非财务性奖励措施；人员条件，指与工作相关的知识、技能以及个人特征等，包括学历、训练背景、工作经验、性格、兴趣和身体特征等。

表 2－2　工作分析信息的类型

一、工作活动 1. 工作任务的描述 工作任务是如何完成的 为什么要执行这项任务 什么时候执行这项任务 2. 与其他工作和设备的关系 3. 进行工作的程序 4. 承担这项工作所需要的行为 5. 动作与工作的要求
二、工作中使用的机器、工具、设备和辅助设施 1. 使用的机器、工具、设备和辅助设施的清单 2. 应用上述各项加工处理的材料 3. 应用上述各项生产的产品 4. 应用上述各项完成的服务
三、工作条件 1. 人身工作环境 在高温、灰尘和有毒环境中工作 工作是在室内还是在户外 2. 组织的各种有关情况 3. 社会背景 4. 工作进度安排 5. 激励（财务和非财务的）
四、对员工的要求 1. 与工作有关的特征要求 2. 特定的技能 3. 特定的教育和训练背景 4. 与工作相关的工作经验 5. 身体特征 6. 态度

工作分析的步骤

工作分析的步骤包括 10 个具体步骤，我们可以将它们归纳为 4 个阶段，如表 2－3 所示。

表 2－3　工作分析的程序

阶　段	步 骤	内　　容
第一阶段 工作分析的范围	1	决定工作分析的目的
	2	确定工作分析的目标工作
第二阶段 工作分析的方法	3	确定所需信息的类型
	4	识别工作信息的来源
	5	选择工作分析的具体程序
第三阶段 信息的收集与分析	6	收集工作信息
	7	分析信息
	8	向组织报告结果
	9	定期检查工作分析信息
第四阶段 工作分析方法的评价	10	以收益、成本与合法性为标准评价 工作分析结果

在工作分析中，首先需要明确工作分析资料的用途。有了用途之后，就可以决定所需收集资料的类型以及收集资料的方法。例如，如果工作分析的目的是编写工作说明书和决定人员的任用，就可以用面谈法向员工了解工作的内容及其职责；如果要决定薪酬的标准，就可能需要采用比较复杂的职位分析问卷等方法。在收集工作分析的背景材料中，可以收集企业的组织结构图、工作流程图、设备维护记录、设备设计图纸、工作区的设计图纸、培训手册和以前的工作说明书，这些信息对工作分析都有重要的参考价值。工作分析人员在收集工作分析资料过程中，应该让任职者和他的直属上司确认这些资料。这既有助于把工作分析资料修改得更加完备准确，也有助于使任职者比较容易接受人事部门根据工作分析资料制定的工作规范。经过对收集的信息的分析和研究，就可以来编写工作说明书和工作规范。工作说明书和工作规范是工作分析的两个具体成果。

工作分析的方法

确定了要分析的工作，并收集完背景材料之后，就要收集与工作活动和职责有关的资料。在通常情况下，收集工作分析资料的人员包括人事专家、

工作者和工作者的上司，其中人事专家可以包括人事经理人、工作分析员和公司顾问。人事专家的工作是观察并分析各项工作，然后编写工作说明书和工作规范；工作者及其上司要回答工作分析问卷，然后再认可工作分析人员得到的资料。在开展工作分析时，收集工作分析信息的方法有很多，但是人力资源管理人员需要注意的是，各种方法都有自己的优缺点，没有一种收集信息的方法能够提供非常完整的信息，因此应该综合使用这些收集方法。我们可以将工作分析的方法划分为定性和定量两类基本方法。

定性的工作分析方法

定性的工作分析信息收集方法包括工作实践法、直接观察法、面谈法、问卷法、典型事例法和工作日志法等。

一、工作实践法

工作实践法指的是工作分析人员亲自从事所需要研究的工作，由此掌握工作要求的第一手材料。这种方法的优点是可以准确地了解工作的实际任务和在体力、环境、社会方面的要求，适用于那些短期内可以掌握的工作。它的缺点是不适用于需要进行大量训练和危险的工作。

二、直接观察法

直接观察法指的是工作分析人员观察所需要分析的工作的过程，以标准格式记录各个环节的内容、原因和方法，这可以系统地收集一种工作的任务、责任和工作环境方面的信息。直接观察法的优点是工作分析人员能够比较全面和比较深入地了解工作的要求，适用于那些工作内容主要是由身体活动来完成的工作，如装配线工人、保安人员等。直接观察法的缺点是它不适用于脑力劳动成分比较高的工作和处理紧急情况的间歇性工作。有些工作内容中包括许多思想和心理活动、创造性和运用分析能力，如律师、教师、急救站的护士等等，这些工作就不容易使用直接观察法。此外，观察法对于有些员工来说难以接受，因为他们会感到自己正在受到监视甚至威胁，所以会在内心中对工作分析人员产生反感，同时也可能导致动作的变形。因此，在使用观察法时，应该将工作分析人员用适当的方式介绍给员工，使之能够被员工接受。

直接观察法经常和面谈法结合使用，工作分析人员可以在员工的工作期间观察并记录员工的工作活动，然后和员工进行面谈，请员工进行补充。工

作分析人员也可以一边观察员工的工作，一边和员工交谈。第一种结合方式比较好，因为工作分析人员可以专心观察和记录，而且不会干扰员工的工作。表2－4是一个现场观察法工作分析的程序实例。

表2－4　观察法工作分析的程序

第一步：初步了解工作信息 1. 检查现有文件，形成工作的总体概念：工作的使命、主要任务和作用、工作的流程 2. 准备一个初步的任务清单，作为面谈的框架 3. 为数据收集过程中涉及到的还不清楚的主要项目作一个注释
第二步：进行面谈 1. 最好是首先选择一个主管或有经验的员工进行面谈，因为他了解工作整体情况以及各项任务是如何配合起来的 2. 确保所选择的面谈对象具有代表性
第三步：合并工作信息 1. 工作信息的合并是把以下各种信息合并为一个综合的工作描述：主管、工作者、现场观察者、有关工作的书面材料 2. 在合并阶段，工作分析人员应该可以随时获得补充材料 3. 检查最初的任务或问题清单，确保每一项都已经被回答或确认
第四步：核实工作描述 1. 核实阶段要把所有面谈对象召集在一起，目的是确定在信息合并阶段得到的工作描述的完整性和精确性 2. 核实阶段应该以小组的形式进行。把工作描述分发给主管和工作的承担者 3. 工作分析人员要逐字逐句地检查整个工作描述，并在遗漏和含糊的地方做出标记

三、面谈法

一般说来，正在承担某一工作的员工对这项工作的内容和他的任职资格是最有发言权的，因此与工作的承担者面谈是收集工作分析信息的一种有效方法。很多工作是不可能由工作分析人员实际体会的，如飞行员的工作；或者是不可能通过观察来了解的，如脑外科手术专家的工作。在这种情况下，就需要通过与工作者面谈来了解工作的内容、原因和做法。在应用面谈法时，一般也是以标准的格式记录，目的是使问题和回答限制在与工作直接有关的范围内；而且标准格式也便于比较不同员工的反应。面谈法的种类包括个别员工面谈法、集体员工面谈法和主管面谈法。个别员工面谈法适用于各个员工的工作有明显差别，工作分析的时间又比较充分的情况。集体面谈法适用于多名员工从事同样的工作的情况。使用集体面谈法时应请主管出席，或者事后向主管征求对收集到的材料的看法。主管面谈法是指同一个或多个主管面谈，因为主管对于工作内容有相当的了解。主管面谈法能够减少工作分析的时间。

在面谈过程中，工作分析人员应该只是被动地接受信息。如果在工作内容的难度和任职资格方面与员工有不同的看法，不要与员工争论，以防止破坏双方合作的气氛。如果员工对主管人员进行抱怨，工作分析人员也不要介入，不要流露出对工作的工资待遇方面有任何兴趣，否则会使员工夸大自己的职责，对你的收集信息工作产生误导。工作分析人员也不要对工作方法和组织的改进提出任何的批评和建议，批评现行的工作方法会招致员工对组织产生反感情绪。克服员工对工作难度的夸大可以使用集体面谈或者分别与几个员工面谈的方法来解决。

为了使面谈法取得成功，工作分析人员应该注意许多细节问题。首先应该与主管密切配合，找到最了解工作内容、最能客观描述职责的员工。其次是必须尽快与面谈对象建立融洽的感情，应该知道对方的姓名，简单说明面谈的目的以及选择对方进行面谈的原因，目的是不要让对方有正在进行业绩考核的感觉，而且在面谈中应该避免使用生僻的专业语汇。第三，工作分析人员应该事先准备一份完整的问题表，并留出空白处可供填写，重要的问题先问，次要的问题后问。让对方有充足的时间从容地回答，最后还可以请对方对问题表进行补充。第四，如果对方的工作不是每天都相同，就请对方将各种工作责任一一列出，然后根据重要性排出次序，这样就可以避免忽略那些虽不常见但却是很重要的问题。第五，面谈结束后，将收集到的材料请任职者和他的直属上司仔细阅读一遍，以便做修改和补充。

面谈法的典型问题包括你做哪些工作？主要职责？如何完成？在哪些地点工作？工作需要怎样的学历背景、经验、技能条件或专业执照？基本的绩效标准？工作有哪些环境和条件？工作有哪些生理要求和情绪及感情上的要求？工作的安全和卫生状况？等等。如果使用工作分析表，就会更系统、全面和准确。

面谈法的优点是能够简单而迅速地收集工作分析资料，适用面广。由任职者亲口讲出工作内容，具体而准确。工作者自身有长期的工作体会，因此这种方法可以使工作分析人员了解短期的直接观察不容易发现的情况。同时让任职者吐吐苦水，有助于管理者发现被忽视的问题。面谈法的缺点是工作分析经常是调整薪酬的序幕，因此员工容易把工作分析看作是变相的绩效考核，而夸大其承担的责任和工作的难度，这就容易引起工作分析资料的失真和扭曲。工作者可能不信任工作分析人员，也可能怀疑其动机。同时，分析人员的问题也可能会因不够明确或不够准确而造成误解。因此，面谈方法不应该作为工作分析的唯一方法。

四、问卷法

收集工作分析信息的问卷可以由承担工作的员工来填写，也可以由工作分析人员来填写。开放式的问卷很容易产生面谈法中产生的问题，因此可以采用结构化程度比较高的问卷。在结构化问卷中，列举出一系列的任务或行为，请工作者根据实际工作要求对任务是否执行或行为是否发生做出回答。如果回答是肯定的，还要进一步了解这项任务或行为出现的频率、重要性、难易程度以及其与整个工作的关系。对各个项目，给出一个分数。使用问卷法时，关键在于决定问卷的结构化程度。有的问卷非常结构化，包括数以百计的工作职责细节。也有的问卷非常开放，如“请叙述工作的主要职责”。最好的问卷应该介于两者之间，既有结构化问题，也有开放式问题。

问卷方法的优点是：第一，它能够从许多员工那里迅速得到进行工作分析所需的资料，可以节省时间和人力。这种方法一般比其他方法费用低、速度快。第二，调查表可以在工作之余填写，不会影响工作时间。第三，这种方法可以使调查的样本量很大，因此适用于需要对很多工作者进行调查的情况。第四，调查的资料可以数量化，由计算机进行数据处理。

问卷方法的缺点：第一，设计理想的调查表要花费很多时间、人力和物力，费用比较高。而且，在问卷使用之前，还应该进行测试，以了解员工理解问卷中问题的情况。为了避免误解，还经常需要工作分析人员亲自解释和说明。第二，填写调查表是由工作者单独进行，缺少交流，因此被调查者可能不积极配合与认真填写，从而影响调查的质量。

五、典型事例法

典型事例法指的是对实际工作中工作者特别有效或者无效的行为进行简短的描述，通过积累、汇总和分类，得到实际工作对员工的要求。典型事例法的优点是直接描述工作者在工作中的具体活动，因此可以揭示工作的动态性质；其缺点是收集归纳典型事例并进行分类需要耗费大量时间。此外，还由于描述的是典型事例，因此很难对通常的工作行为形成总体概念，而后者才是工作分析的主要目的。

此外，工作分析还有工作日志法，它要求任职者在每天的工作结束之后记下工作的各种细节，由此来了解工作的性质。工作日志法也可以同面谈法结合使用。

定量的工作分析方法

有些工作分析不适用定性的方法，特别是当需要对各项工作进行比较来决定薪酬和待遇高低的时候。这时，就应该采用定量的工作分析法。定量的工作分析法主要有三种：职位分析问卷法、管理岗位描述问卷方法和功能性工作分析方法。

一、职位分析问卷法

职位分析问卷法是于 1972 年由麦考密克（E. J. McCormick）提出的一种适用性很强的工作分析方法。PAQ 包括 194 个项目，其中的 187 项被用来分析完成工作过程中员工活动的特征，另外 7 项涉及薪酬问题。PAQ 中的所有项目被划分为 6 个部分，第一部分包括工人在完成工作过程中使用的信息来源方面的项目，用来了解员工如何和从哪里获得完成工作时所需要使用的信息。第二部分是工作中所需要的心理过程，回答工作需要进行哪些推理、决策、计划和信息处理活动的问题。第三部分识别工作的“产出”，回答工作完成哪些体力活动和使用哪些机器、工具和设施的问题。后三项考虑工作与其他人的关系、完成工作的自然和社会环境以及其他的工作特征。在应用这种方法时，工作分析人员要对以下各个方面给出一个 6 分制的主观评分：使用程度、时间长短、重要性、发生的可能性、对各个工作部门以及部门内部的各个单元的适用性。PAQ 方法所需要的时间成本很大，非常烦琐。表 2－5 是一个职位分析问卷的示例。

表 2-5　职位分析问卷表格范例

使用程度：NA：不曾使用　1—极少　2—少　3—中等　4—重要　5—极重要
1.1　工作资料来源（请根据任职者使用的程度，来审核下列项目中各种来源的资料）
1.1.1　工作资料的可见来源
1. 4 书面资料（书籍、报告、文章、说明书等）
2. 2 计量性资料（与数量有关的资料，如图表、报表、清单等）
3. 1 图画性资料（如图形、设计图、X 光片、地图、描图等）
4. 1 模型及相关器具（如模板、钢板、模型等）
5. 2 可见陈列物（计量表、速度计、钟表、画线工具等）
6. 5 测量器具（尺、天平、温度计、量杯等）
7. 4 机械器具（工具、机械、设备等）
8. 3 使用中的物料（工作中、修理中和使用中的零件、材料和物体等）
9. 4 尚未使用的物料（未经过处理的零件、材料和物体等）
10. 3 大自然特色（风景、田野、地质样品、植物等）
11. 2 人为环境特色（建筑物、水库、公路等，经过观察或检查以成为工作资料的来源）

二、管理岗位描述问卷方法

在分析管理者的工作时需要注意以下两个特殊问题：一是管理者经常试图使他们工作的内容去适应自己的管理风格，而不是使自己去适应承担的管理工作的需要。在使用面谈法时，他们总是描述自己实际做的，而忘了自己应该做的。二是管理工作具有非程序化的特点，经常随着时间的变化而变化，因此需要考察的时间比较长。一般分析管理人员的工作应该使用调查问卷方法，包括从行为的角度进行分析的管理行为调查问卷和从任务的角度进行分析的管理任务调查问卷。管理岗位描述问卷法是由托纳（W. W. Tornow）和平托（P. R. Pinto）在 1976 年提出的，他与 PAQ 方法非常相似，包括 208 个用来描述管理人员工作的问题。这种问卷由管理人员自己填写，也是采用 6 分标准对每个项目进行评分。这 208 个问题可被划分为 13 个类别。这些类别包括：

1. 产品、市场和财务战略计划，指的是进行思考并制定计划以实现业务的长期增长和公司的稳定性。

2. 与组织其他部门和人事管理工作的协调，指的是管理人员对自己没有直接控制权的员工个人和团队活动的协调。

3. 内部业务控制，指的是检查与控制公司的财务、人事和其他资源。

4. 产品和服务责任，指的是控制产品和服务的技术方面以保证生产的及时性并保证质量。

5. 公众与客户关系，指的是一般通过与人们直接接触的办法来维护公司在用户和公众中间的名誉。

6. 高层次的咨询指导，指的是发挥技术水平来解决企业中出现的特殊问题。

7. 行动的自主性，指的是在几乎没有直接监督的情况下开展工作活动。

8. 财务审批权，指的是批准企业大额的财务投入。

9. 雇员服务，指的是提供诸如寻找事实和为上级保持记录这样的雇员服务。

10. 监督，指的是通过与下属员工面对面的交流来计划、组织和控制这些人的工作。

11. 复杂性和压力，指的是在很大的压力下工作以在规定的时间内完成所要求的工作任务。

12. 重要财务责任，指的是制定对公司的绩效构成直接影响的大规模的财务投资决策和其他财务决策。

13. 广泛的人事责任，指的是从事公司中对人力资源管理和影响员工的其他政策具有重大责任的活动。在应用管理岗位描述问卷方法时，工作分析人员以上述的每一种要素为基础来分析和评价管理工作。

三、功能性工作分析方法

美国训练与就业署开发出来的这种方法所依据的假设是每一种工作的功能都反映在它与资料、人和事三项要素的关系上，故可由此而对各项工作进行评估。在各项要素中，各类基本功能都有其重要性的等级，数值越小，要素的等级越高；数值越大，代表的等级越低。采用这种方法进行工作分析时，各项工作都会得出数值，据此可以决定薪酬和待遇标准。此外，FJA 方法同样也可以对工作环境、机器与工具、员工特征进行数量化的分析。表 2－6 是功能性工作分析方法的一个典型例子。

表 2-6 员工的基本功能

	数据		人		事情	
基本活动	0	综合	0	指导	0	筹建
	1	协调	1	谈判	1	精密工作
	2	分析	2	教育	2	运营与控制
	3	编辑	3	监督	3	驾驶与运行
	4	计算	4	安抚	4	……
	5	复制	5	说服	5	看管
	6	比较	6	表达信号	6	育饲
			7	服务	7	操作
			8	接受指令		

注：其中，分数越小，工作的重要性越大，反之，分数越大，工作的重要性就越小。

一种改进的功能性工作分析法是在上述工作分析方法的基础上进行扩充，即除了采用资料、人和事三项要素来分析工作以外，还补充了以下资料：第一，指出了完成工作所需要的教育的程度，其中包括执行工作任务时所需要的推理和判断能力的程度，所需要的使用数学能力的程度和所需要的应用语言能力的程度。第二，它也指出了绩效标准和训练要求。

工作描述

工作分析只是许多人力资源管理活动的起点，为了便于应用在工作分析中得到的数据，需要把这些数据制成一个表格，即工作描述。工作说明书是一种书面文件，上面记载着任职者实际上做些什么、如何去做以及在什么样的条件下完成其工作。工作说明书并没有固定的格式，但是它通常包括以下几项主要内容：

第一，工作认定，包括工作头衔、工作身份、工作部门、工作地点、工作分析的时间等。在美国，工作职称要符合劳工部出版的职业头衔词典制定的规范。这些资料的目的是把这项工作与那些与之相似的工作区别开来。

第二，定义，即说明工作的目的，包括这项工作存在的理由、这项工作如何与其他工作以及整个组织的目标相互联系、这项工作的绩效标准等。对于管理工作，工作定义通常要包括这项工作控制的预算的规模和管理的下属人数及其职称，与上下级之间的报告关系。例如某公司人力资源经理的工作关系是：（1）向人事副总裁做报告；（2）监督下列人员：人事部门的工作人员、行政助理、劳工关系主管、秘书；（3）工作上的配合对象：所有部门的经理人和行政主管；（4）组织外：职业介绍所、猎头公司、工会代表、政

府劳动管理机构、各种职位应征者。这些方面都有助于确定一个管理工作在整个组织中的位置。

第三，工作说明。这一部分是对工作定义部分的提炼和总结。指明工作的主要职责、工作任务、受监督程度、工作者行为的界限和工作条件等。表 2－7 是一个工作描述实例。

表 2－7　美国某医院护士部工作描述（部分）

工作职称：注册护士
工作概述： 负责病人从入院到转院或出院的全部护理。护理包括病情评估、治疗计划和实施、治疗效果的评价。每个注册护士对值班期间的护理和可以预见的患者和家庭将来的需要负责。在保证专业护理标准的前提下指导助手
工作关系： 报告给：护士长 监督下列人员的护理：注册见习护士、助理护士、勤杂工 合作者：协助护理部 外部关系：医生、患者和患者家属
资格： 教育：授权护士学校毕业生 工作经历：关键护理要求一年的医疗、外科护理经验（有特殊护理经验者优先），医疗、外科护理经验（应届毕业生可以考虑非重要职位） 证书要求：持有注册护士证书或政府许可证
身体要求： 1. 能够屈体、运动或帮助转运 50 磅以上的重物 2. 能够在 8 小时值班中站立或行走 80% 以上的时间 3. 视力和听力敏锐
责任： 1. 评估患者的体力、感情和心理与社会方面 标准：在患者入院一小时之内或者至少每次值班出具一份书面诊断。按医院规定把这份诊断交给该患者的其他医护人员 2. 撰写患者从入院到出院的护理书面计划 标准：在患者入院 24 小时之内设计短期和长期的目标，然后每次值班中根据新的诊断检查和修改护理计划 3. 实施护理计划 标准：在日常护理中，按照但不局限于书面的《注册护士技能手册》在指定的护理区域应用这些技能。以一种系统的和及时的方式完成患者护理活动，并恰当地重新评判轻重缓急

工作规范

工作规范要回答的是需要哪些个人特征和经验才能胜任这项工作。我们已经指出，工作规范要说明一项工作对承担这项工作的员工在教育、经验和其他特征方面的最低要求，而不应该是最理想的工作者的形象。工作规范一般由上一级管理者、工作承担者和工作分析人员共同研究制定。在建立工作规范时，需要综合考虑以下3个方面：第一，某些工作可能面临着法律上的资格要求。例如，在美国，飞行员必须具备空中运输资格，这就要求具备1500小时的飞行经历，在书面和飞行测试中表现出很高的飞行水平，良好的道德品质和23岁的最低年龄限制。第二，职业传统。例如，员工在进入某些行业以前必须经过学徒阶段。第三，被认为是胜任某一工作应该达到的标准和具备的特征。这在很大程度上取决于组织管理人员的主观判断。这通常是通过综合工作描述中的信息，对现在承担该工作的员工和其主管人员的特征进行概括之后总结出来的。例如，申请秘书工作的人经常被要求录入速度在每分钟100字以上就是这种情况。工作规范可以包括在工作说明书中，也可以单独编写。

工作分析的评价

对工作分析的评价可以通过对工作分析的灵活性与成本收益的权衡来说明。工作分析工作越细致，所需要花费的成本就越高。于是，在工作分析的细致程度方面就存在着一个最优化的问题。因此，有许多公司都在减少工作类别的划分，并愿意进行比较灵活的工作描述。例如，通用汽车公司和丰田汽车公司成立的合资企业新联合汽车生产公司（NUMMFI）把120种不同的工作合并成4个等级的技师。在这种情况下，一种工作的定义比较宽泛，做同一种工作的两个员工的工作任务可能有很大的差别。但是，从对组织的贡献角度讲，他们创造的价值是相同的，因此得到相同的报酬。当组织的任务需求变化，需要在相同的一类工作中对员工的工作进行调整时，组织具有很强的灵活性，不需要办理工作调转的手续，也不需要调整员工的工资。一些日本的企业，包括东芝（Toshiba）和三菱（Mitsubishi）等就不使用工作描述，而是强调研究完成工作所需要的能力和经验要求。这种通用性的工作描述的一个缺点是容易让员工对组织的报酬的公平性产生怀疑。一般而言，工作分析中所收集的资料越详尽，越容易对工作之间的差别进行区分，当然成本也越高。至于对工作之间的差别进行详尽的描述是否值得，这将取决于组织所面临的特定环境。

工作分析还有可靠性和有效性的问题。工作分析的可靠性是指不同的工作分析人员对同一个工作的分析所得到的结果的一致性和同一个工作分析人员在不同的时间对同一个工作的分析所得到的结果的一致性。工作分析的有效性是指工作分析结果的精确性，这实际上是将工作分析结果与实际的工作进行比较。通常检验工作分析有效性的方法是通过多个工作者和管理人员收集信息，并请他们在分析结果上签字表示同意。

工作设计

工作分析与工作设计之间有着密切而直接的关系。工作分析的目的是明确所要完成的任务以及完成这些任务所需要的人的特点。工作设计的目的是明确工作的内容和方法，明确能够满足技术上和组织上所要求的工作与员工的社会和个人方面所要求的工作之间的关系。因此，工作设计需要说明工作应该如何做才能既最大限度地提高组织的效率和劳动生产率，同时又能够最大限度地满足员工个人成长和增加个人福利的要求。工作设计的前提是对工作要求、人员要求和个人能力的了解。

工作的性质

工作及其组织方式对人力资源管理具有重要影响。在很大程度上，工作会影响到员工的收入和福利及其自我实现感。同时，企业将工作内容组织为工作的方式也会影响到组织服务其客户的能力。而员工工作的成果则会影响到组织的财务状况。从理论上讲，工作的性质的决定因素有：组织所使用的技术、企业的经营战略和企业的组织结构。总之，组织的条件决定工作的性质。

工作的性质包括：第一，工作的内容。这包括两种形式，一是工作所包含的需要员工完成的特定任务、员工的义务和责任。二是工作要求的员工的行为。第二，完成工作所需要的资格条件。资格条件包括完成工作所需要的员工的技能、能力、知识和经验。这些资格条件对员工招聘、任用、制定报酬标准和制定员工培训计划具有重要意义。第三，完成工作的收益和奖励。员工从工作中得到的收益和报酬包括外在报酬和内在报酬两种形式。外在报酬是指工资、福利、晋升、表扬和舒适的工作条件等具体的报酬形式。内在报酬是指自我成就感、工作的自由度和工作的自主性等不容易被观测到的报酬形式。工作设计是指把工作的内容、工作的资格条件和报酬结合起来，目的是满足员工和组织的需要。可以说，工作设计是能否激励员工努力工作的关键环节。工作设计方法包括科学管理方法、人际关系方法、工作特征模型方法、优秀业绩工作体系、辅助工作设计方法等。

泰勒的科学管理方法

泰勒的科学管理原理是系统设计工作的最早的方法之一，其理论基础是亚当·斯密提出的职能专业化。泰勒的目标是管理者以比较低的成本使工人生产出更多的产品，提高工作效率，因此可以给工人支付比较高的报酬。泰勒的基本方法是工作简单化，把每项工作简化到其最简单的任务，然后让员工在严密的监督下完成它。按照科学管理方法进行工作设计的基本途径是时间—动作研究，即工程师研究和分析手、臂和身体其他部位的动作，研究工具、员工和原材料之间的物理机械关系，研究生产线和工作环节之间的最佳次序，强调通过寻找员工的身体活动、工具和任务的最佳组合来最大化生产效率。时间—动作研究的基本目的是实现工作的简单化和标准化，以使所有员工都能够达到预先确定的生产水平。这样设计出来的工作的优点是工作安全、简单、可靠，最小化员工工作中的精神需要。

尽管泰勒的科学管理原理是一套系统化的工作设计的原理，但是许多经理人员错误地应用了这些原理，他们过于强调严密的监督和僵硬的标准。我们知道，必须将机器和员工结合在一起才能产生效果，而高效率的机器也并不一定产生高效率的人—机关系。由于这种工作设计方法在实践中重点关心的是工作任务，而很少考虑工人的社会需要和个人需要，产生了很大的副作用。这包括工作单调乏味、令人厌倦、只需要手臂而不需要头脑；工人缺乏成就感，对工作不满，工作的责任心差，管理者和工人之间产生隔阂；离职率和缺勤率高，怠工和工作质量下降。与工作简单化相对立的是工作扩大化。工作扩大化的目标也是效率，其优点是减少任务之间的等待时间，提高组织的灵活性，减少对支援人员的需要。迄今为止，科学管理原理对工业社会的工作设计仍然具有很大的影响，在对教育水平、个人判断和决策活动要求比较少的加工制造行业的工作中应用非常广泛。

在批判科学管理方法的过程中产生的人体工程学试图设计适当的工作环境以减少员工的疲劳、降低员工的眼压、减少工作中出现错误的可能性以及肌肉和心理的压力。但是人体工程学强调的重点只是对工作环境的改善，如改变办公室椅子的高度和灯光的亮度等，因而并没有对工作内容本身的设计产生重要影响。

人际关系方法

人际关系运动是对科学管理运动的非人性倾向的一个否定。人际关系运动从员工的角度出发来考虑工作设计，其起点是 20 世纪 20 年代的霍桑实验。在美国西方电器公司霍桑工厂进行的这项实验的最初的目的是研究工作条件的变化对劳动生产率的影响，而最终得出的结论却是采光、通风和温度等工作环境的变化对生产率的影响没有工人之间的社会关系重要。研究人员发现工人自发地构成工作环境，建立标准并在他们中间实施制裁。因此，设计出支持性的工作群体是提高员工工作动力和生产率从而实现组织目标的关键。品质圈和其他的工人参与管理的项目就是人际关系运动思想在当代的应用。

人际关系思想在工作设计中运用的方法是在按照传统方法设计出来的枯燥的工作内容中增加管理的成分，增加工作对员工的吸引力。这种方法强调工作对承担这一工作的员工心理的影响。尽管按照科学管理方法设计工作为组织和员工都带来了利益，但是随着时间的推移，人们发现员工需要从工作中得到的不仅仅是表现为经济利益的外在报酬，他们还需要体验表现为工作的成就感和满足感的内在报酬。内在报酬只能来自工作本身，因此，工作的挑战性越强，越令人愉快，内在报酬也就越强。而在传统的工作设计方法中，工作的标准化和简单化降低了员工工作的独立性。只需要低水平的技能，易产生枯燥而单调的工作限制了员工内在报酬的获得。根据人际关系哲学提出的工作设计方法包括工作扩大化、工作轮调和工作丰富化等内容。

一、工作扩大化

工作扩大化的做法是扩展一项工作包括的任务和职责，但是这些工作与员工以前承担的工作内容非常相似，只是一种工作内容在水平方向上的扩展，不需要员工具备新的技能，所以，并没有改变员工工作的枯燥和单调。赫兹伯格（F. Herzberg）批评工作扩大化是“用零加上零”。

二、工作轮调

工作轮调是让员工先后承担不同的但是在内容上很相似的工作。其本意是不同的工作要求员工具有不同的技能，从而可以增强员工的内在报酬，但是实际上效果非常有限。因此，赫兹伯格批评工作轮调是“用一个零来代替另一个零”。

三、工作丰富化

所谓的工作丰富化是指在工作中赋予员工更多的责任、自主权和控制权。工作丰富化与工作扩大化、工作轮调都不同，它不是水平地增加员工工作的内容，而是垂直地增加工作内容。这样，员工会承担更多重的任务、更大的责任，员工有更大的自主权和更高程度的自我管理，还有对工作绩效的反馈。工作丰富化思想在工作设计中的影响很大，并已在此基础上形成了一个非常著名的工作特征模型。

工作特征模型方法

工作特征模型方法的理论依据是赫兹伯格的保健—激励理论。按照这一理论，公司政策和薪酬等都属于保健因素，如果这些因素没有达到可以接受的水平，将引起员工不满和不理想的员工行为。相反，如果这些因素达到了可以接受的水平，也只是使员工没有不满，但是并不能对员工产生激励作用。能够对员工产生激励作用的激励因素是员工的成就感、责任感。因此，关键的问题是提供充分的保健因素以防止员工的不满，同时提供大量的激励因素来促进员工努力工作。赫兹伯格为了应用其理论，设计了一种工作丰富化方法，即在工作中添加一些可以使员工有机会获得成就感的激励因子，以使工作更有趣，更富有挑战性。这一般要给员工更多的自主权，允许员工做更多有关规划和监督的工作。通常工作丰富化可以采取下述措施：第一，组成自然的工作群体，使每个员工只为自己的部门工作，这可以改变员工的工作内容。第二，实行任务合并，让员工从头到尾完成一项工作，而不是只让他承担其中的某一部分。第三，建立客户关系，即让员工尽可能有和客户接触的机会。第四，让员工规划和控制其工作，而不是让别人来控制，员工可

以自己安排工作进度，处理遇到的问题，并且自己决定上下班的时间。第五，畅通反馈渠道，找出更好的方法，让员工能够迅速知道其绩效情形。

工作丰富化的核心就是激励的工作特征模型。根据这一模型，一个工作可以使员工产生3种心理状态：即感受到工作的意义、感受到工作结果的责任和了解工作结果。这些心理状态又可以影响个人和工作的下述结果：内在工作动力、绩效水平、工作满足感、缺勤率和离职率。而引致这些关键的心理状态的是工作的某些核心维度：技能的多样性、任务的完整性、工作任务的意义、任务的自主性和反馈。工作特征模型认为我们可以把一个工作按照它与这些核心维度的相似性或者差异性来描述，于是，按照模型中的实施方法丰富化了的工作就具有高水平的核心维度，并可由此而创造出高水平的心理状态和工作成果。工作特征模型的内容如图2－1所示。

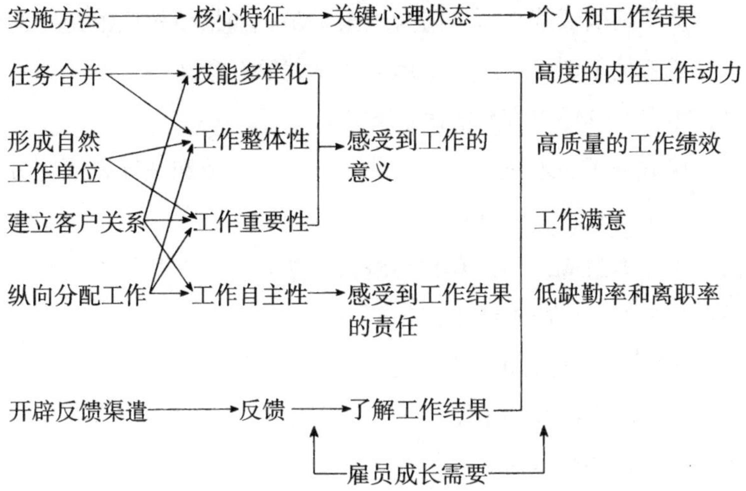

图2－1　工作特征模型

在实施方法中，任务合并指的是将现存的零散的任务结合在一起，形成一个新的更大的工作模块。构造自然工作单位指的是给员工提供一种“当家做主”的感觉，使他们能够为一个范围更大的可以识别的工作机构负责。建立客户关系指的是鼓励并积极创造条件使员工能够与客户建立起直接的联系。纵向分配工作指的是将原来由较高层次的管理人员掌握的控制权和承担的责任下放到工作中。建立反馈渠道指的是提供办法使员工完成任务之后能够了解自己的绩效情况。

工作特征模型强调员工与工作之间的心理上的相互作用，并且强调最好的工作设计应该给员工以内在激励。其基本方法是工作丰富化，目标是员工的满意度。这种方法的优点是认识到员工的社会需要的重要性，可以提高员工的动力、满意度和生产率；但是其缺点是成本和事故率都比较高，控制还必须依赖管理人员，而且在技术上对工作设计没有多少具体的指导意义。事实上，人们对工作特征模型的研究表明，这一理论的实际效果是不明确的，还无法肯定这一理论所强调的工作特征的变化一定会产生该理论所预期的效果。其原因可能是：由于只有高度重视并期望个人成就的员工和对组织的报酬、安全感和人际关系感到满意的员工，才会对具备上述 5 个特征的工作做出积极的反应。但是，这一条件经常是不具备的。还需要指出的是，丰富化并不是适用于所有的工作，因为并不是所有员工都愿意承担丰富化的工作。不过，一般来说，遵守下述的工作丰富化原则可以取得比较好的效果：

第一，员工绩效低落必须是因为激励不足。如果绩效低落是因为生产流程规划不当或者员工训练不足，工作丰富化就没有意义。

第二，不存在其他更容易的改进方法。

第三，保健因子必须充足。如果薪水、工作环境和领导方式等方面让员工不满，工作丰富化也不会有意义。

第四，工作本身应该不具有激励潜力。如果工作本身已经足够有趣，或者已经具有挑战性，实施工作丰富化就不值得。

第五，工作丰富化必须在技术上和经济上可行。

第六，工作品质必须很重要。工作丰富化的主要收益通常在于工作的质量，而不在于工作的数量。

第七，员工必须愿意接受。有些员工不需要也不希望承担富有挑战性的工作，他们就喜欢单调枯燥的工作，而把兴趣寄托在 8 小时之外。

优秀业绩工作体系

所谓的优秀业绩工作体系是将科学管理哲学与人际关系方法结合起来的一个工作设计方法。这一模型的特点是同时强调工作社会学和最优技术安排的重要性，认为工作社会学和最优技术安排相互联系、相互影响，必须有效地配合起来。在优秀业绩工作体系中，操作者不再从事某种特定任务的工作，而是每位员工都具有多方面的技能，这些员工组成工作小组。工作任务被分配给工作小组，然后由小组去决定谁在什么时候从事什么任务。工作小组有权在既定的技术约束和预算约束下自己决定工作任务的分配方式，他们只需要对最终产品负责。工作小组的管理者的责任不是去设计具有内在激励作用的工作，而是建立工作小组，确保小组的成员拥有完成工作所需要的资格；同时小组的目标与整个组织的目标相一致。这意味着工作小组的管理者是一个教练和激励者。当然，管理者必须使小组在组织中拥有足够的权利，并对小组实施领导。这种工作设计方法特别适合于扁平化和网络化组织结构。传统的工作设计方法与优秀业绩工作体系之间的区别可以概括为表2－8。

表2－8　传统方法与HP工作设计方法的比较

		传统方法	优秀业绩工作体系
职位	值班经理	监控运行、组织资源	确立长远目标、确保资源
	操作者	独立工作、强调单一技能和操作任务	是小组每日工作一部分；完成大量工作，包括操作、技术支持、工艺改进和管理
	技术专家	独立工作，执行技术工作。支持运行	当小组的顾问、教师和教练
工作设计要素	人	把紧凑的一组工作分配个人	与他人协调，利用小组完成相互联系的活动
	决策	通过命令与控制的层级制度管理生产过程	授权小组制定关于加速周转和改讲工艺的决策
	信息	只给员工需要知道的信息	及时向小组全体成员发布所有信息供决策参考

优秀业绩工作体系非常重视员工自我管理和工作小组的运用。工作小组是由两个或多个员工组成的一个工作群体，小组中的各个员工以独立的身份相互配合以实现特定的共同的目标。工作小组可以是暂时的，也可以是长期的；可以是半自治的，也可以是自我管理的。工作小组可以由具有相同技能的员工组成，也可以由具有不同技能的员工组成；工作小组可以包括管理者，也可以没有管理者。但在工作小组中，通常需要有一个领导来处理纪律和工作中的困难。早在1911年，泰勒就指出，工人不愿意告诉自己的同事他们的工作业绩不合格。因此，泰勒采用管理者来承担管理的责任。但是，倡导优秀业绩工作设计体系的人们认为可以通过把传统的工作小组转化为自我管理的工作小组来克服这一问题。这种转化需要三个步骤：第一，技能多元化，即让每位员工学习和掌握其他的操作活动。第二，建立自我支持的工

作小组，即每位小组成员能够自己寻找方法来改进生产工艺而不再需要等待外部专家。第三，建立自我管理的小组，即小组成员监控客户的需要，并决定每天提供的产品和服务。工作小组可以自己安排假期、选择小组成员、评价小组内部每位员工的工作业绩。

辅助工作设计方法

所谓辅助性的工作设计方法指的是缩短工作周和弹性工作制。虽然它们没有改变完成工作的方法，因此从根本上讲还不是工作设计的内容，但是它们改变了员工个人工作时间的严格规定，并在实际上也产生了促进生产率的作用，所以可以把它们作为辅助的工作设计方法。

一、缩短工作周

缩短工作周是指员工可以在 5 天内工作 40 个小时，典型的情况是每周工作 4 个 10 小时工作日。一般是错开工作时间，使得在所有的传统的工作日都有员工工作。缩短工作周的优点是每周员工开始工作的次数减少，缺勤率和迟到率下降，有助于经济上的节约。员工在路上的时间减少，工作的交易成本下降，工作的满足感提高。缩短工作周的缺点是工作日延长使工人感到疲劳并可能导致危险，员工在工作日的晚间活动受影响。实行缩短工作周的企业与实行传统工作周（5 天，每天 8 小时）的企业在联络时会发生时间上的障碍。研究结果发现，每周 4 天，每天 10 小时的工作周只有短期效果。

二、弹性工作制

弹性工作制的典型做法是：企业要求员工在一个核心时间期间（如上午 10 点到下午 3 点）必须工作，但是上下班时间由员工自己决定，只要工作时间总量符合要求即可。弹性工作制的优点是员工可以自己掌握工作时间，为实现个人要求与组织要求的一致创造了条件，降低了缺勤率和离职率，提高了工作绩效。弹性工作制的缺点是每天的工作时间延长增加了企业的公用事业费，同时要求企业有更加复杂的管理监督系统来确保员工工作时间总量符合规定。弹性工作制虽对企业的生产率没有明显的影响，但却能使员工得到利益。目前美国实行弹性工作制的企业越来越多，特别是工作比较独立的专业人员。

最后需要指出的是，在现实中许多企业并不进行专门的工作设计，而是假设人们对如何组织工作内容有一种先验的看法，同时在劳动力市场上可以招聘到现成的合格员工来承担这一工作。这种方法利用了已经经过了时间检验的各种工作任务、责任和所需要的技能以及工作内容之间的联系。这种方法强调的是各种工作在不同的组织之间的共性和相似之处，按照决定工作内容的流行做法来决策。这种方法大大简化了招聘、选择和补偿决策，而且也可以和员工进入组织之前的期望和市场通行的商业教育与培训相互协调。对许多组织而言，这种简单的工作设计方法还是可行的。

每个组织使用的工作设计方法都可能不同，在一个组织中，也可以对不同层次的员工和不同的工作类别，实行不同的工作设计方法。而且，一个组织可以使用一种工作设计方法，也可以同时使用几种工作设计方法。

工作说明书的编写

工作说明书的编制

一、工作描述的编写

工作描述是关于一种工作中包含的任务、职责以及责任的目录清单。任务、职责和责任是可以被观察到的活动。

工作描述的基本内容包括：

1. 工作识别。工作识别又称工作标识、工作认定，包括工作名称和工作地位。其中工作地位主要指所属的工作部门、直接上级职位、工作等级、工资水平、所辖人数、定员人数、工作地点、工作时间等。

2. 工作编号。工作编号又称岗位编号、工作代码。一般按工作评估与分析的结果对工作进行编码，目的在于快速查找所有的工作。企业中的每一种工作都应当有一个代码，这些代码代表了工作的一些重要特征，比如工资等级等。

3. 工作概要。工作概要又称职务摘要，指用简练的语言概述工作的总体性质、中心任务和要达到的工作目标。

4. 工作关系。工作关系又称工作联系，指任职者与组织内外其他人之间的关系。它包括：该工作受谁监督，此工作监督谁，此工作可晋升的职位、可转换的职位以及可迁移至此的职位，与哪些部门的职位发生联系等。

5. 工作职责。工作职责又称工作任务，是工作描述的主体，它需要逐条指明工作的主要职责、工作任务、工作权限及工作结果（工作的绩效标准）等。为使信息最大化，工作职责应在时间和重要性方面实行优化，指出每项职责的分量或价值。

6. 工作条件与工作环境。工作条件主要包括任职者主要应用的设备名称和运用信息资料的形式。工作环境包括工作场所、工作环境的危险性、职业病、工作的时间、工作的均衡性（一年中是否有集中的时间特别繁忙或特别闲暇）、工作环境的舒适度等。表2－9是一个工作描述的例子。

表2－9　销售部经理工作描述

职务名称：销售部经理 别名：销售部主任、销售部主管、销售总监 1. 工作活动和工作程序。通过对下级的管理与监督，实施企业的销售、计划、组织、指导和控制；指导销售部的各项工作；就全面的销售事务向上级部门做出报告；根据对销售区域、销售渠道、销售定额和销售目标的批准认可，协调销售分配功能；批准对推销领域的分派；评估销售业务报告；批准有助于销售的各项计划，如培训计划、促销计划等。审查市场分析，以确定顾客需求、潜在消费量、价格一览表、折扣率、竞争活动，以实现企业目标；亲自与大客户保持联系；可与其他管理部门合作，建议和批准用于研究和开发工作的预算支出和拨款；可与广告机构就制作销售广告事宜进行谈判，并在广告发布之前对广告素材予以认可；可根据销售需要在本部门成立相应正式群体；可根据有关规定建议或实施对本部门员工的奖惩；可以调用小汽车两辆、送货车10辆、摩托车10辆 2. 工作条件和物理条件。75%以上在室内工作，一般不受气候影响；温度适中，无严重噪音，无个人生命或严重受伤危险，无有毒气体；有外出要求，一年中有10%～20%的工作日出差在外；工作地点为本市 3. 社会环境。有一名副手，销售部工作人员有25～30人；直接上级是销售副总经理；需要经常交往的部门是生产部、财务部；可以参加企业家俱乐部、员工乐园等各项活动 4. 聘用条件。每周工作5天，法定假日放假；基本工资每月1500元，职务津贴每月400元，每年完成销售指标奖金5000元，超额完成部分再以千分之一提取奖金；本岗位是企业中层岗位，可晋升为销售副总经理或分公司经理。每年工作以4～10月份为忙季，其他时间相对是闲季；每三年有一次出国机会；每五年有一次为期一个月的公休假期，可报销5000元的旅游费用；公司提供市区两室一厅住房一套，如自行租房予以相应补贴

二、工作规范的编写

工作规范是一个人为了完成某种特定的工作所必须具备的知识、技能、能力以及其他特征的一份目录清单。知识指的是为了成功地完成某项工作任务而必须掌握的事实性或程序性信息；技能指的是一个人在完成某项特定的工作任务方面所具备的熟练水平；能力指的是一个人所拥有的比较通用的且具有持久性的才能。其他特征主要是指一些性格特征，例如一个人达到目标的动力或持久性等。这些特征都是不能被直接观察到的与人有关的特点，只有当一个人实际承担起工作任务、职责和责任的时候，才有可能对这些特点进行观察。

需要注意的是，这里所说的知识、技能、能力以及其他特征是对该项工作任职者的最低要求，而不是最理想任职者的形象。

工作规范的内容主要包括：

1. 一般要求。它包括年龄、性别、学历、工作经验等。

2. 生理要求。它包括健康状况、力量与体力、运动的灵活性、感觉器官的灵敏度等。

3. 心理要求。它包括观察能力、集中能力、记忆能力、理解能力、学习能力、解决问题能力、创造性、数学计算能力、语言表达能力、决策能力、交际能力、性格、气质，兴趣、爱好、态度、事业心、合作性、领导能力等。

表 2－10 是某企业人力资源部招聘专员工作规范的例子。

表 2－10　某企业人力资源部招聘专员的工作规范

职位名称：招聘专员
所属部门：人力资源部
直接上级职务：人力资源部经理
（一）生理要求
年龄：23～35 岁性别：不限
身高：女性：1.55～1.70 米；男性：1.60～1.85 米
体重：与身高成比例，在合理的范围内即可听力：正常视力；矫正视力正常
健康状况：无残疾、无传染病
外貌：无畸形，出众更佳
声音：普通话发音标准，语音和语速正常
（二）知识和技能要求
（1）学历要求：本科，大专以上需从事专业 3 年以上
（2）工作经验：3 年以上大型企业工作经验
（3）专业背景要求：曾从事人事招聘工作 2 年以上
（4）英文水平：达到国家四级水平
（5）计算机：熟练使用 Windows 和 Office 系列

续表

（三）特殊才能要求

（1）语言表达能力：能够准确、清晰、生动地向应聘者介绍企业情况，并准确、巧妙地解答应聘者提出的各种问题

（2）文字表达能力：能够准确、快速地将希望表达的内容用文字表达出来，对文字描述很敏感

（3）工作认真细心，能认真保管好各类招聘材料

（4）有较好的公关能力，能准确地把握同行业的招聘情况

（四）其他要求

（1）能够随时准备出差

（2）不可请一个月以上的假期

工作描述和工作规范可以采用文字描述的形式，也可有表格的形式，有时两者合并为一份“工作说明书”。表 2－11 是某企业人力资源部经理的工作说明书。

表 2－11　某企业人力资源部经理工作说明书

一、基本资料

岗位名位	人力资源部经理	岗位等级	×××
岗位编码	××××××	所属部门	人力资源部
直接上级	总经理	直接下级	×××
定员标准	1人	分析日期	××××年××月

二、岗位职责

（一）概述

（二）工作职责

1. 负责人力资源发展规划的制订与完善
2. 负责人力资源管理系统的建立与完善
3. 负责人员的招聘与人才的储备
4. 负责公司劳资管理，并按绩效考核情况实施奖罚
5. 负责各种绩效管理制度的制定
6. 负责处理员工劳动关系
7. 完成公司交付的其他任务

三、监督与岗位关系

（一）所受监督与所施监督

所受监督：总经理

所施监督：下属人力资源管理人员

（二）与其他岗位关系

内部联系

外部联系

续表

工作内容和要求	
工作内容	工作要求
1. 建立人力资源发展规划	1. 人力资源规划应符合公司发展目标
……	……
五、工作权限……	
六、劳动条件和环境……	
七、工作时间……	
八、任职资格 1. 学历；2. 工作经验……	
九、身体条件……	
十、心理品质要求……	
十一、专业知识和技能要求……	
十二、绩效考评……	

工作说明书编写的原则

1. 统一格式

工作说明书的具体形式可能有多种，但其核心内容必须建立统一的格式要求，否则工作说明书难以发挥职务管理作用。

2. 清晰具体

工作说明书是任职者的工作依据和具体要求，内容必须具体明了，容易理解、可以操作。

3. 指明范围

在界定职位时，要确保指明工作的范围和性质，如用“为本部门”、“按照经理的要求”这样的句式来说明。此外，还要把所有重要的工作关系也包括进工作说明书中。

4. 共同参与

工作说明书的编写应有相应的工作人员、上级主管、人力资源专家共同分析协商。

工作说明书的新发展

近几年，工作说明书又有了新的发展趋势。随着外部竞争环境的日趋激烈，传统的以“命令一执行”为特征的工作方式正在转变为以“服务”为特征的工作方式。在这种工作方式中，企业内部的每一个职位都以服务者和被服务者的双重身份出现，需要接受上游职位的工作输入，又要对下游职位进行工作输入，工作的链条关系越来越重要。为了反映这种关系，结合工作流程编写“履行职责”已成为一个趋势。

第二个趋势就是工作职责界限向清晰化或模糊化两极发展，高新技术企业和管理高级岗位的职责趋向模糊化和交叉，以鼓励合作和承担更多职责；与之相反，某些新兴中小企业在蜕变过程中趋向岗位职责明确化。

第三个趋势就是企业越来越重视工作规范，尤其是其中的能力和素质要求，以“素质模型”为主要标志的新的招聘标准正在逐步形成。

第三章

人力资源战备与规划

人力资源规划是企业战略的重要组成部分，人力资源规划具体落实到人力资源管理的各项工作上，是各项人力资源管理工作的起点和依据，它直接影响企业人力资源管理的有效性。本章，我们将首先介绍人力资源规划的概念、内容和程序，然后介绍人力资源预测的基本方法，如何平衡企业人力资源供需矛盾，最后介绍人力资源规划的编制及其人力资源规划责任者。

人力资源战略规划

人力资源规划的含义

人力资源规划是通过预测未来的组织任务和环境对组织的要求，根据组织任务和环境对组织的要求而制定人力资源管理的行动方针的过程。实质上人力资源规划就是一个确定目标和目标实现方式的决策过程。

理解这一概念应注意以下几点：

1. 人力资源规划就是要在未来环境和组织目标可能发生变化的前提下进行预测分析，对组织的需要进行识别和应答，把握环境和战略目标对组织的要求，以确保组织长期、中期和短期的人力资源需求，使组织能够更快地学习和对环境做出反应，从而增加竞争优势。所以，人力资源规划为企业战略目标的实现提供了人力资源保障。

2. 人力资源规划是以组织的战略目标为基础的，当组织战略目标发生变化时，人力资源规划也随之发生变化。因此，人力资源规划随企业战略目标的变化而变化。

3. 一个组织需要通过人力资源规划来确定行动方针，制订新的政策和方案来指导人力资源管理的实践，使人力资源管理在变化的条件下保持有效和一致。人力资源规划成为企业人力资源管理的基础。

4. 通过人力资源规划、预测和控制企业人力资源结构和数量等方面的变化，逐步调整企业人员结构，使人员结构尽可能合理化，可以把企业人工成本控制在合理的水平上。人力资源规划使企业能更好地控制人工成本。

5. 人力资源规划是管理循环中的一个过程。人力资源规划为组织实施和评价控制提供目标和依据，同时通过反馈进行修正。

人力资源规划的种类

人力资源规划的种类繁多，可以根据实际需要灵活选择。

1. 从规划的时间上，人力资源规划可分为 3 种：短期规划一般为 6 个月至 1 年，长期规划为 3 年以上，中期规划介于两者之间。

国外实践表明，规模较小的企业不适于拟订详细的人力资源规划，因为其规模小，各种内外环境对其影响大，规划的准确性较差，规划的指导作用往往难以体现。另外，小企业规划成本较高也是其缺少适应性的原因之一。

2. 从规划的范围上，可分为企业总体人力资源规划、部门人力资源规划、某项任务或工作的人力资源规划。

3. 从规划的性质上，可分为战略性人力资源规划和战术性人力资源规划。前者具有全局性和长远性，通常是人力资源战略的表现形式；后者一般指具体的、短期的、具有专门针对性的业务计划。

人力资源规划的内容

企业的人力资源规划按照影响的范围，可分为两个层次：

1. 人力资源总体规划。它指在计划期内人力资源管理的总目标、总政策、实施步骤和总预算的安排，它是连接人力资源战略和人力资源具体行动的桥梁。

2. 人力资源业务计划。它包括人员补充计划、分配计划、提升计划、教育培训计划、工资计划、保险福利计划、劳动关系计划、退休计划等。这些业务计划的结果应能保证人力资源总体规划目标的实现，如表 3－1 所示。

表 3－1　人力资源规划内容一览表

计划类别	目标	政策	步骤	预算
总规划	总目标（绩效、人力资源总量素质、员工满意度）	基本政策（扩大、收缩、保持稳定等）	总步骤：（按年安排，如降低人力资源成本等）	总预算：××××万元
人员补充计划	对人力资源素质结构及绩效的改善等	人员素质标准；人员来源范围起点待遇等	拟定补充标准，发布信息、设定选拔方法、录用、上岗教育	招聘选拔费用
人员分配计划	人力资源结构优化及绩效改善、人员职位匹配、职务轮换等	任职条件，职位轮换范围及时间	略	按使用规模、差别及人员状况决定的工资、福利预算等
人员接替和提升计划	后备人才数量保持，提高人才结构及绩效目标	选拔标准、晋升比例、为提升人员的安置等	略	职务变动引起的工资变动

续表

计划类别	目标	政策	步骤	预算
培训计划	提高素质、技能，改善技巧，转变态度和作风等	培训时间的保证，培训效果的评估等	略	培训投入及脱产培训的工资费用
薪酬激励计划	人才流失减少，提高士气，绩效改进等	工资政策，激励政策，激励重点等	略	增加的工资奖金总额预算
劳动关系计划	降低非期望离职率，劳资关系改进，减少投诉，提升员工参与等	鼓励员工参与管理，加强沟通	略	法律诉讼费
退休解聘计划	编制合理，降低劳务成本	退休及解聘程序	略	退休人员安置费，人员重置费

人力资源规划的程序

制定人力资源规划不仅要了解企业现状，更要认清企业的战略目标方向和内外环境的变化趋势，不仅要了解现实的表现，更要认清人力资源的潜力和问题。人力资源规划的程序可以分成 4 个阶段：

1. 调查分析准备阶段

这一阶段，收集制定人力资源规划所需要的信息。首先要把握影响企业战略目标的宏观环境和行业环境信息。由于人力资源规划同企业的生产经营活动密切联系，因此，影响企业生产经营的环境因素也会对人力资源的供给和需求产生重大影响；调查分析外部人力资源环境信息，如劳动力市场的结构，市场供给与需求的状况，人口与教育的社会状况，劳动力择业心理等有关影响因素。其次，要把握内部环境信息。这类信息包括：组织环境信息，如企业发展战略、经营规划、生产技术和生产流程、产品结构等；管理环境信息，如企业的组织结构、企业文化、管理风格、管理层次和跨度以及人力资源管理政策，这些因素都决定着人力资源的供给与需求；企业现有人力资源信息，对企业现有人力资源信息进行核查，调查企业目前的人力资源技术、能力和潜力，并分析目前这些人力资源的利用情况。

2. 供给和需求的预测阶段

在所收集的人力资源信息的基础上，选择使用有效的预测方法，对人力资源的供给和需求进行预测。这是人力资源规划过程中最为关键也是难度最大的一个阶段，它直接决定着整个规划的成败。人力资源管理人员只有准确地预测出人力资源的需求与供给，才能采取有效的平衡措施。

3. 规划制定和实施阶段

通常企业首先形成人力资源战略，在供给和需求预测的基础上，根据人力资源战略制定总体规划，然后制定各项具体的业务计划以及相应的人事政策，尤其要制定平衡供求的有效措施，使企业对人力资源的需求得到满足。在制定相关措施的时候，人力资源管理人员应当注意，务必使人力资源的总体规划和业务规划与企业其他规划相互协调，只有这样，人力资源规划才能得以顺利实施。

4. 规划的控制和评估阶段

人力资源规划是一个长久持续的动态过程，它具有滚动的性质。组织将人力资源的总规划和各项业务计划付诸实施后，由于信息、技术和环境变化等原因，人力资源预测通常无法做到完全准确，因此人力资源规划也不能一成不变，需要根据实际情况对实施的结果进行评估，并及时将评估结果进行反馈，以修正人力资源规划。

人力资源供求预测

人力资源需求预测

人力资源的需求预测就是指对企业未来某一特定时期所需要的总的人力资源的数量、质量以及结构进行估计，也可以是对特定岗位总的需求的预测。

一、影响人力资源需求预测的因素

影响组织人力资源需求的因素主要来自组织内部，但外部因素对组织的人力资源需求也会产生影响。且外部因素对企业人力资源需求的影响，多是通过影响内部供给或内部因素而起作用的。归纳起来，影响人力资源需求的因素主要有：

1. 企业外部因素

经济环境与社会经济发展状况会影响企业的经营状况，从而影响企业人力资源需求状况；社会、政治、法律和企业竞争对手的因素也会导致社会对企业产品或劳动需求的变化，这必然引起企业人力资源需求变化。

2. 企业内部环境因素

企业战略规划是制定人力资源战略的基础，它是影响人力资源需求预测的最重要因素。企业内部生产经营，比如设立新的分公司、企业经营方向的变化、企业经营状况的变化以及企业对人力资源成本预算等因素都会对人力资源需求预测有直接影响。

3. 人力资源自身因素

如辞职人员数量，因合同期满终止合同的人员数量，死亡、休假人数等都直接影响企业的人力资源需求。

松下的战略调整

由于松下公司很大一部分收入来自于产品出口，公司预测日元的价值与公司的销量之间存在很强的负相关关系。当日元升值时，松下的产品就会变得相对昂贵，从而直接抑制了市场的需求，进而影响公司对日本劳动力的需求。1988 年，松下人力资源部预测日元价值 5 年内将升值 30%，如果不采取任何措施，公司将遭受内部劳动力过剩的困扰。因此，公司决定不在国内拓展业务，而是在世界各地建立“出口中心”，分别到马来西亚、中国和美国去设计和生产电视机以及空调器。到 1995 年，事实证明这一决策的正确性，避免了日元升值导致劳动力“剩余”给公司造成的损失，同时，有效地开拓了公司的海外市场。而那些没有预测到这一情况的同类公司不得不开始大幅度被动地裁员。

二、人力资源需求预测的方法

人力资源需求预测的方法一般可分为两大类：定性预测法与定量预测法。

1. 定性预测法

这是一种较为简单、常用的方法，包括经验预测法和德尔菲法两种。

（1）经验预测法。经验预测法是人力资源预测中最简单的方法，它适合于较稳定的小型企业。经验预测法就是用以往的经验来推测未来的人员需求。不同管理者的预测可能有偏差，但可以通过多人综合预测或查阅历史记录等方法提高预测的准确率。要注意的是经验预测法只适合于一定时期的企业的发展状况在没有发生方向性变化的情况之下，对于新的职务或者工作的方式发生变化的职务，该办法不合适。

（2）德尔菲法。该方法是通过综合专家们各自的意见来预测某一领域的发展趋势，比较适合于对人力资源需求的长期趋势预测。用德尔菲法预测企业人力资源需求的基本过程如下：第一步，选择专家，专家是指对人力资源预测问题有深入研究的人。他们既可以是管理人员，也可以是普通员工；既可以是来自企业内部的，也可以是来自企业外部的。选定专家后，由主持预测的人力资源部门向各位专家说明此次预测对企业的重要性，以及预测的方向和需要回答的具体问题等。第二步，将事先设计好的预测系统以信函形式寄发给各位专家；各位专家根据自己的知识、经验和所掌握的信息提出自己的观点，并以匿名方式反馈给主持者。第三步，主持者将第一轮预测的结果进行分析、归纳，并将综合结果再反馈给各位专家，请他们提出修改意见并说明修改的理由。然后重复以上这一循环，直至专家们的意见趋向一致。

为了保证预测效果，在组织预测过程中需要注意以下几点：第一，主持者应该为专家们提供充分的信息，包括已经收集的历史资料和有关的统计分析结果，以便使专家们能够做出比较准确的判断。第二，所提出的预测问题应尽可能简单，以保证所有专家能从相同的角度理解相关的定义、概念和分类。第三，对于专家们的预测结果不要求十分的精确，但需要他们说明对预测结果的肯定程度。

德尔菲法的特点是以匿名问卷的方式征求专家们的意见，可以避免面对面集体讨论的缺点。由于专家们互不见面，也不知道其他人的情况，因此可以有效排除心理干扰，使各位专家畅所欲言，真正做到集思广益，以保证预测结果的准确度。该方法的不足之处主要是花费时间较长。

2. 定量分析预测法

（1）劳动定额法

劳动定额是对劳动者在单位时间内应该完成的工作量的规定。基于劳动定额的人力资源需求预测分析方法可用下列公式表示：

$$Q = W/q(1 + R)$$

其中：W——企业计划期任务总量；

q——企业标准定额；

R——计划期劳动生产率变动。

$R=R_1+R_2-R_3$，其中 R_1 表示企业技术进步引起的劳动生产率系数的提高；R_2 表示企业员工经验积累导致的劳动生产率系数的提高；R_3 表示由于劳动者及某些因数引起的劳动生产率系数的降低。

例 1：某企业计划在明年内生产车床 600 台，每个技术工人的标准定额为 5 台/年。由于在计划期内引进先进生产技术导致劳动生产率提高 0.2，技术工人经验积累导致的劳动生产率系数提高 0.1。同时由于人员流动导致的劳动生产率系数降低 0.1。请预测为了完成生产计划，该企业明年需要的技术工人总量。

根据公式：$W=600$；$q=5$；$R=R_1+R_2-R_3=0.2+0.1-0.1=0.2$，即得：

Q（企业需要的技术工人总量）$=W/q\ (1+R)$

$=600/5\ (1+0.2)$

$=100$ 人

（2）比率分析法

这一方法假设企业的人力资源需求量和某一因素成比例关系。以产量为例，假设产量和人力资源需求量之间的关系为：

$$Y_t/M_t=Y_0/M_0$$

其中：Y_t——未来时刻的产出水平；

M_t——预测未来 t 时刻的人员需求量；

Y_0——目前的产出水平；

M_0——目前的人员实际需求量（它是在目前实际使用人员数量的基础上，根据现有人员使用的合理性进行调整而得出的数字）。

根据以上假设，可以得出未来 t 时刻的人员需求量为：

$$M_0=M_0\ (Y/Y_0)$$

例 2：2002 年某公司 30 名销售人员所完成的销售额是 900 万元，那么平均每个销售人员完成的销售额就是 30 万元。如果企业 2003 年的计划是将销售额提高 180 万元，达到 1080 万元，那么就需要增加 6 名销售人员。与要预

测的人员数量成比例关系的因素也可以是另一类人员的数量。例如假设销售人员和行政人员的比率关系是6：1，则销售人员增加6人时，所需的行政人员应增加1人。

我们可以发现，这一方法的前提是假设人力资源需求量和某一因素间的比例是一定的，而实际上，这一关系常常随着劳动生产率等各种因素的变化而变化。如把这种变化考虑进去，则上述人员需求量的模型可修正为：

$$M_0 = M_0\ (Y_t/Y_0)\ +\ (M_0/Y_0 - M-1/Y-1)\ Y_t$$

式中：$Y-1$——前一期的产出水平；

$M-1$——前一期的人员需求量。

（3）回归分析法

这是根据数学中的回归原理对人力资源需求进行预测的方法。人力资源的需求水平通常总是和某个或某些因素具有高度确定的相关关系，这样就可以用数理统计的方法定量地把这种关系表示出来，从而得到一个回归方程。用此方程可以简单、方便地预测人力资源需求量。这一方法的关键在于找出与人力资源需求高度相关的变量。此外，使用这一方法时，这些变量的历史数据必须是全面的。回归分析法有两种情况，一种是求一个变量对另外一个变量的回归问题分析，即一元回归分析；另一种是求一个变量对多个变量的回归分析，即多元回归分析。现实中，影响人力资源需求量的因素往往是多个的，因此多元回归分析法在人力资源需求预测中的应用范围是比较广的，但也是比较困难的，因为确定回归方程并非易事。下面举例说明一元回归分析在人力资源预测中的应用。

一元回归方程为：

$$Y = a + bX$$

其中：X——自变量；

Y——因变量即要预测的变量；

a、b——回归系数。

回归系数 a、b 的计算公式如下：

$$b = \frac{\sum\ (X_i - \bar{X})\ (Y_i - \bar{Y})}{\sum\ (X_i - \bar{X})^2} a = \bar{Y} - b\ \bar{X}$$

式中：X_i——自变量第 i 期的实际值；

Y_i——因变量第 i 期的实际值；

$\bar{X}$、$\bar{Y}$——分别是 X_i、Y_i 的平均数。

假如我们了解到某宾馆的客流量和所需服务员成正相关关系，根据过去的记录得到表 3－2。根据宾馆发展计划，年客流量要从 1999 年的 12 万人次增加到 14 万人次，那么需要服务员多少名？我们用 X 代表客流量，用 Y 代表服务员数，这样就可以建立起回归预测计算表 3－3。

表 3－2

年份	1994	1995	1996	1997	1998	1999
客流量（万）	5	6	7	8	10	12
服务员（人）	40	50	50	60	70	90

表 3－3

年份	X_i	Y_i	$X_i-\bar{X}$	$Y_i-\bar{Y}$	$(X_i-\bar{X})^2$	$(X_i-\bar{X})(Y_i-\bar{Y})$
1994	5	40	－3	－20	9	60
1995	6	50	－2	－10	4	20
1996	7	50	－1	－10	1	10
1997	8	60	0	0	0	0
1998	10	70	2	10	4	20
1999	12	90	4	30	16	120
Σ	48	360			34	230

$$\bar{X}=48/6=8$$

$$\bar{Y}=360/6=60$$

回归系数 $b=230/34=6.77$　　$a=60-6.77\times8=5.84$

因此，可以得到一元回归预测模型：

$$Y=5.84+6.77X$$

用此模型可以预测当客流量达到 14 万人次时，宾馆需要的服务员人数为：

$$Y=5.84+6.77\times14=101\text{（人）}$$

人力资源供给预测

人力资源供给预测是指为了满足企业在未来一段时间内的人力资源需求，而对将来某个时期内，企业从其内部和外部可以获得的人力资源的数量和质量进行预测。它包括外部人力资源供给预测和内部人力资源供给预测。

外部人力资源供给预测的主要目的是对劳动力市场的供求情况、可能为企业提供各种人力资源的渠道以及与企业竞争相同人力资源的竞争对手进行分析，从而得出企业可能从外部获得的各种人力资源的情况，并对获得这些人力资源所需的代价，以及对可能出现的困难和危机做出提前预计。

内部人力资源供给预测主要是对企业内部员工的情况进行分析，包括员工的人数、年龄、技术水平、发展潜能、流动趋势等，从而预测未来一段时间内企业内部可以有多少员工稳定地保留在企业之中，有多少员工具有发展和晋升的可能性。

一、外部人力资源供给预测

1. 影响因素

（1）企业所处行业因素。它包括：企业所处行业的景气程度，行业发展前景，行业内竞争对手的数量、实力及其在吸引人才方面采取的措施，本企业在行业中所处的地位及对人才的吸引力等。

（2）公司所在地区因素。它包括：公司所在地和附近地区的人口密度、就业水平、就业观念、科技文化教育水平，公司所在地对人们的吸引力，公司当地临时工人的供给状况以及公司当地的住房、交通、生活条件等。

（3）全国性因素。它包括：对今后几年国家经济发展情况的预测，技术发展和变化的趋势，全国劳动人口的增长趋势，处于变动中的劳动力结构和模式，全国对各类人员的需求程度，各类学校的毕业生规模与结构，教育制度变革如延长学制、改革教学内容等对人力资源供给的影响，国家就业法规、政策的影响，影响人们进入和退出劳动力队伍的其他因素等。

2. 预测方法

（1）查阅资料。这包括：国家和地区的统计部门、人事和劳动部门定期发布的一些统计数据，国家和地区的政策法律变化，互联网上的相关的信息资料等。

（2）调查信息。这包括：企业就所关注的人力资源状况进行的调查，比如对高校提供的毕业生源的调查就是一种比较有效的方法。有的企业与几个提供生源的院校保持长期的合作关系，他们会密切跟踪目标生源的情况，及时了解可能为企业所用的目标人才的状况。

（3）分析雇佣人员和应聘人员。分析的内容包括：企业近期雇佣的人员来自哪些行业和企业、他们为什么要到这个企业来，各个空缺职位的应聘者数量和质量如何。

二、内部人力资源供给预测

1. 影响因素

（1）影响企业外部人力资源供给的因素同样对企业内部的人力资源供给产生影响。如果企业外部就业条件好、机会众多、待遇优厚，则企业员工外流的可能性将大大增加，企业内部人力资源供给面临较大压力，不得不花更大的成本和精力以保证人力资源的供给。反之，企业可能较容易获得所需的人力资源。

（2）企业的人力资源策略和相应的管理措施。若希望人才长期稳定地留在企业中工作，就应相应地提供给这些人才以优厚的待遇、较多的培训机会及充足的发展空间，以确保企业人力资源供给稳定。如果采取鼓励人员合理流动的策略，他们不期望员工长期留在企业中，而是将较多的精力放在吸引外部的成熟人才，以保证不断为企业带来新鲜血液和创造力。

2. 预测内容

企业内部人力资源供给预测一般包括以下几方面的内容：

（1）企业现有人力资源供应状况分析，如通过信息收集，掌握企业现有员工的部门分布、技术知识水平、工种、年龄构成等。

（2）企业人员流动的现状及产生原因分析，预测未来员工流动的趋势，以便采取相应的措施避免不必要的流动，或及时给予替补。

（3）公司员工晋升、内部调动及其他流动情况预测，保证工作和职务的连续性。

（4）分析工作条件和出勤率的变动，对企业人力资源供给的影响。

3. 预测方法

（1）技能清单。技能清单也称为人力资源盘点，是一个反映员工工作能力特征的列表，这些特征包括员工的培训背景，工作经历，持有的资格证书以及工作能力的评价等内容。技能清单是对员工竞争力的一个反映，可以用来帮助预测潜在的人力资源供给。技能清单可以包括所有的员工，也可以只包括部分员工。技能清单预测工作量往往比较大，为此，在日常的人力资源管理工作中，需要通过计算机等手段做好员工的工作能力及潜力方面的客观

记录。这种记录工作通常是借助于员工档案或人力资源资料登记表作为原始数据进行记录输入的。表 3－4 就是一个人力资源资料登记表的实例。

表 3－4　某公司员工资料登记表

填表时间：　　年　月　日

<table>
<tr><td colspan="2">姓名：</td><td>性别：</td><td>部门：</td><td>岗位：</td></tr>
<tr><td colspan="2">参加工作时间：</td><td>身份证号：</td><td>婚姻状况：</td><td>职称：</td></tr>
<tr><td rowspan="5">学历背景</td><td></td><td>毕业院校</td><td>毕业时间</td><td colspan="2">专业和所任职务</td></tr>
<tr><td>技校</td><td></td><td></td><td colspan="2"></td></tr>
<tr><td>大学</td><td></td><td></td><td colspan="2"></td></tr>
<tr><td>硕士</td><td></td><td></td><td colspan="2"></td></tr>
<tr><td>博士</td><td></td><td></td><td colspan="2"></td></tr>
<tr><td rowspan="5">工作经历</td><td>起止时间</td><td colspan="2">工作单位名称</td><td colspan="2">岗位及成绩</td></tr>
<tr><td></td><td colspan="2"></td><td colspan="2"></td></tr>
<tr><td></td><td colspan="2"></td><td colspan="2"></td></tr>
<tr><td></td><td colspan="2"></td><td colspan="2"></td></tr>
<tr><td></td><td colspan="2"></td><td colspan="2"></td></tr>
<tr><td colspan="2">外语语种和达到的等级</td><td colspan="4"></td></tr>
<tr><td colspan="2">接受培训情况</td><td colspan="4"></td></tr>
<tr><td colspan="2">个人特长和其他</td><td colspan="4"></td></tr>
</table>

（2）人员接替法。很多企业的管理人员都是从内部员工中提拔的，因此，需要确定在各个关键的管理职位上有哪些可能的接班人，这些接班人的胜任状况和发展潜力如何，这也称为人员接替计划。如表 3－5 所示的继任卡就是一种人员接替模型。

表 3－5　继任卡

<table>
<tr><td>A</td></tr>
<tr><td colspan="5">B</td></tr>
<tr><td>C</td><td colspan="3">D</td><td>D</td></tr>
<tr><td>C_1</td><td>1</td><td>D_1</td><td>B_1</td><td>A_1</td></tr>
<tr><td>C_2</td><td>2</td><td>D_2</td><td>B_2</td><td>A_2</td></tr>
<tr><td>C_3</td><td>3</td><td>D_3</td><td>B_3</td><td>A_3</td></tr>
<tr><td>C_E</td><td colspan="2">紧急继任者</td><td>D_E</td><td>B_E</td></tr>
</table>

A 填入现任者晋升可能性，且用不同颜色表示晋升可能性大小——甲级（红色表示）表示应立即晋升，乙级（黑色表示）表示随时可以晋升，丙（绿色表示）表示在 1～3 年内可以晋升，丁（黄色表示）表示在 3～5 年可以晋升。*B* 填入现任者的职务；*C* 填入现任者的年龄，仅是为了考虑何时退休之用；*D* 填入现任者姓名；*E* 填入现任者任现职的年限。1、2、3 分别代表三位继任者。C_1、C_2、C_3，D_1、D_2、D_3，B_1、B_2、B_3，A_1、A_2、A_3 分别表示 3 位继任者的年龄、姓名、职务和晋升的可能性（和现任者的字母含义一样）。最后一行为紧急继任者（如当现任者辞职等意外）在年龄、姓名、职务方面的情况。

可通过一个实例来说明其运用。

某公司销售副总经理姚×，50 岁，任现职已 5 年，晋升为总经理的可能性为乙级；3 位销售副总经理继任者的情况如下：汪××，45 岁，销售部经理，晋升为销售副总经理的可能性为乙级；王×，41 岁，市场部经理，晋升为销售副总经理的可能性为丙级；陈×，36 岁，销售助理，晋升为销售副总经理的可能性为丙级。显然紧急继任者为汪××。

表 3－6　继任卡实例

乙（黑色）				
销售副总经理				
50 岁	姚×			5 年
45 岁	1	汪××	销售部经理	乙（黑）
41 岁	2	王×	市场部经理	丙（绿）
36 岁	3	陈×	销售助理	丙（绿）
45 岁	紧急继任者		汪××	销售部经理

乙（黑色）				
销售部经理				
45 岁	汪××			5 年
36 岁	1	陈×	销售助理	乙（黑）
40 岁	2	李×	华东区经理	乙（黑）
38 岁	3	赵×	华南区经理	丙（绿）
42 岁	紧急继任者		陈×	销售助理

续表

丙（绿色）				
市场部经理				
41 岁	王明			5 年
42 岁	1	周 ×	市场助理	乙（黑）
35 岁	2	刘 ×	广告经理	丙（绿）
32 岁	3	李 ×	品牌经理	丙（绿）
36 岁	紧急继任者	周 ×	市场助理	

有些企业将各职位的候补人员情况与企业员工的流动情况综合起来考虑，建立人员接替模型，以便控制好员工流动方式与不同职位人员接替方式之间的关系，对企业人力资源进行动态管理。

图 3－1 是一个人员接替模型的例子。横轴代表时间，纵轴代表职位的层次级别，越往下，职位层级越低。一般来说，实际提升人员的数量远远小于可提升人员的数量。

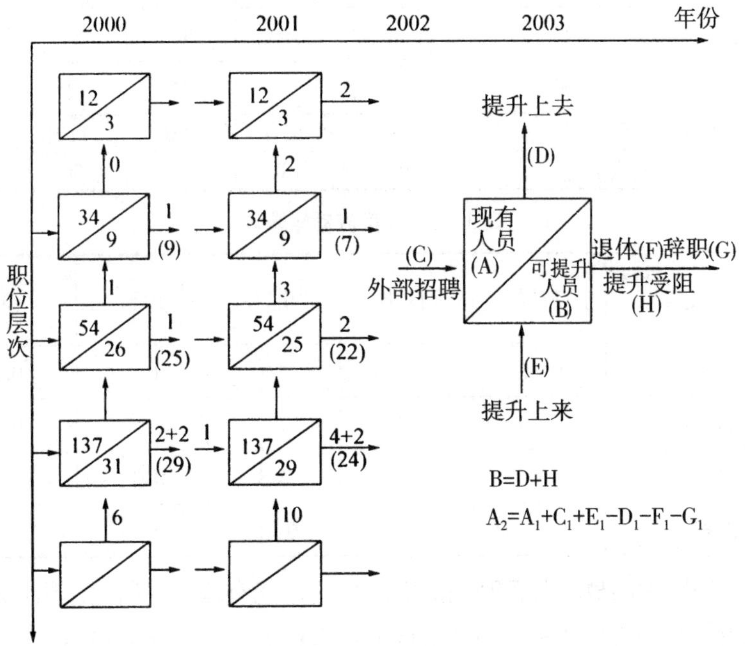

图 3－1　人员接替模型

（3）马尔科夫法。这是一种定量预测方法，其基本假设是企业中员工流

动的方向与概率基本保持不变。在此假设基础上，通过收集具体数据，找出企业内部过去人员流动的规律，由此推测未来的人员变动趋势。马尔科夫分析法实际上是建立一种转换概率矩阵，使用统计技术预测未来的人力资源变化。

以某大学的人员流动为例，用马尔科夫法预测一段时间后学校的人员供给情况。首先在对过去人员变动数据收集分析的基础上，计算出人员流动的概率，列出人员流动概率矩阵，如表 3－7 所示。所收集的数据的时间周期越长，这一百分比的准确性就越高。将期初人员数乘以人员流动概率，得出人员流动矩阵表，如表 3－8 所示。将期末人员数纵向相加，就可得出组织内部未来人员供给的净值。

表 3－7　人员流动概率矩阵表

单位：人

	期初人员数量	教授	副教授	讲师	助教	离职
教授	40	32				8
副教授	80	8	56			16
讲师	120		6	96	6	12
助教	160			24	104	32
期末人员供给量		40	62	120	110	68
需补充人数		0	18	0	50	

表 3－8　人员流动矩阵表

期末 / 期初	教授	副教授	讲师	助教	离职
教授	0.80				0.20
副教授	0.10	0.70			0.20
讲师		0.05	0.8	0.05	0.10
助教			0.15	0.65	0.20

转换矩阵中的概率与预测期的实际情况可能有差距，因此，用这种方法得到的内部劳动力供给预测的结果也不一定精确。在实际应用中，一般采取弹性化方法进行调节，即估计出几种概率矩阵，得出几种预测结果，然后进行综合分析，得出较合理的结果。

人力资源供需平衡

在预测出人力资源的供给和需求之后，就要对这两者进行比较，并根据比较的结果来采取相应的措施。

企业人力资源供给和需求预测的比较，一般会有以下几种结果：第一，供给和需求在数量、质量以及结构方面都基本相等；第二，供给和需求在总量上平衡，但是结构上不匹配；第三，供给大于需求；第四，供给小于需求。如果出现第一种情况，那就说明企业未来的人力资源供给和需求基本上是平衡的，这当然是一种比较理想的结果，但是现实中这种情况几乎是不可能的。对于企业来说，更多的会出现后面三种情况，这就要求企业针对具体的情况采取相应的措施，以实现供需的平衡。当然，即便是第一种情况，也并不是说企业就不用采取任何措施了，因为对供给和需求的预测是在一定假设条件下进行的，所以企业要保证这些假设条件能够实现，如果条件发生了变化，供给和需求可能就会出现新的不平衡。

一、供给和需求总量平衡，结构失衡

供需总量上达到了平衡，往往也会在层次和结构上出现不平衡。对于结构性的人力资源供需不平衡，一般要采取下列措施实现平衡：

1. 进行人员内部的重新配置，包括晋升、调动、降职等，来弥补那些空缺职位的人力资源需求；

2. 对人员进行有针对性的派出进修、接受专门培训，使他们能够胜任空缺职位的工作；

3. 进行人员的置换，释放那些企业不需要的人员，补充企业需要的人员，以调整人员的结构。

二、供给大于需求

当预测的供给大于需求时，可以采取以下措施从供给和需求两方面来平衡供需：

1. 企业要扩大经营规模或者开拓新的增长点，以增加对人力资源的需求，例如企业可以实施多种经营吸纳过剩的人力资源供给。

2. 裁员、提前退休以及终止合同等。这些方法往往是不得已的选择，被通知离开的员工是不幸的，因为过剩现象往往不是他们造成的。竞争的加剧、原材料短缺或者产品市场前景不好等都可能是引起组织员工过剩的诱

因。裁员的负面作用比较大，企业在做出裁员决定时都比较慎重。一些研究显示采用裁员或者其他未经仔细安排的减少劳动力的措施，使留在公司工作的员工士气受到打击，利润并不一定能够得到相应的提高，而且裁员受到的法律限制也比较多。还有，离开的员工可能带走公司的关键技术甚至核心能力。所以，许多组织都倾向于采取提前退休、买断工龄等方式来避免直接裁员。一些企业在预期到产品市场前景不好时，干脆制定只出不进的人力资源政策，从而逐步减少员工数量。

3. 短时间缩短员工的周工作时间。短时期实行员工上半天班，轮班制或者降低员工的工资，通过这种方式也可以进行季节性调整。

三、供给小于需求

当预见到组织人力资源的供给小于需求时，在努力降低员工的离职率减少员工的流失仍然不能满足需求情况下，同样可以从供给和需求两个角度来加以平衡，可供选择的调整措施如下：

1. 加班。如果这种短缺不严重，而且现有员工愿意适度加班加点，那么企业一般不会考虑其他的措施来增加员工人数。

2. 提高现有员工的工作效率，同时提高待遇。这也是增加供给的一种有效方法，提高工作效率的方法有很多，例如改进生产技术和装备，调整工艺，进行技能培训，调整工作方式等。

3. 外包。目前市场竞争的加剧，技术变革加速等都促使组织进行大量业务外包。

4. 临时工。季节性生产较强的企业，往往雇佣临时工来充实部分非技术性岗位。

5. 招聘。从外部雇用人员，包括返聘退休人员，这是最为直接的一种方法。可以雇用全职的也可以雇用兼职的，这要根据企业自身的情况来确定，如果需求是长期的，就要雇用全职的；如果是短期需求增加，就可以雇用兼职员工。

进行人力资源数量和结构调整平衡的方法各有优劣，再作出选择时要全面考虑，对不同方法的效果和特点做到心里有数，在表 3 - 9 中对不同调整方法的优缺点进行了比较。

表3－9 人力资源平衡方法效果和优劣比较

方法		效果快慢	负面影响
供给大于需求	裁员	快	大
	减薪	快	大
	降级	快	大
	工作轮换	快	中等
	工作分享	快	中等
	退休	慢	小
	自然减员	慢	小
供给小于需求	加班	快	大
	临时工	快	大
	业务外包	不确定	大
	培训	慢	大
	控制离职率	慢	中等
	招聘新员工	慢	小
	技术和工艺调整	慢	—

管理实践活动中，企业人力资源供给和需求的不平衡，经常不是单一的供给大于需求或者供给小于需求，往往会相互交织在一起，出现某些部门或某些职位的供给大于需求，而其他部门或其他职位的供给小于需求，例如技术和劳动密集岗位供给小于需求，但是普通职位的供给大于需求，因此企业在制定平衡供需的措施时，应当从实际出发，综合运用这些方法，使人力资源的供给和需求在数量、质量以及结构上都达到平衡匹配。

离职率

离职率是衡量离职的主要指标。目前存在多种计算离职率的方法，这里介绍两种。

1. 传统方法。在通常情况下，离职率是以某一单位时间的离职人数除以该单位时间内员工的平均人数计算，即：

离职率＝在同一年内离职的人数/在某一年内的平均职工人数×100%

然而，采用这样的计算方法，有时候就可能出现离职率超过100%的情况。如我们假设某单位期初员工人数为50人，期间新进员工3人，但到期

末员工一下子离职35人，则：

期末员工人数=50+3-35=18人

该期间员工平均员工人数=（50+18）/2=34人

离职率=（35/34）×100%≈103%

因此，这种计算方法在企业员工变动较大较突然的情况下并不适用。

2. 更新方法。为避免上述情况，可将分母定义为该期间的累计在册人数，即：

离职率=（在某一期间离职的人数/该期间的累计在册人数）×100%

沿用前面的例子，可计算得该期间累计在册人数=50+3=53人

离职率=（35/53）×100%≈66%

可见，这样计算出的离职率更为科学。

人力资源计划的评估与控制

人力资源规划的编制

一、编制的目的

人力资源管理的各项职能基本上是相互联系、具有一定连贯性的，而不是各自独立和分散的。因此，企业必须通过适当的人力资源规划，使得企业全部人力资源得到合理的整合，以便于充分发挥组织的综合竞争力。

一般而言，人力资源规划编制的目的是配合组织的整体经营战略，评估组织人力资源外在环境的机会与威胁以及组织内部人力资源的优劣，并拟订战略，以确保组织人力资源得以有效运用。

具体讲，人力资源规划编制的目的在于：

1. 通过人力资源规划，对组织中现有人力资源状况进行分析，发现影响人力资源效用的症结，使人力资源效能得以充分发挥，减少不必要的浪费，降低人力成本。

2. 通过人力资源规划，可以改善组织内人力资源配置的不平衡和不合理状况，有效配置人力资源。

3. 人力资源规划针对组织未来的发展，拟订总体规划和具体规划，使组织的发展与人力资源的成长相互协调，实现组织目标，以适应组织发展。

4. 人力资源规划能让员工充分了解企业对人力资源需求的计划，以根据组织未来发展中可能空缺的职位，制定个人努力的目标，并按照所需条件不断充实自己和发展自己，使员工获得了个人成长的满足感，满足员工需求。

二、设定总体规划目标

制定人力资源总体规划目标，要考虑到人力资源预测的不同结果，分析影响人力资源总体规划目标的因素，采取相应的政策和措施，编制完善的人力资源总体规划目标。

人力资源总体规划着重于人力资源方面的总的、概括性的策略和有关的重要的方针、政策和原则，一般包括以下几方面的内容：

1. 阐述在战略计划期内企业对各种人力资源的需求和各种人力资源配置的总的框架。

2. 阐明与人力资源有关的重要方针、政策和原则。如涉及人才的招聘、晋升、降职、培训和发展、奖惩和工资福利等方面的重大方针和政策。

3. 确定人力资源投资预算总额。

4. 确定企业人力资源净需求。人力资源净需求是企业人力资源需求预测与内部供给预测的差值，同时还应考虑到人员的损耗，即企业内部的员工由于退休、离职、自然死亡、工伤等原因离开企业的现象。

通常有两类人力资源净需求，第一类是按部门编制的净需求，表明组织未来人力资源规划的大致情况；第二类是按人力资源类别（如按在企业中所处的管理层次）编制的净需求。表 3－10 与表 3－11 是这两类净需求表的例子。

表 3－10　某部门人力资源净需求表

单位：人

项目		第一年	第二年	第三年	第四年	第五年
需求	1. 年初人力资源需求量	120	140	140	120	120
	2. 预测年内需求之增加	20	—	120	—	—
	3. 年末总需求	140	140	120	120	120

续表

项目		第一年	第二年	第三年	第四年	第五年
内部供给	4. 年初拥有人数	120	140	140	120	120
	5. 招聘人数	5	5	—	—	—
	6. 人员损耗	20	27	28	19	17
	其中：退休	3	6	4	1	3
	调出或升迁	15	17	18	15	14
	辞职	2	4	6	3	—
	辞退或其他	—	—	—	—	—
	7. 年底拥有人数	105	118	112	101	103
净需求	8. 不足或有余	-35	-22	-8	-19	-17
	9. 新进人员损耗总计	3	6	2	4	3
	10. 该年人力资源净需求	38	28	10	23	20

表 3-11　按类别的人力资源净需求表

单位：人

主要工作类别（按职务分类）	现有人员	计划人员	余缺	预期人员的流失							本期人力资源净需求
				调职	升迁	辞职	退休	辞退	其他	合计	
1. 高层主管											
2. 部门经理											
3. 部门管理人员											
……											
合计											

三、编制具体业务规划

人力资源具体业务规划一般包括职务编制规划、招聘规划、培训开发规划、接替晋升计划、人员补充计划、薪酬规划、绩效考核规划、人员考核规划、员工职业发展规划、劳动关系规划、人力资源管理政策调整规划、投资预算规划等。这些规划是人力资源总体规划的展开和具体化，是总体规划实现的保证。每一项具体规划都由目标、策略或者政策、步骤和预算等内容构成。其中：职务编制规划陈述企业的组织结构、职务设置等内容，主要解决公司定员定编问题。公司要依据公司的近远期目标、劳动生产率、技术设备工艺要求等状况确立相应的组织机构、岗位职务标准，进行定员定编。人力资源规划的方案可集中在招聘和甄选等一项或几项具体规划上，也可较全面包括各项具体规划内容。

招聘计划和培训计划要点

招聘计划：

1. 需要招聘人员的数量有多少？需要招聘什么类型的人员？
2. 内部招聘还是外部招聘？
3. 外部招聘选用何种方式？外聘人员来源如何？有无困难？如何解决？
4. 如果是内部提升或调动，其方向与层次如何？
5. 新聘人员需何时到岗？
6. 所聘人员的薪酬水平如何？

培训计划：

1. 哪些人需要培训？
2. 培训的内容有哪些？
3. 内部培训还是外包？
4. 培训的方式、教材、师资如何？

一般培训的内容包括：

（1）第二专长培训。以利于企业弹性运用人力。

（2）提高素质培训。以帮助员工树立正确的观念及提高办事能力，使之能担当更重要的工作任务。

（3）在职培训。适应社会进步要求，以增进现有工作效率。

（4）高层主管培训。进行管理能力、管理技术、分析方法、逻辑观念及决策判断能力方面的培训。

人力资源规划的评估和控制

控制和评估的目的在于检查规划的成效，一个安全的评估系统应包括下列元素：一套可行性高又有弹性的评估标准，一套比较标准和能达到实际成果的方法，偏差的原因和矫正方式。人力资源规划的评估内容应包括：实际

劳动力市场与预测的比较分析，以确定有无调整原先预测的必要；工作计划预算与实际活动成本的比较；人力资源规划目标的成效；整体人力资源规划的成本效益分析。

人力资源规划的制定与执行和企业其他计划一样是个动态过程，这一过程离不开控制环节，即将计划的现实执行情况与原计划进行比较，不断地调整计划的执行过程，使之达到预想的目标，或是根据企业环境和战略的变化调整计划本身。企业人力资源规划制定、实施和控制的前提是有一个完善的人力资源信息系统。企业人力资源规划控制的重点主要在于：对企业人力资源供应情况、人员使用情况以及人力资源成本的控制等几方面。

人力资源信息系统

人力资源信息系统是收集、汇总和分析与人力资源管理有关信息的工作体系。

从理论上讲，信息系统所涵盖的信息越详细越好，但这势必增加企业的管理成本，而且也不利于突出重点，反而会给管理人员提取有效信息带来困难。所以，企业人力资源信息系统的建立，应该符合企业的特点和需要。一般说来，应该重点考虑如下因素：

（1）企业发展战略及现有规模；

（2）管理人员对人力资源有关数据要求掌握的详细程度；

（3）企业内信息复制及传递的方式与可能性；

（4）人力资源管理部门对本系统的运用程度及期望程度；

（5）社会上其他相关组织中人力资源信息系统的建立及运用情况。

在建立人力资源信息系统的过程中，尤其需要注意以下几点：

第一，要对人力资源管理流程有一个清楚完整的把握；

第二，要考虑使用过程中系统的可修改性和企业发展时系统的可扩展性；

第三，应帮助管理者和员工了解人力资源信息系统的内容和使用方法，使该信息系统真正成为实际工作的工具。

人力资源规划的责任者

人力资源规划的责任者是指人力资源规划由哪些人员参与、哪些部门负责以及哪些人员贯彻执行。

人力资源规划的参与者

1. 人力资源专业管理者

人力资源专业管理者是人力资源规划的全面责任者。在一个规章和公司战略不明确、管理风格多变的环境中，要求人力资源部门具有很强的战略感知，否则进行人力资源规划就如同纸上谈兵，不会给组织带来价值。

2. 最高管理层

最高管理者的支持是人力资源规划得以长期贯彻下去的关键，在进行规划过程中必须至少有一名有影响的高层管理人员的全力支持。这种支持能确保人力资源规划方案被优先重视——也应该得到重视，获得成功所必需的资源和组织各个方面的合作。

3. 其他管理人员特别是运营经理

可以说人力资源规划不完全是人力资源部门的职能，成功的人力资源规划需要作为日常运营的管理者运营经理的参与，需要运营经理和人力资源专员的协同努力。其他管理者和运营经理将是人力资源规划贯彻落实的最终执行者，因为无论是安排新加入员工的岗位还是决定人员的去留，都需要以运营经理对人力资源规划有全面深刻的理解和认同为基础来进行。

4. 财务部门

财务部门的咨询支持，特别是提高员工待遇、招聘新员工等要增加企业支出的人力资源活动，如果没有财务作为后盾，策略调整及落实就得不到财力保障。

5. 人力资源管理信息系统的设计人员

管理信息系统可以大大提高人力资源规划的效率和控制执行效果。

人力资源规划的组织者

传统意义上的人力资源工作主要由人事部门从事，例如招聘、培训、员工发展、薪酬设计等方面的工作。随着现代企业对人力资源部门工作要求和期待的提升，人力资源部门角色逐渐发生了转变，人力资源部门不再是单纯的行政管理职能部门，而是逐步向企业管理的战略合作伙伴关系转变。同时，人力资源管理工作也不仅仅是人力资源部门的责任，也是各层管理者的责任。

企业人力资源规划的具体规划如接替晋升计划、人员补充计划、培训开发提升计划、退休解聘计划等，都是在各部门负责人制定本部门的人员调配补充、素质提升、退休解聘等计划的基础上层层汇总到人力资源部门，再由人力资源管理者依据人力资源战略，分析、制定出来而非人力资源管理者凭空创造出来的。

人力资源规划应有健全的专职部门来推动，可考虑下列几种方式：

（1）由人力资源部门负责办理，其他部门与其配合；

（2）由某个具有部分人事职能的部门与人力资源部门协同负责；

（3）由各部门选出代表组成跨职能部门的团队负责。

在推行过程中各部门必须通力合作而不是仅靠负责规划的部门推动，人力资源规划是各级管理者的责任。

人力资源规划的执行层次

人力资源规划的执行主要涉及3个层次：企业层次、跨部门层次及部门层次。

1. 企业层次

高层负有决策责任。企业经营战略影响人力资源规划，人力资源规划影响人力资源管理各个方面，人力资源规划及其指导方针、政策，必须由企业高层决策。

2. 跨部门层次

这是副总级别的责任。跨部门层次上的人力资源规划需要企业副总级别的管理者执行，即对各个部门人力资源规划的执行情况进行协调和监督，并对人力资源规划的实施效果进行评估。

3. 部门层次

部门层次上的人力资源规划又分为两种情况：

（1）人力资源部门。人力资源部门不但要完成本部门的人力资源规划工作，作为人力资源专家，还要指导其他部门的人力资源规划工作顺利进行。目前有的企业将人力资源部门经理改为人力资源客户经理，要求人力资源经理持续提供面向客户的人力资源产品和服务。

（2）其他部门。人力资源规划工作应该是每个部门经理工作的组成部分。但在企业中，许多部门经理是由业务人员提拔的，对于管理和人力资源管理都没有经验，更不要说进行人力资源规划了。对于新提拔的经理，人力资源部应给予培训，并把人力资源规划作为经理业绩考核的重要内容之一，特别是其培养下属和评估下属业绩的能力。部门经理应该主动与人力资源部门沟通，共同实现人力资源战略规划的目标，而不仅仅在需要招人或辞退员工时，才想到人力资源部门。

集团20××年度人力资源管理计划

一、职务设置与人员配置计划

根据公司20××年发展计划和经营目标，人力资源部协同各部门制订了公司20××年的职务设置与人员配置计划。在20××年，公司将划分为8个部门，其中行政副总经理负责行政部和人力资源部，财务总监负责财务部，营销总监负责销售一部、销售二部和产品部，技术总监负责开发一部和开发二部。具体职务设置与人员配置如下：

1. 决策层（5人）：总经理1名、行政副总经理1名、财务总监1名、营销总监1名、技术总监1名。

2. 行政部（8人）：行政部经理1名、行政助理2名、行政文员2名、司机2名、接线员1名。

3. 财务部（4人）：财务部经理1名、会计1名、出纳1名、财务文员1名。

4. 人力资源部（4人）：人力资源部经理1名、薪酬专员1名、招聘专员1名、培训专员1名。

5. 销售一部（10人）：销售一部经理1名、销售组长3名、销售代表3

名、销售助理3名。

6. 销售二部（13人）：销售二部经理1名、销售组长2名、销售代表8名、销售助理2名。

7. 开发一部（19人）：开发一部经理1名、开发组长3名、开发工程师12名、技术助理3名。

8. 开发二部（19人）：开发二部经理1名、开发组长3名、开发工程师12名、技术助理3名。

9. 产品部（5人）：产品部经理1名、营销策划1名、公共关系2名、产品助理1名。

二、人员招聘计划

1. 招聘需求。根据2003年职务设置与人员配置计划，公司管理层人员数量应为96人，到目前为止公司只有83人，还需要补充13人，具体职务和数量如下：

开发组长2名、开发工程师7名、销售代表4名。

2. 招聘方式。开发组长：社会招聘和学校招聘；开发工程师：学校招聘；销售代表：社会招聘。

3. 招聘策略。学校招聘主要通过参加应届毕业生洽谈会、在学校举办招聘讲座、发布招聘张贴以及网上招聘等4种形式；社会招聘主要通过参加人才交流会、刊登招聘广告和网上招聘等3种形式。其中，招聘人事政策如下：

（1）本科生

A. 待遇：转正后待遇2000元，其中基本工资1500元、住房补助200元、社会保障金300元左右。试用期基本工资1000元，满半月有住房补助。

B. 考上研究生后协议书自动解除。

C. 试用期3个月。

D. 签订3年劳动合同。

（2）研究生

A. 待遇：转正后待遇5000元，其中基本工资4500元、住房补助200元、社会保险金300元左右。试用期基本工资3000元，满半月有住房补助。

B. 考上博士后协议书自动解除。

C. 试用期3个月。

D. 公司资助员工攻读在职博士。

E. 签订不定期劳动合同，员工来去自由。

F. 成为公司骨干员工后，可享有公司股份。

4. 风险预测

(1) 由于今年本市应届毕业生就业政策有所变动，可能会增加本科生招聘难度，但由于公司待遇较高并且属于高新技术企业，可以基本回避该风险。另外，由于优秀的本科生考研的比例很大，所以在招聘时，应该留有候选人员。

(2) 由于计算机专业研究生愿意留在本市的较少，所以研究生招聘将非常困难。如果研究生招聘比较困难，应重点通过社会招聘来填补“开发组长”空缺。

三、选择方式调整计划

1999年开发人员选择实行了面试和笔试相结合的考查办法，取得了较理想的结果。

2003年，首先要完善非开发人员的选择程序，并且加强非智力因素的考查。另外在招聘集中期，可以采用“合议制面试”，即，总经理、主管副总、部门经理共同参与面试，以提高面试效率。

四、绩效考评政策调整计划

1995年已经开始对公司员工进行了绩效考评，每位员工都有了考评记录。另外，在1999年对开发部进行了标准化的定量考评。在今年，绩效考评政策将做以下调整：

(1) 建立考评沟通制度，由直接上级在每月考评结束时进行考评沟通；

(2) 建立总经理季度书面评语制度，让员工及时了解公司对他的评价，并感受到公司对员工的关心；

(3) 在开发部试行“标准量度平均分布考核方法”，使开发人员更加明确自己在开发团队中的位置；

(4) 加强考评培训，减少考评误差，提高考评的可靠性和有效性。

五、培训政策调整计划

公司培训分为岗前培训、管理培训、岗位培训三部分。岗前培训在1994

年已经开始进行，管理培训和技能培训从2003年开始由人力资源部负责。在今年，培训政策将做以下调整：

（1）加强岗前培训；

（2）管理培训由公司资深管理人员担任培训师，不聘请外面的专业培训人员。该培训分成管理层和员工两个部分，重点对公司现有的管理模式、管理思路进行培训；

（3）技术培训根据相关人员的申请，采取公司内训和聘请培训教师两种方式进行。

六、人力资源预算

1. 招聘费用预算

（1）招聘会费用：计划本科生和研究生各在4个学校，共8次，每次费用300元，预算2400元。

（2）交流会费用：参加交流会4次，每次平均400元，共计1600元；

（3）宣传材料费：2000元。

（4）报纸广告费：6000元。

2. 培训费用

1999年实际培训费用35000元，按20%递增，预计今年培训费用约为42000元。

3. 社会保障金

1999年社会保障金共交纳×××××元，按20%递增，预计今年社会保障金总额为×××××元。

集团人力资源部

2×××年1月5日

信达公司的人力资源计划

信达公司是香港速递行业的领袖。在香港本部，公司共有全时雇员880入，非全时雇员100人。在所有雇员中，经理级人员有60人，主管级人员有100人，一线员工有300人。公司的人力资源运作包括人事及培训两部分，人事部分有职员11人，培训部分有职员6人。

信达公司的人力资源计划过程就是一个团队协作过程。首先由公司领导、部门经理和人力资源管理者组成高级管理者小组制定企业计划，然后通过一系列的专门小组会议制定各部门的人力资源计划，最后各部门制定相应的行动计划。

信达公司的人力资源计划（MP）是人力资源部门5年前开发的，它得到了总经理的全力支持。人力资源部门开发该计划的主要原因，是人力成本是公司仅次于航运成本的第二大成本项目，MP能控制支出并最大限度地促进收入增长。

信达公司的MP是一个综合的、互动的过程，从高级经理到主管层都参与其中。它总共包括3个阶段：

第一阶段，企业计划。首先，市场部根据历史因素、总部战略、市场调查情况等提出公司的战略，并提交给由不同职能经理组成的高级管理小组，人力资源主管也是这个小组中的一员。然后。职能经理们开始共同讨论企业战略对各部门职能的影响。

讨论结束后，紧接着就是一个持续两天的管理层会议，会议将讨论企业战略中10个左右关键性的方面，这些方面是公司总部提出来的。它们都非常简短，各地子公司在制订自己的战略计划时都要以此为指南。与会的经理们要熟悉其中的每一个方面并再次讨论这些问题对本部门运作的影响。

两天会议的一个特别之处是会议没有领导，大家轮流主持。某一方面对哪个部门影响最大，在讨论这个方面时，该部门的经理就自动来主持讨论。在两天的会议过程中，总经理都只是作为一个参与者来提出建议。

人力资源部是这两天会议的组织者。在会议开始前，总经理会跟人力资源部对会议的风格、议程进行充分讨论并给予全力支持。为提高会议的有效性，会议开始的时候对会议的主持者和参加者都要提出几条准则。主持人的准则包括“开放”、“引起讨论”；参加者的准则包括“即使你可能不是专家，也要敢于发表意见”。

第二阶段，一系列的专门小组会议。专门小组会议的核心成员包括总经理、人力资源主管、人事经理、培训与发展经理、财务与行政主管以及首席会计经理。各部门经理要向专门小组汇报他们部门的：①人力资源计划（MP，包括人数、未来一年的人员结构）；②培训计划；③资本支出；

④IT 设备计划。如果有的领域跟其他部门有关系，那些部门的经理也要在座。

在制定各部门的人力资源计划时，部门经理要遵守以下格式：

（1）本部门的特殊问题。它包括即将制定的战略计划对本部门有何影响。例如，如果公司战略发展准备涉足重物运输，航空服务部就要列出以下问题：

——提高公司在重物运输业务上的信誉；

——为员工提供手工搬运重物方面的培训；

——帮助员工取得重型卡车的执照。

（2）优先级。

（3）预定完成时间。

（4）责任（包括其他相关部门）。

在会上，人力资源经理、其他核心成员和业务经理们一起讨论他们的计划并做出必要的修改。讨论的最终结果将制作成文件并由人力资源部存档，而共同讨论所通过的计划将成为各部门制定行动计划的基础。

第三阶段，行动计划。行动计划的内容包括：

（1）各单位、部门的人数；

（2）加班时间；

（3）预计人员流动；

（4）激励计划；

（5）培训计划；

——将参加人力资源部组织的内部培训的人数；

——将参加部门培训的人数；

——将参加公司外部培训项目的人数。

每个职能经理都要保留一份本部门的行动计划，总经理则掌握各部门的行动计划。职能经理对行动计划的执行负有责任，绩效评估就以行动计划为基础，每季度和年底都要对行动计划的执行情况进行审核。整个过程大概持续半年（从 6 月到 12 月），如下所示：

企业计划报告（6 月）——经理们在一系列的特别小组会上提出他们的人力资源计划（7 月）——HR 与经理们就他们的计划中的人数削减进行谈

判（8 月）——最终的人力资源计划（10 月）——总部通过（11 月）。

经过 5 年的运行，合作关系已经在经理们中间建立起来。然而，在开始的时候，来自一线经理的阻力却是非常大的。一些经理想建立自己的势力范围，不愿意人力资源部控制他们的人数。为了保证各部门提供的信息的准确性，人力资源部要反复核对。对那些不能很好地理解资源投资概念的经理，人力资源部就选做得最好的部门作为样本把他们的人力资源计划发给这些部门作参考。别的克服阻力的方法还包括在进行工作分析时吸收别的部门的经理来讨论如何进行绩效测定。

人力资源供给预测

D 会计事务所 1993 年成立，在几位创业元老兢兢业业努力下，公司经营逐渐趋于稳定，1999 年公司形成了一定规模。

目前，由于公司业务日趋繁忙，工作上经常应接不暇，以至于总是等到人才流失后才开始招聘，招聘环节，对于人才不到位，以及到位后学习熟悉阶段的绩效空缺等问题，一直也没能及时解决。

公司提供如下资料想解决这一问题：公司员工职位有四层，分别为合伙人、经理、高级会计师和会计员。各职位人员如表 3 – 12 所示。

表 3 – 12　2005 年 D 会计事务所各职位人员数

职位	代号	人数
合伙人	P	40
经理 M	80	
高级会计师	S	120
会计员	A	160

在过去五年中，员工调动的概率如表 3 – 13 所示，其中包括各职位人员升迁和离职的百分比率。在升迁部分，各职位除合伙人之外，只要表现好，皆有升迁的机会，对于特别优异的高级会计师还有机会直接升为合伙人，只是机会不大；在离职方面，由于人才竞争激烈，每年各职位人员皆有离职的现象。

表 3 - 13　D 会计事务所过去五年员工调动的概率

单位:%

职位 年度	合伙人		经理		高级会计师		会计师	
	离职	升为合伙人	离职	升为合伙人	升为经理	离职	升为高级会计师	离职
2001	0. 20	0. 08	0. 13	0. 08	0. 07	0. 11	0. 19	0. 11
2002	0. 23	0. 07	0. 27	0. 02	0. 05	10. 12	0. 15	0. 29
2003	0. 17	0. 13	0. 20	0. 04	0. 08	0. 10	0. 11	0. 20
2004	0. 21	0. 12	0. 21	0. 05	0. 03	0. 09	0. 17	0. 19
2005	0. 19	0. 10	0. 19	0. 06	0. 02	0. 08	0. 13	0. 21

该事务所委托你策划一个方案来解决公司目前和将来可能面临的人力资源问题。

第四章

员工招聘方案与程序

员工招聘是企业人力资源管理中的一项重要工作，是企业人力资源合理形成的关键，选对人比培养人更重要。为什么呢？选错人企业将付出人员招聘成本、培训开发成本、人员流动成本、组织绩效低的代价；员工的代价则是职业选择的偏离与职业发展前景的迷惘、个人绩效低。

员工招聘概述

员工招聘的概念

一、员工招聘的涵义

员工招聘，是用人单位寻找合格员工的可能来源，吸引他们到本组织应征并加以录用的过程。招聘可以分为“招募”和“甄选”两个阶段。所谓招募，是通过各种途径从社会上以及本组织中寻找可供选用的人力资源人选，这是招聘的前期阶段；所谓甄选，是对已经获得的可供任用的人选作出进一步的甄别、比较，从而确定组织最后录用的人员，它是招聘的后一阶段，也是招聘工作任务的最终完成阶段。

二、员工招聘的目的

招聘的最终目的是要实现员工个人与岗位的匹配，也就是人与事的匹配。这种匹配包含两层意思：一是岗位的要求与员工个人素质相匹配；二是工作报酬与员工个人的需要相匹配。实现这双重的匹配，才能既保证员工胜任某一岗位，同时也使岗位对员工保持较长久的吸引力。实现以上两种匹配的招聘才是有效率且成功的招聘。

三、员工招聘的依据

1. 岗位的设立。组织是在不断发展变化的，这就意味着原有岗位的调整以及新岗位的设立——哪些岗位要补充员工、补充多少人，招聘什么样的人，实际上这主要取决于组织发展战略和相应的人力资源规划。

2. 工作说明书。工作说明书能够反映一个岗位的工作性质和内容，也反映了岗位上任职者的任职资格。因此，工作说明书就成为组织招聘人员的主要依据之一。

员工招聘的意义

1. 员工招聘关系到企业的生存和发展。在激烈竞争的社会里，没有素质较高的员工队伍和科学的人事安排，企业将面临被淘汰的后果。

2. 优化员工队伍结构，确保员工队伍良好素质。安排合格的人到合适的岗位，确保员工队伍的素质，优化员工队伍结构，这首先取决于企业员工招聘的质量。

3. 节约人力资源成本，提高企业效益。有效的招聘不仅表现为能招聘到合适的员工，更重要的是招聘到认同组织文化的员工，这样才利于提高新员工对组织的忠诚度，降低员工离职率，从而间接提高企业效益。因为人员的流失也就意味着组织在员工身上的人力资本投资的流失。

4. 招聘是企业人力资源管理中其他职能的基础。招聘为企业人力资源工作形成了一个基础平台，如果这一工作做得好，将会使后续工作相对容易；否则，会给后续工作造成困难，影响工作效率。

员工招聘的基本原则

1. 遵守国家法律法规。

2. 双向选择。

3. 公开、公平、竞争、择优。

4. 人尽其才、适才适岗、能位匹配。

5. 成本最低。

招聘的基本程序

招聘的基本程序由制订招聘计划、招聘信息发布、查阅简历进行筛选、测试、候选人背景调查与体检、录用决策签订合同、招聘评估与总结等步骤组成（见图 4－1）。

1. 制订招聘计划

招聘计划是指在人力资源规划与工作分析的基础上，通过分析与预测组织不同岗位的员工需求与合格员工标准，制订并采取各种方法和步骤实现组织人员补充的过程。

招聘计划主要内容：

（1）招聘人数。根据人力资源规划和组织近期对人员的需求实际确定招聘人数。招聘人数应略超过计划数。

（2）招聘员工的标准。根据工作分析，并结合用人部门对人员技术技能需求，与部门领导及相关人员协商确定具体的招聘标准。

（3）招聘时间。招聘过程的时间确定要以满足组织用人需要为标准。

（4）招聘地点。选择哪个地方进行招聘，一般要考虑潜在应聘者寻找工

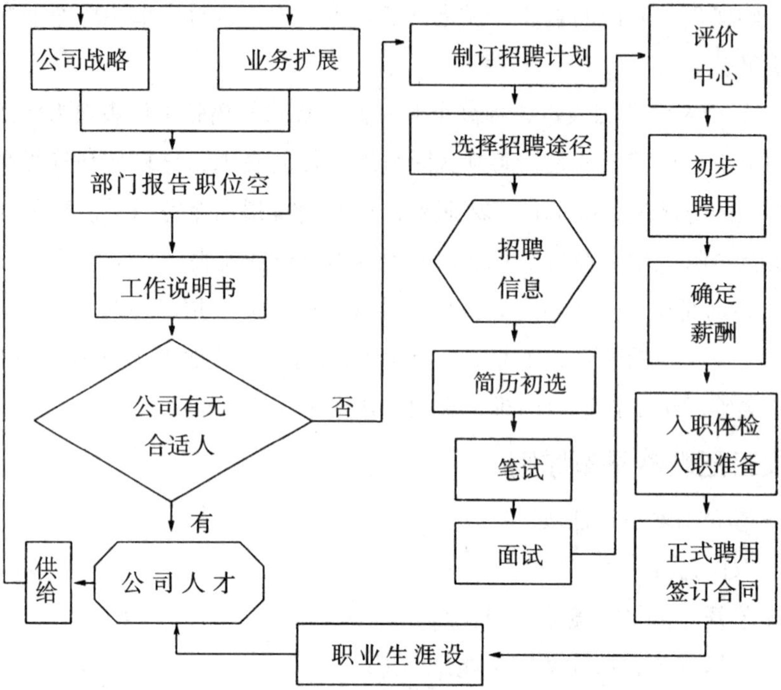

图4－1　招聘基本程序

作的行为，组织的位置、劳动力市场状况等因素。

（5）招聘渠道。采用哪种渠道或方式招聘，应根据供求双方不同情况而定。

（6）招聘经费。招聘费用主要包括招聘工作人员的薪酬、广告费、信息服务费、办公用品费等。要做好招聘预算，以保证招聘的顺利进行。

（7）招聘的行动计划。招聘的具体行动计划，内容包括确定招聘工作小组成员，制定招聘章程、考核方案和择优选聘的条件，拟订招聘简章，确定资金来源，规定招聘工作进度等。

一般情况下，专业人员供应量旺盛的季节跟大学生毕业和大型招聘会等相适应，组织应把握好这些人才供应旺盛期作出招聘计划。

招聘计划

（一）招聘目标（人员需求）

职务名称	人员数量	其他要求
软件工程师	5	本科以上学历，35岁以下
销售代表	3	本科以上学历，相关工作经验3年以上

（二）信息发布时间和渠道

1. XX 日报 1 月 18 日

2. XX 招聘网站 1 月 18 日

（三）招聘小组成员名单

组长：王××（人力资源部经理），对招聘活动全面负责；成员：赵××（人力资源部薪酬专员），具体负责应聘人员接待、应聘资料整理；刘××（人力资源部招聘专员），具体负责招聘信息发布，面试、笔试安排。

（四）选拔方案及时间安排

1. 软件工程师

资料筛选开发部经理截止 1 月 25 日

初试（面试）开发部经理 1 月 27 日

复试（笔试）开发部命题小组 1 月 29 日

2. 销售代表

资料筛选销售部经理截止 1 月 25 日

初试（面试）销售部经理 1 月 27 日

复试（面试）销售部副总经理 1 月 29 日

（五）新员工的上岗时间

预计在 2 月 1 日左右

（六）招聘预算

1. ××日报广告刊登费 4000 元

2. ××招聘网站信息刊登费 800 元

（七）招聘工作时间表

1 月 11 日：起草招聘广告；1 月 12 日 ~1 月 13 日：进行招聘广告版面设计；1 月 14 日：与报社、网站进行联系；1 月 18 日：报社、网站刊登广告；1 月 19 日 ~1 月 25 日：接待应聘者、整理应聘资料、对资料进行筛选；1 月 26 日：通知应聘者面试；1 月 27 日：进行面试；1 月 29 日：进行软件工程师笔试（复试）、销售代表面试（复试）；1 月 30 日：向通过复试的人员发录用通知；2 月 1 日：新员工上班。

人力资源部

2. 招聘信息的发布

企业的招聘计划决定了招聘信息发布的范围、渠道、方式和时间。一份成功设计的招聘信息应该将企业的客观信息有效地传送到可能的求职者手中，吸引那些具有企业所要求的知识、能力和经验的应聘者主动求职。招聘信息形式多样，不仅仅限于广告，还包括企业内部的工作布告、信件、小册子，以及由企业提供的其他含有招聘内容的文件。

完整的招聘信息起码应包括的内容有：工作岗位的名称；工作职责；完成工作所需的技巧、能力、知识和经验；工作条件；工作报酬和享受的福利；申请的时间和地点；如何申请，是否要寄送简历、填申请表及面试等。

发布招聘信息时应注意：

第一，招聘信息应客观实际，不要过分扩大企业的实力，或许诺难以兑现的高额工资报酬。

第二，应根据招募对象可能的范围来确定招聘信息发布的范围。为了提高招聘信息发布的有效性，应注意招募对象的层次性，根据招聘岗位的要求与特点，向特定的人员发布招聘信息。

第三，在条件允许的情况下，招聘信息应尽早发布，这样有利于缩短招聘进程，而且有利于使更多的人获取信息，增加应聘人数。

3. 查阅个人简历和求职申请表，进行初选

根据求职者的个人简历和填写的登记表可获得求职者的“书面形象”，然后，对照招聘条件迅速排除明显不合格的求职者。这一过程就是初选，也是对应聘者申请资格的审查。

（1）个人简历的主要内容有：个人情况（姓名、性别、年龄、政治面貌、毕业院校、所学专业、联系方式等）；能力水平（英语、计算机、普通话等级、职业资格证书等）；教育经历（学习经历、所获奖励证书和资格证书等）；社会实践（参加过什么社团、组织过什么活动、有什么实习经验等）；个人目标（个人定位、预期薪水等）；兴趣爱好及相关附件（佐证资料）等，其中的内容一定要详细、具体、实事求是。个人简历制作要简洁，视觉效果好，避免华而不实。

（2）求职申请表主要内容有：基本背景情况；教育和训练情况；工作经验；已取得的突出成就；具备的特殊知识或技能。有时还包括应聘者的技术专长、性格特征以及兴趣爱好等内容。

求职申请表作为应聘者所填写的由单位提供的统一表格，其目的要着眼

于对应聘者初步的了解，主要收集关于应聘者背景和现在情况的信息，以评价求职者是否能满足最起码的工作要求，通过对求职申请表的审核剔除一些明显的不合格者。

表 4－1 是某公司设计的求职申请表。

表 4－1 求职申请表

填表日期： 年 月 日

<table>
<tr><td>姓名</td><td></td><td>性别</td><td></td><td>民族</td><td></td><td>出生年月</td><td></td></tr>
<tr><td>身份证号码</td><td colspan="3"></td><td>政治面貌</td><td></td><td>婚否</td><td></td></tr>
<tr><td rowspan="2">毕业院校
毕业时间</td><td colspan="3" rowspan="2"></td><td>专业</td><td colspan="3"></td></tr>
<tr><td>学历</td><td colspan="3"></td></tr>
<tr><td>联系地址</td><td colspan="3"></td><td>联系电话</td><td></td><td></td><td></td></tr>
<tr><td>应聘岗位</td><td colspan="3"></td><td>应聘理由</td><td></td><td></td><td></td></tr>
<tr><td>工作简历</td><td colspan="7"></td></tr>
<tr><td>工作成果</td><td colspan="7"></td></tr>
<tr><td>特长爱好</td><td colspan="7"></td></tr>
<tr><td>本人要求</td><td colspan="7"></td></tr>
<tr><td>备注</td><td colspan="7"></td></tr>
</table>

4. 测试筛选

测试过程就是对员工进行甄选的过程。测试工作由人力资源部会同用人部门组织实施。

员工甄选的一般程序：

（1）材料筛选。通过求职者填写的申请表掌握其初步信息，筛选出一部分参加进一步测试。

（2）初次面试。人事主管对求职者作初步面试，决定下一轮的候选者。

（3）各种测验。它包括智力测验、专业能力测验、个性测验、职业倾向测验。

（4）深入的面试。通过深入的面试了解求职者的更多信息。

（5）未来上司面试。

（6）核实与评价。核对有关应聘材料、证件的真实性。

（7）建议录用。

（8）体格检查。

（9）录用决策。进入试用期。

并非每家企业都按以上步骤操作，顺序可有先后变化，有些步骤可以跳过。

5. 对拟录用的候选人进行背景调查和体检

背景调查可以确保职位申请人资料的真实性，同时还可以从被调查者那里了解到有关职位申请人的一些额外信息，如求职动机、技术水平、诚实可靠性、与人共事的能力等。

6. 录用决策，签订劳动合同

如果候选人的各方面情况都符合录用的要求，那么就可以办理正式的入职手续。

7. 招聘评估

完整的招聘过程最后应该有一个评估，评估的内容包括招聘成本效益评估、录用人员评估及甄选方法的效果评估等。

8. 招聘活动总结

招聘活动总结一般是在招聘活动结束后，对整个招聘工作进行相应的分析，该阶段主要是通过撰写总结报告来对招聘工作的全过程进行分析和经验总结，并对招聘活动的结果、经费支出等进行评定。

招募“金字塔”规律

招募筛选存在类似这样的规律：①投简历的求职者经过筛选后约有20%的人符合组织要求；②接到面试通知的人当中有70%左右的人来参加面试；③面试通过率通常是30%～60%；④发给录用通知的人中大约有一半的人来报道。如图4－2所示。

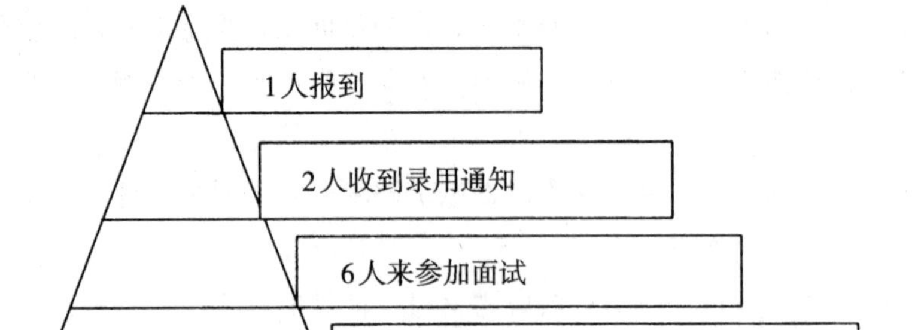

图 4－2

员工招募

员工招募的来源

员工招募是招聘活动的一个重要环节，其目的在于吸引更多的人来应聘，使组织有更大的人员选择余地。招募的来源分为内部招募和外部招募两大类。

一、内部招募和外部招募的来源渠道

内部招募是向组织内现有员工传递有关职位空缺信息，吸引其中具有相应资格者应聘，并以调动或提升的方式安置到有关的职位上。其主要来源渠道有：内部提升、工作调动、岗位轮换、重新聘用等。

外部招募是面向组织外部征集应聘者的过程。当企业现有人员不能填补岗位空缺或企业处于创业时期或快速发展需要扩充劳动力时或企业需要特殊的管理和技术人才时，通常会采用外部招募的方式。外部招募的具体来源有：学校、竞争对手、就业中介机构、人才市场、员工推荐、下岗失业者等。

二、内部招募和外部招募比较

表4－2对内部招募和外部招募的优缺点进行了对比分析。

员工招募的方法

一、内部招募方法

1. 档案法

每个企业都应建立详细的人力资源档案，记录每位员工的教育培训经历、专业技能、职业目标等各种信息。当企业内部出现岗位空缺时，人力资源部门可以调用档案中的信息，搜寻空缺职位的合适人选。

用这种方法，企业可以迅速找到候选人，而且也可在全公司范围内进行挑选，并不一定局限于有空缺职位的部门的候选人。但要注意，档案中存储的只是员工客观或实际的信息，缺少一些较为主观的信息，如人际技能、团队精神、品德等，而这些信息对于许多工作来说却是至关重要的。所以，企

业在选拔人员时不能单凭档案，必须结合员工甄选的其他方法进行选拔。

表 4－2　内部招募和外部招募的利弊对比表

	利	弊
内部招募	a. 被聘者可以迅速展开工作 b. 可提高被聘者的士气 c. 对员工能力有准确的判断 d. 可降低招募的风险和成本	a. 易出现思维和行为定势，缺乏创新 b. 易造成“近亲繁殖” c. 招致落选者的不满 d. 不利于被聘者展开工作
内部招募	e. 有利于调动员工工作积极性 f. 充分利用内部资源 g. 有利于维系成员对组织的忠诚 h. 有利于吸引外部人才	e. 易引起内部争斗 f. 可供选择范围有限 g. 不能补充人力资源不足 h. 人际关系复杂
外部招募	a. 为组织注入新鲜血液 b. 有助于突破组织原有的思维定势、利于组织创新 c. 人际关系单纯 d. 平息和缓和内部竞争 e. 方便快捷，培训费用少	a. 被聘者需较长的“调整适应期” b. 对内部员工造成打击 c. 被聘者可能会对组织文化不适应 d. 不能深入了解应聘者情况 e. 可能引来企业窥察者

2. 内部公告

在企业内部以公告的形式发布空缺职位信息是最常使用的内部招募方法。发布的信息应说明工作的性质、任职资格、主管的情况、工作时间和待遇标准等相关情况。这种做法给员工一个对自己的职业生涯开发更负责任的机会。许多员工通过努力提高他们的工作技能和绩效来争取更多的晋升机会。对于企业来说，这种做法增强了人事匹配的合理性，提高了企业人力资源的使用效率。同时，内部公告法也可促使现任各部门主管更有效的管理，以免员工“跳槽”。这种方法也有它的局限性，具体表现在：由于企业内部人员有限，有可能因缺乏合格候选者而导致职位较长时间的空缺；某些员工由于缺乏明确的职业发展方向而在工作中跳来跳去；那些申请被拒绝的员工有可能会离开企业或对企业的忠诚度下降。

3. 主管推荐

这种方法是由职位空缺部门的主管或上级主管推荐他们认为合适的人员，供决策部门考核。由于主管一般对他推荐的候选人各方面情况较为了解，便于以后工作上的合作，所以这种方法成功的概率较大。但主管的推荐

通常带有主观性，易受偏见和歧视的影响，使一些合格的员工失去机会，导致内部不公平。

4. 接任计划

详见人力资源规划一章“继任卡法”。

二、外部招募方法

当内部招募不能满足企业对人力资源的需求时，就需要考虑从企业的外部挑选合格的员工。外部招募一般有以下一些渠道：

1. 广告招聘

几乎所有企业都采用过广告的方式招募员工，即通过报纸、电台、电视、专业杂志等媒体向社会发布招募信息。这种招募方式速度快、信息面大，可吸引较多应聘者；通过广告可使应聘者事先对企业有所了解，减少应聘的盲目性；招聘广告留存时间较长，可附带做企业形象和产品的宣传。但是，这种方式费用较为昂贵；初选双方不直接见面，信息容易失真；对大量求职者进行筛选要耗费招聘者大量精力；录取成功率低。表 4 – 3 是几种主要广告媒介的优缺点比较。

表 4 – 3　不同传播媒介的特点和适用性对比

媒介类型	优点	缺点	适用性
报纸	发行量大；能够迅速将信息传达给读者；广告的大小可以灵活选择；保存时间较长	受众构成较杂，很多读者不是目标候选人；阅读时限短，很多报纸只能在发行日被人阅读，而潜在的候选人可能会忽略该日报纸；印刷质量可能会对广告的设计造成限制	大部分报纸都具有地区性特点，因此比较适合于在某个特定地区招聘；比较适合在短期内需要得到补充的空缺职位；适合于候选人数量较大的职位；适用于较高流动率的行业或职位
杂志	传播给目标群体的概率较大；杂志便于保存，能够在较长时间内被看到；杂志的纸质和印刷质量相对于报纸要好	发行频率低；申请的职位的期限会比较长；发行的地域可能较为分散；广告的预约期较长	目标候选人集中在某个专业领域中时，选择订阅量大的专业期刊；所需要的候选人地区分布较广；空缺职位并非迫切需要补充

续表

媒介类型	优点	缺点	适用性
广播	可以产生较强听觉效果；如果选择在黄金时段则受众人数众多；容易给人留下深刻印象	可接受广告的时间较短；费用一般比较贵；缺乏持久性；存在为不可能的接收者付费的问题；听众在减少	可迅速扩大组织影响，将企业形象的宣传与人员招聘同时进行；需要招聘大量边远地区人员；可用来吸引求职者去看其他媒体上的广告
电视	有较强冲击力的视听效果；如果选择在黄金时段则受众人数众多；容易给人留下深刻印象；传播手段灵活	招募信息援收的时间极短；费用一般比较昂贵；缺乏持久性；也存在为不可能的接收者付费的问题	公司需要迅速扩大影响，将企业形象的宣传与人员招聘同时进行；需要招聘大量人员时；用于引起求职者对其他媒体上广告的注意
招募现场的宣传资料	在求职者可能采取某种立即行动的时候，引起他们对企业雇佣的兴趣；极富灵活性	作用有限；要使此种措施见效，首先必须保证求职者能到招募现场来	在一些特殊场合，如为劳动者提供就业服务的就业交流会、公开招聘会、定期举行的就业服务会上向他们散发招募宣传材料
印刷品	容易引起应聘者的兴趣，并引发他们的行动；内容较灵活	宣传力度比较有限；不少印刷品可能会被人抛弃	和其他招募方式结合使用，例如会馆招募、校园招募等效果较好

2. 通过职业介绍所与就业服务中心招募

这种方法指企业去职业中介机构检索其人才资源库，或委托其招募员工。这种方式的优点是介绍速度较快，费用较低。目前职业中介机构的服务质量普遍不高，人才资源库有限，不一定能找到合适的候选人，且有些机构可能鱼目混珠。这种方法一般只适用于招募初、中级人才或急需的员工。

3. 校园招聘

大学本科生、专科生和研究生是专业管理人员和工程技术人员的主要来源。校园招聘是企业派人员到大专院校招聘应届生的一种招募方式。也有些企业邀请候选者预先到企业实习。这种招募方式使双方有较充分的了解，企

业挑选范围和方向集中，效率较高。应届毕业生属于潜力型人选，他们能给企业注入新的活力。

这种方式也有其局限，具体表现在：首先是代价较高。除了招聘费用外，有时还需支付差旅费和实习费，相对于从社会上招聘的人员往往需要更多的培训费用。其次，这种方法耗时多，各公司至少提前 9 ~ 11 个月就必须确定它们的招聘需求，而且正常情况下必须等到学生毕业才能雇用。最后，应聘者往往流动性过大，给企业造成损失。

校园招聘多用于招募发展潜力大的优秀人才。

4. 内部员工推荐

当企业出现职位空缺时，通常采用内部员工推荐的方法来填补，即人力资源部门将有关工作空缺的信息告诉现有员工，请他们向企业推荐潜在的申请人。一些企业有时提供少量报酬以激励员工推荐合适的候选人，尤其是在劳动力短缺的情况下往往采用这种方法。员工推荐其亲戚、朋友、熟人、同乡、校友到企业工作，或为其做担保。

采用这种方式时，招聘双方在事先已有一定了解，用人较为可靠，可节约招聘程序和费用。内部员工推荐的求职者往往比通过其他方式招聘到的人员表现更好，而且跳槽率更低。这种方式较明显的缺点是招聘面窄，影响招聘质量，并且难以做到客观评价和择优录用，容易形成小团体和裙带关系。内部员工推荐常用于招聘初级员工和核心人员。

5. 猎头公司招募

越来越多的企业通过委托猎头公司物色高级技术和管理人才。这种方法针对性强，成功率较高，往往比企业自己招聘的质量好，且招聘过程较隐秘、不事声张，聘用的人能马上上岗，有时能因此而战胜竞争对手。但是，这种方式招聘过程较长，各方需反复接洽谈判；招聘费用昂贵，一般须按年薪的 25% ~35% 支付猎头费；有时会影响内部员工的工作积极性。

6. 招聘会

企业参加定期或不定期举办的人才交流会、到人才市场选择所需人员。在人才招聘会上双方直接见面，可信程度较高，现场可确定初选意向，费用较低。但招聘会上往往应聘者众多，洽谈环境差，挑选面受限制。这种方式只适用于招聘初中级人才或急需的人员。

7. 网络招聘

网上招聘已逐渐成为一种趋势。网络招聘信息传播范围广，不受时间和地点的限制，方便快捷，成本较低。企业可以利用专业招聘网站或公司自己的网站发布招聘信息，也可直接在网上搜索简历库。近年来我国就涌现出大量的专业人才招聘服务门户网站，例如智联招聘 www. zhaopin. tom、前程无忧 www. 51job. tom、中华英才网 www. chinahr. com 等大型网络招募平台。

8. 自荐

一些享有良好声誉的企业常常收到那些对公司工作感兴趣的人主动提出的求职申请。自荐式招聘方法效率高、成本低。同时，求职者对公司和职位一般都做过特别的了解，一旦应聘成功，较易适应环境。这种方法可能出现的问题是从求职者提出申请到企业出现职位空缺会存在一定的时间差，此时许多求职者可能已找到了其他工作。另外，由于求职者对工作的渴望，有可能会提供虚假个人信息。

9. 特色招募

通过接待日、电话招聘等特色招募形式，让应聘者了解企业和岗位的信息。

上述各种外部招募方式各有优势和局限，企业在具体实施时，应依据工作的类型、紧迫程度、地理区域限制及招募成本综合权衡，选择合适的招募方式。

员工甄选

员工甄选的内容

员工甄选是指综合利用心理学、管理学等学科的理论、方法，对候选人的任职资格和对工作的胜任程度，即与职务的匹配程度进行系统的、客观的测量和评价，从而做出录用决策。候选者的任职资格和对工作的胜任程度主要取决于他所掌握的与工作相关的知识、技能，本人的个性特点、行为特征和个人价值观取向等因素。因此，员工甄选的内容就是对候选者这几方面因素进行测量和评价。

一、知识

知识是系统化的信息，可分为普通知识和专业知识。普通知识也就是我们所说的常识，而专业知识是指特定职位所要求的特定的知识。在员工甄选过程中，专业知识通常比较重要，是测试重点。所以，员工甄选时不能仅以文凭为依据判断候选者掌握知识的程度，还应通过笔试、测试等多种方式进行考察。

二、能力

能力是引起个体绩效差异持久性的个人心理特征，例如，是否具有良好的语言表达能力是导致教师工作绩效差异的重要原因。通常我们将能力分为一般能力与特殊能力。一般能力是指在不同活动中表现出来的一些共同能力，比如有记忆能力、想象能力、观察能力、注意能力、思维能力、操作能力等。这些能力是我们完成任何一种工作都不可缺少的能力。特殊能力是指在某些特殊活动中所表现出来的能力，例如，管理者就需要具有较强的人际能力、分析能力等，也就是我们常说的专业技能。

对应聘者一般能力的测试可以使用一些专门设计的量表，如智商测试量表等。而专业技能测试常采用实际操作的方法。

三、个性

个性是指人的一组相对稳定的特征，这些特征决定着特定的个人在各种不同情况下的行为表现。个性与工作绩效密切相关。例如，性格急躁的人不适合做需要耐心精细的工作；而性格内向，不擅长交际的人不适合做公关工作。

四、动力因素

员工要取得良好的工作绩效，不仅取决于他的知识、能力水平，还取决于他做好这项工作的意愿是否强烈，即是否有足够的动力促使员工努力工作。员工的工作动力来自于企业的激励系统，但这套系统是否起作用，最终取决于员工的需求结构。不同的个体需求结构是不相同的。在动力因素中，最重要的是价值观，即人们关于目标和信仰的观念。具有不同价值观的员工对不同企业文化的相融程度不一样，企业的激励系统对他们的作用效果也不一样。所以，企业在招聘员工时有必要对应聘者的价值观等动力因素进行鉴别测试。

员工甄选的方法

员工甄选常采用笔试、面试、心理测试和评价中心等方法对应聘者的知识、能力、个性和动力因素进行评价，判断其是否胜任工作岗位。

一、笔试

笔试是指通过纸笔测验的形式，对应聘人的基本知识、专业知识、管理知识、综合分析能力和文字表达能力进行衡量的一种方式。

根据内容的不同，笔试可以分为百科知识考试（又称广度考试）、相关知识考试（又称结构考试，考察专业知识结构是否合理）和业务知识测试（又称深度考试）。通过笔试，对应聘者的知识结构、实践经验和工作熟练程度作出初步判断。

在设计试卷时，可将各种知识考试类型结合起来运用，在较短时间内全面了解一个应试者各方面的水平。重视对知识的实际运用能力的考察，尽量多用案例和讨论等方式。

笔试法的优点是一次能够出十几道乃至上百道试题。考试的取样较多，对知识、技能和能力的考核的信度和效度都较高，可以大规模地进行分析，因此花时间少、效率高，报考人的心理压力较小，较易发挥水平，成绩评定比较客观。缺点主要表现在不能全面地考察应聘者的工作态度、品德修养以及组织管理能力、口头表达能力和操作技能等。

二、面试

面试是一种要求被试者用口头语言来回答主试者提问，以便了解被试者心理素质、潜在能力以及求职动机的测试方法。

1. 面试的分类

按提问内容的结构化程度分类：

（1）结构化面试。结构化面试又称为标准化面试。这种面试按预先确定的内容、次序、评分标准对被试者进行提问，它有一系列连续向被试者提出的与工作相关的问题构成，一般包括 4 类问题：情景问题、工作知识问题、工作样本模拟问题、工作要求问题。由于这种面试使用相同的题目、提问方式、评分标准，所以，它客观、公平，面试的信度和效度较高。结构化面试主要用于专业性很强的岗位。

（2）非结构化面试。非结构化面试没有固定的面谈内容和程序，随机提

问，不同的被试者所回答的问题可能不同。这种面试的灵活性、综合性强，但耗费时间长，随意性大，不利于对面试进程有效控制，难以保证面试的一致性和统一性，难以对被试者之间进行比较。这种面试主要用于从事服务性和事务性的工作岗位。

（3）混合式面试。混合式面试是将上述两种方法结合起来的面试类型，兼顾了这两种方法的优点，是目前较流行的方法。

按面试的组织形式分类：

（1）个别面试。在这种形式下，一个应聘者与一个面试人员面对面地交谈，有利于双方建立较为亲密的关系，加深相互了解。但由于只有一个面试人员，所以决策时难免有失偏颇。

（2）小组面试。通常是由两三个人组成面试小组对各个应聘者分别进行面试。面试小组可由人力资源部门及其他专业部门的人员组成，从多种角度对应聘者进行全面考察，提高判断的准确性，克服个人偏见。

（3）成组面试。有时也被称为集体面试，通常由面试小组（由两三人组成）同时对几个应聘者进行面试。在面试人员的引导下，完成一些测试和练习。在这一过程中，对应试者的逻辑思维能力、解决实际问题能力、人际交往能力、领导能力等进行测试。成组面试效率较高，但面试主考官必须善于观察和控制局面。

（4）会议型面试。这种方法适用于高级职位的招聘。一般由若干位企业代表会见一位候选人。虽然对求职者详尽的考查十分可信，但受试者的紧张程度很高。

按面试的气氛分类：

（1）压力面试。压力面试由主试者提出一系列使被试者难以回答甚至难堪的问题，且发问穷追不舍，被试者常处于一种非常紧张的防御状态，很不舒服。其目的是考察被试者的机智程度、应变能力、心理承受能力以及自我控制能力等心理素质。这种面试方式适合于高级管理人员的测试。

（2）非压力面试。主试者向被试者询问一些基本情况，当被试者回答稍有困难时，主试者便转移话题或予以提示，不让被试者为难。这种面试方法适用于一般管理人员的测试。

2. 面试的过程

第一，预备阶段。

这个阶段通常讨论一些与工作无关的问题，也就是通常所说的“寒暄”，例

如天气、交通等。主要目的是面试者为应聘者创造和谐、宽松、友善的气氛，帮助应聘者消除紧张戒备心理，以便在后面的面试过程中更加开放地沟通。

第二，导入阶段。

在导入阶段，面试者首先要问一些被面试者一般有所准备的比较熟悉的题目，以缓解被面试者依然有点紧张的情绪。这一阶段主要围绕被试者的履历提出问题，如“你在××公司工作有多长时间？主要做什么工作？”所问的问题一般比较广泛，使得被面试者有较大的自由度，也为后面的提问做准备。

第三，正题阶段。

正题阶段是整个面试中最为重要的阶段。在这一阶段，面试者将着重收集关于应聘者胜任工作能力的信息。应聘者被要求讲述一些关于胜任能力的事例，面试者将基于这些事实做出基本的判断，对应聘者的各项关键胜任能力做出评价，并主要依据这一阶段的信息在面试结束后对应聘者做出录用决定。

在这个阶段，需要注意的是面试提问的方式和技巧。通常的提问方式有以下几种：

（1）封闭性提问。此方法要求应聘者作出简单的“是”“否”回答的提问方式。如“你做过销售工作吗”？

（2）开放性提问。此方法鼓励应聘者自由发挥的提问。如“请谈一下你的工作经历”。

（3）假设性提问。此方法用于考察应聘者的应变能力、解决问题能力和思维能力等的提问。如“假如本公司录用你为某地区销售经理，负责开发一个新市场，你将如何开展工作？”

（4）连串性提问。此方法主要考察应聘者的反应能力、思维的逻辑性和条理性等的提问。如连续提问“你做过客户经理的工作吗？”“根据你的工作经历，你认为做一名合格的客户经理应具备哪些条件？”“你认为自己具备哪些条件？”“你认为自己最欠缺的是什么？”“你认为自己竞争客户经理职位的最大优势是什么？”等问题。

（5）压力性提问。此方法主要用于考察应聘者在压力情景下的反应。例如可以先要求应聘者“请给我们讲一件在你的职业生涯中最成功的事”，当应聘者兴高采烈的讲述完时，紧接着要求其“再请给我们讲一件在你的职业生涯中最失败的事。”通过反差极大问题的提问观察应聘者的应变能力。

（6）引导性提问。引导性提问是主试者就“特定”的问题提问，应聘者作“特定”的回答。主要用于征询应聘者的某些意向、需要或一些较为肯定的回答。如“能否谈一下你对薪资的要求”？“如果我们同意录用你，你能否在一周之内来上班”？

提问时应该掌握以下技巧：

（1）尽量采用开放式提问。如果条件允许，除了简单的“是/否”选择外，让应聘者多回答一些开放式的与岗位有关的问题。

（2）尽量采用“非引导”式谈话方式。与“引导”式提问相反，“非引导”式提问所提问题内涵丰富，涉及面较广泛。

（3）提问要先易后难、循序渐进。面试的问题一般都是根据重点内容的需求拟定的。在进行面试时，可将那些应聘者较容易回答的问题排列在前面。

（4）避免提问暗示性问题。为了解应聘者的真实情况，面试时要注意避免提问暗示性或诱导性的问题。例如“我刚才说的工作不是很有意思吗?”或“如果你的领导是一位女同志，你不会反对吧?”以及“这个工作比较艰苦，你喜欢艰苦的工作吗?”等等，这些提问都带有应试者的主观色彩，很难得到应试者的真实回答。

（5）避免重复提问。面试时若是多位主试者参加，应集中精力听其他主试者的提问，避免重复提问相同的问题。

第四，确认阶段。

经过核心阶段的测试后，面试者应该对应聘者的工作胜任能力有一个整体的判断。

第五，结束阶段。

结束阶段是面试者检查自己是否遗漏了关键问题并加以追问的最后机会。而且，应聘者也可以借这个最后的机会来表现自己。

3. 面试的重点内容

（1）仪表风度。

（2）求职动机与工作期望。了解应聘者求职动机与工作期望，判断本单位所能提供的职位或工作条件能否满足其工作要求和期望。

（3）专业知识与特长。

（4）工作经验。这是面试的重点内容。通过了解应聘者的工作经历来查询其过去工作的有关情况，以考察其所具有的实践经验。由此，还可考察出应聘者的责任感、主动精神、思维能力，以及遇到紧急情况的理智状况。

（5）工作态度。了解应聘者过去对工作、学习的态度和应聘职位的态度。

（6）事业进取心。

（7）语言表达力。通过应聘者对问题的回答，考察其能否恰当地表达出自己的想法。

（8）综合分析能力。应聘者是否能通过分析，抓住所提问题的本质，并且还要看其是否说理透彻、分析全面、条理清晰。

（9）反应能力。面试要考察应聘者对所提问题能否迅速、准确地理解并尽快作出相应的回答。回答简练、贴切与否，反映出应聘者头脑的机敏程度。

（10）自我控制能力。一方面，在遇到上级批评指责、工作有压力以及个人利益受到冲击时，能够克制、容忍、理智地对待，不致因情绪的波动而影响工作；另一方面干工作要有耐心和韧性。

（11）人际交往倾向及与人相处的技巧。通过询问应聘者经常参与哪些社团活动，喜欢和什么样类型的人打交道及在各种社交场所扮演的角色，以了解其人际倾向及与人相处的技巧。

（12）精力和活力。通过了解应聘者喜欢什么运动，每天运动量等，考察其精力和活力。

（13）兴趣与爱好。应聘者休闲时间爱好从事哪种活动，喜欢阅读哪些书籍以及喜欢什么样的电视节目，有什么样的嗜好等。这样可以了解一个人的兴趣与爱好，这对录用后的职位安排同样也是有益的。

4. 设计面试提问表和制定面试评价表

在正式提问之前，根据所选择的评价要素以及从不同侧面了解应聘者的背景信息来设计提问的内容，编制出条理清晰、便于操作的面试提问表，这对于提高面试质量至关重要。

面试评价表由若干评价要素构成，它是面试过程中考官现场评价和记录应聘者各项要素优劣程度的工具，它应能反映出工作岗位对人员素质的要求。它的构成主要包括以下几个方面：姓名、考号、性别、年龄；应聘的类

别与职位；面试考察的重点内容及考核要素；面试评价的标准与等级；评语栏（包括录用建议或录用决策）；评委签字栏；面试时间等。

一般情况下的面试提问表范例如表4－4所示，面试评价表如表4－5所示，问卷式评价量表如表4－6所示，等级标准评价表如表4－7所示。

表4－4　面试提问表范例

应聘者姓名： 电话： 面试者：	通信地址： 应聘部门： 日期：
面试提问问题	记事栏
1. 一般职位因素 （1）由你的简历表，我们知道过去你曾经服务于某公司，请问你在该公司服务时间有多长 （2）请说明你在该公司的职位与所负的责任 （3）请问在你的工作经历中，你感到最满意的是什么 （4）请问在你的工作经历中，你感到最不满意的是什么 （5）请问在你服务的公司，你认为最重要的成就是什么 （6）请问你在工作中受过什么挫折？有些什么好经验 （7）请问你在服务该公司期间，有些什么改善 （8）（倘改善甚大，则问）你认为促成这些改善的主要因素是什么 （9）（倘改善平平，则问）请问你自己是否认为满意 （10）（倘改善不满意。则问）那么你认为应如何再求进步 （11）请问你为什么离开该公司 2. 教育程度 （以下分为两部分。A部分问题，系供未受大学教育之应聘者；B部分系供大学毕业及肄业之应聘者） A. 未受大学教育者 （1）请说明你的最高学历 （2）请问你为什么毕业后没有继续升学 （3）请问你在学校成绩如何 （4）请问你经常参加的课外活动有哪些 （5）请问你在班会中是否担任过什么职务？负责什么工作 （6）倘使你曾经半工半读，那么每周工作几小时？是什么性质的工作 （7）请问你离开学校以后，接受过什么教育和训练 （8）请问你在学校时，有哪些课程或训练，你认为对你就业后的工作有什么帮助 （9）请问你离开学校后，第一件认为有意义的工作是什么 （10）哪项工作与你目前的职位有什么关系 B. 已接受大学教育者 （1）从你的资料中，我们知道你读过某大学。请问你为什么报考该校？（略）	

表 4－5　面试成绩评价表

考号		姓名		性别		年龄
面试内容			所属部门			
面试内容	A	分数	B	分数	C	分数
仪表	端庄整洁	5	一般	3	不整	1
表达能力						
态度						
进取心						
实际经验						
稳定性						
反应性						
评定总分						
评语及录用建议						
主持人	（签名）　　日期：　　年　月　日					

表 4－6　问卷式评价量表

主持人注意：请根据应试人的行为表现和回答问题的情况，用“√”选择一项评价等级。	
评价项目	评价等级
求职者的仪表和姿态是否符合本项工作所要求的条件	好　一般　不好
求职者的自我表现能力如何	好　一般　不好
求职者的态度和工作抱负与本公司的目标是否一致	好　一般　不好
求职者的气质、性格类型是否符合所应聘岗位的工作要求	好　一般　不好
求职者的工作意愿是否能在本公司得到满足	好　一般　不好
求职者的专业特长是否符合所应聘岗位的要求	好　一般　不好
求职者的工作经历是否符合所应聘岗位的要求	好　一般　不好
求职者的教育程序是否符合所应聘岗位的要求	好　一般　不好
求职者所要求的待遇及工作条件是否符合本公司所能提供的条件	好　一般　不好
求职者的潜能是否在本公司有继续发展的可能	好　一般　不好
求职者的综合分析能力如何	好　一般　不好
求职者的随机应变能力如何	好　一般　不好
求职者的想象力及创新意识如何	好　一般　不好
求职者的工作热情及事业心如何	好　一般　不好
求职者是否有足够精力担当此工作	好　一般　不好
求职者所表现出来的综合素质是否足以担任所要任命的工作职务	好　一般　不好

表 4－7　等级标准评价表

编号		姓名		出生年月		性别	
报考岗位				所属部门			
面试项目	所占比重	评分标准					
		具体指标	优秀	较好	一般	较差	很差
性格方面	20	工作热情 6					
		自信心 6					
		开放型					
		态度 4					
能力方面	40	社交能力 10					
		口头表达 10					
		应变能力 8					
		创新能力 6					
		处理难题能力 6					
知识经验	20	知识水平 5					
		实际经验 5					
		职业道德 5					
		专业水平 5					
身体外貌	20	健康程度 10					
		气质 10					
小结							
综合评语	级别标准	95～100	90～95	80～90	70～80	60～70	60 以下
主试评价意见							
评委评价意见	评委甲：						
	评委乙：						
录取与否的决定							

5. 注意面试中的误区

面试过程中，主试者的判断与录取决策易受自己的个性、偏好的影响，通常会产生一定的误差，从而影响面试的效果。影响因素主要有以下几方面：

（1）首因效应。即常说的第一印象，面试考官根据开始几分钟甚至几十秒钟得到的印象对应聘者做出评价。影响第一印象的主要因素包括：表情、体貌、服饰、气质及言谈举止等，这些方面对很多工作岗位来说并不是最重要的特征。

（2）晕轮效应。候选人某一突出优点或缺点掩盖了应聘者其他方面的特点，对此过分强调和关注，结果是主试者“爱屋及乌”，以至于面试官不能全面客观了解评价候选人。

（3）顺序效应。候选者接受面试的顺序成为影响面试效果的因素，也就是说前严后宽、前宽后严或是中间严两头宽等。所以，面试考官应尽量进行心理调整，以保持面试标准的一致性。

（4）投射效应。投射效应也叫“像我效应”，面试考官与候选人的某些方面有相似性，如爱好、兴趣和经历等，在面试中，面试考官自觉不自觉地把自己的个性特点投射于测评活动中，干扰了对评判尺度的把握。如主试者性格外向，他就会喜欢与自己性格一样的候选人，并给予好的评价。如主试者个性严谨，在面试中，他就会极其严格地去考核被试者，有时近乎挑剔。

（5）诱导效应。职位低的考官受到职位高、影响大的考官的评价的影响，以至于左右其评价。最明显的例子是，一些部门采取先议后评的做法，诱导效应十分突出，影响评价的客观公正。

三、心理测试

心理测试是通过观察人的少数具有代表性的行为，依据一定的原则或通过数量分析，对贯穿于人的行为活动中的能力、个性、动机等心理特征进行分析推论的过程。在人员甄选中较常用的心理测试有智力测试、性格测试、职业倾向测试等。

1. 智力测试

智力测验就是对智力水平的科学测试，它主要测验一个人的思维能力、学习能力和适应环境的能力等。在智力测验中，采用“智商”这一概念表示智力水平的高低。智商一般有两种表达方式，一种叫比率智商，一种叫离差智商。

比率智商多用来表示儿童智力水平，它的计算方法是用智力年龄（MA）和实际年龄（CA）之比乘以100，即某个人的比率智商（IQ）应是：

$$IQ = (MA/CA) \times 100$$

由于智力并非永远随年龄而发展的，因此成人的智力水平通常采用离差智商表示。离差智商假设人类总体的智力测验分数遵循正态分布，计算离差智商时以平均数为100，标准差为15来计算。某个人的离差智商（IQ）应是：

$$IQ = 100 + 152$$

上式中，Z 表示被测试者的原始智商分数转化为标准分数（只用标准差表示的分数）后，其标准分与平均数相差的标准差。

采用离差智商的计算方法，一个人智商的高低是由他的智力水平在一个特定团体中的相对位置决定的。如果一个人的智商恰好得了平均分 100 分，说明他的智商属中等水平，有 50% 的人比他的分数高；如果一个人的分数在正的一个标准差位置，即 115 分，那么就说明有 84% 的人比他的分数低，有 16% 的人比他的分数高。

2. 性格测验

性格测验是用标准化的测验工具，引发被试者陈述自己的看法，然后对结果进行统计处理、研究分析，从而对人的价值观、态度、情绪、气质、性格等素质特征进行测量与评价的一种心理测试方法。性格测验有两大类：一类是自陈法；另一类是投射法。

（1）自陈法。自陈法是按事先编制好的人格量表（若干问题），由应试者本人挑选适合于描写个人人格特质的答案，然后从量表上得到分数，判断应试者个人人格类型的一种方法。

（2）投射法。所谓投射法就是让被试者通过一定的媒介，建立起自己的想象世界，在无拘束的情景中，显露出其个性特征的一种测试方法。投射法的最大优点在于真实性强，比较客观，心理活动了解得比较深入；缺点是分析比较困难，需要经过专门培训的主试人。因此，只有在招聘高层次的管理人员中才考虑运用此方法。最著名的投射法是罗夏克墨迹测验和主题理解测验（简称 TAT）。

罗夏克墨迹测验是一种个体测验。测验中让被试者看分别涂在 10 张卡片上的 10 滴标准化“墨迹”，要求被试者说出每滴墨迹呈什么形状。10 滴墨迹中，有的是彩色的，有的是黑色的或灰色的。10 张卡片全部看过之后，测验者给被试者再逐张看卡片，并且对被试者的反应提出一些具体问题，打分是主观打分，完全取决于测试者的训练、技能和人格。

3. 职业兴趣测试

职业兴趣测试是心理测试的一种方法，它可以表明一个人最感兴趣的并最可能从中得到满足的工作是什么。该测试是将个人兴趣与那些在某项工作中较成功的员工的兴趣进行比较，以了解一个人兴趣的方向及兴趣排列顺序的一项测试。

实践中最常用的是霍兰德职业兴趣测试。霍兰德提出了现实型、研究型、社会型、传统型、企业型和艺术型六种职业兴趣类型。

职业兴趣测验最典型的用途是用与员工的职业生涯规划，将员工的事业发展与个人兴趣相结合，提高成功的可能性。

四、评价中心

评价中心是近几十年来在西方企业中流行的选拔和评估管理人员，尤其是中高层管理人中的一种人员素质测评体系。它是一种综合性的人员测评方法，包括了我们前面所介绍的个性测验、能力测验、面试等方法，但评价中心最主要的组成部分也是它最突出的特点，在于它使用了情景性的测验方法对被测评者的特定行为进行观察和评价。这种方法通常是将被测试者置于一个模拟的工作情景中，采用多种评价技术，由多个评价者观察被评价者在这种模拟工作情景中的行为表现，用来识别被评价者未来的工作潜能。因此，这种方法有时也被称为情景模拟的方法。

评价中心不但可以用于人员招聘选拔，还可以用于企业培训、考核和职业生涯规划等工作。

评价中心所采用的情境性测验包括多种形式，主要有公文处理练习（文件筐测验）、角色扮演、无领导小组讨论、根据所给的材料撰写报告、演讲辩论、模拟面谈、案例分析、团队游戏等。

评价中心是一种动态的测评方法，综合使用了多种测评技术，由多个评价者进行评价，因此它提供了从不同的角度对被评价者的目标行为进行观察和评价的机会，能够得到大量的信息，从而能对被评价者进行较为可靠和有效的观察与评价。评价中心更多地测量了被评价者实际解决问题的能力，而不是他们的观念和知识。

评价中心也存在一定的局限，主要表现在：任务的设计和实施中的控制较为困难；评价的主观性程度较高，制定统一的标准化的评价标准难度较大；对评价者的要求较高；花费成本较多。

1. 公文处理

公文处理是评价中心的一种主要的测试形式。公文一般由文件、电话记录、备忘录、调查报告、上级指示、请示报告等组成。在被试者受试前，先向他介绍有关企业的背景材料，然后告诉被试者，假设他现在就是这家企业的负责人，由他全权处理各种文件，要使被试者意识到他既不是在演戏，也不是代理职务，而是一位真正的手握实权的负责人。公文可多可少，一般不少于5份，不多于30份。根据公文的数目和难度，规定完成时间。在处理过程中，评价人员观察被试者是否能区分轻重缓急，是否会恰当地授权给下属。最后，评判人员还要对被试者进行采访，请被试者说明为什么这样处理。

2. 角色扮演

角色扮演是要求被试者扮演一个特定的管理角色来处理日常的管理事务，以此观察被试者的心理素质和潜在能力。例如，要求被试者扮演一名高级管理人员，由他来向主试者扮演的下级做指示；或者要求被试者扮演一名车间主任，请他在车间里直接指导生产。在测评中要强调了解被试者的心理素质，而不要根据他临时做出的意见做出评价，因为临时工作的随机因素很多，不足以反映一个人的真才实学。有时可以由主试者主动给被试者施加一些压力，如工作时不合作或故意破坏，以了解该被试者的各种心理活动以及承受压力的能力。

3. 无领导小组讨论

无领导小组讨论是把被试人员分成若干小组，每组4～12人，让他们讨论某一项业务或人事安排问题，这些问题是管理中棘手的问题，是根据各种复杂因素设计而成的。讨论过程中，不指定领导人，大家地位平等，也不指定座位，被试者自行安排组织，最后通过讨论形成一致意见并以书面形式汇报。虽未指定负责人，但一般会在讨论过程中，自发地产生一名领导人，这个人的领导能力就得到了评价，而小组的其他成员与这个领导者的合作情况以及他们对解决问题的贡献也得到了评价。为了增加情景压力，主试人员可每隔一定时间给讨论小组发布一些有关议题的各种变化信息，迫使其不断改变方案并引起小组争议。在此紧张压力下，有的候选人就会显的焦躁不安，有的则处置自如。这样，就把每个人的才能和心理行为暴露无遗。通过观察，可评价被试者在目标管理、成就动机、组织协调、人际沟通、团结合作、自信心、语言表达、洞察力、说服力、情绪控制力、分析问题的能力、概括或总结能力、反应的灵敏性等方面的能力和素质特征。

4. 管理游戏

管理游戏是一种让被试者共同完成一项具体的管理事务或企业经营活动。活动中，小组成员各被分配一定的任务，必须合作才能较好地解决它。有时，主试人员还会引入一些竞争因素，以进一步分出优劣。这些游戏包括生产、推销、计划、协调等方面的问题，也包括人力资源方面的问题。通过被测试人员在完成任务的过程中所表现的行为来有效地测评被试者的领导能力、组织协调能力、合作精神、智慧特征和社会关系特征等。

员工录用

企业通过员工甄选，做出初步录用决定后，接下来进入以下录用程序：

背景调查

背景调查的主要目的是了解应聘者与工作有关的一些背景信息，对应聘者做一个更为全面的了解，也可以对他的诚实性进行考察。

背景调查的主要内容包括：学历学位调查、工作经历调查以及不良记录调查等。这些信息可以向应聘者过去的雇主、过去的同事甚至客户了解。

进行背景调查时，注意把重点放在与应聘者未来工作有关的信息上，尽量从各种不同的信息渠道验证信息，避免偏见，同时要注意避免侵犯应聘者的个人隐私。

健康检查

健康检查后，如发现被录用者有严重疾病的，取消录用资格。

确定录用名单

录用名单应由招聘小组成员或高层管理人员集体讨论确定。

公布录用信息

录用名单确定后，名单应通过一定的方式公布，提高透明度。尤其是内部招聘更应该公布，这样做以利于接受监督。

通知应聘者

录用结果确定后，人力资源部门要及时通知应聘者是否被录用。通知方式

通常有张榜通知、电话通知与书面通知等。为了维护组织的良好形象和声誉，体现对未录用人员的尊重，对每一个参加了面谈的人都应该以适当的形式给予及时的回复。对于未录用的应聘者，招聘单位应辞谢，辞谢通知要写得比较委婉。

表 4－8 和表 4－9 分别是录用通知书和辞谢通知书范例。

表 4－8　录用通知书范例

录用通知书 先生/小姐：经我公司研究，决定录用您为本公司员工，欢迎您加盟本公司，请你与______月______日______时到本公司____________部（处）报到。 ______公司人力资源部 年　月　日
报到须知： 报到时请持录用通知书； 报到时须携带本人______寸照片______张； 须携带身份证、学历学位证书原件和复印件； 指定医院体检表； 本公司试用期为______个月； 若您不能就职，请于______年___月___日前告知本公司。

表 4－9　辞谢通知书范例

____________先生/小姐： 十分感谢您对我们企业职位的兴趣。您对我们企业的支持我们不胜感激。您的学识、资历、气质均给我们留下了良好的印象，因人数有限，经慎重考虑，暂不能聘您为我企业员工，对此我们深感遗憾。我们将您的有关资料备案，并会保留半年，如果有新的空缺，我们会优先考虑您。 感谢您对我们企业的信任。 祝您早日找到理想的工作！ 公司人力资源部经理（签名） 年　月　日

被录用者报到并办理录用手续

被录用的人员应在组织规定的时间内，到组织报到并办理各项手续。组织应向当地人事劳动部门办理录用手续，证明录用员工的合法性。

签订劳动合同

应聘者成为正式员工通常是以正式劳动合同的签订为标志。

招聘评估

对招聘员工进行考核是十分重要的。通过对各种考核指标的核算和分析，发现招聘过程中规律性的东西，有利于企业不断改进招聘方式，使招聘工作更加有效。招聘评估的指标有许多，在实际的招聘评价过程中，必须根据企业和岗位的特点，选取一些特定的指标作为重点分析。下面我们对常用的指标作一介绍。

招聘成本评估

1. 招聘预算

它是全年人力资源开发与管理的总预算的一部分，主要包括：招聘广告预算、招聘测试预算、体格检查预算、其他预算，其中招聘广告预算占相当大的比例，一般来说这几项按 4∶3∶2∶1 比例分配预算较为合理。

2. 招聘核算

招聘核算是指对招聘的经费使用情况进行度量、审计、计算、记录等的总称。通过核算可以了解招聘中经费的精确使用情况，是否符合预算以及主要差异出现在哪些环节上。

3. 招聘成本评估

这是指对招聘成本中的费用进行调查、核实，并对照预算进行评价的过程。招聘成本分为招聘总成本与招聘单位成本。招聘总成本即是人力资源的获取成本，它又分为直接成本与间接成本。直接成本包括：广告费、选拔测试费、录用员工的家庭安置费和工作安置费、负责招聘的员工的工资、差旅费、中介机构费、电话费及其他费用；间接成本包括：组织内其他人员的工作参与、公关和组织形象等。招聘单位成本是用各种招聘方式招聘到的每位新员工的平均成本。招聘单位成本会因所招聘岗位的类型和数量而有所不同。招聘成本评估是鉴定招聘效率的一个重要指标，招聘成本越低越好。

4. 成本效用评估

这是对招聘成本所产生的效果进行的分析。主要分析指标及计算方

法是：

总成本效用＝录用人数/招聘总成本

招聘成本效用＝应聘人数/招聘期间的费用

选拔成本效用＝被选中人数/选拔期间的费用

人员录用效用＝正式录用的人数/录用期间的费用

5. 招聘收益/成本比

它既是一项经济评价指标，同时也是对招聘工作的有效性进行考核的一项指标。

招聘收益/成本比＝所有新员工为组织创造的总价值/招聘总成本

招聘收益/成本比越高，则说明招聘工作越有效。

录用人员评估

录用人员评估是指根据招聘计划对录用人员的质量和数量进行评价的过程。对于录用人员的数量评估可用以下几个指标表示：

录用比＝（录用人数/应聘人数）×100%

招聘完成比＝（录用人数/计划招聘人数）×100%

应聘比＝应聘人数/计划招聘人数×100%

评估分析说明：如果录用比越小，相对来说录用者素质越高；反之，则可能录用者的素质较低。如果招聘完成比等于或大于100%，则说明在数量上全面或超额完成招聘计划。如果应聘比越大，说明发布招聘信息效果好，同时说明录用人员的素质比较高。

录用人员的质量评估除了运用录用比和应聘比这两个数据来反映以外，还可以根据空缺职位对员工的要求来对应聘者进行测试和考核。

甄选方法的效果评估

甄选方法的效果是指测试是否尽可能地选择了符合要求的人，和尽可能地排除了不符合要求的人。甄选方法的效果可以从以下几个指标进行评估：

1. 标准化

标准化是指与实施测试有关的过程和条件的一致性。为了能根据同样的测试来比较若干求职者的表现，所有人都必须在尽可能相似的条件下接受测试。例如，提供的内容说明和允许的时间必须相同，测试环境也应相似。

2. 客观性

当给测试者评分的每个人所得结论相同时，测试就具客观性。多项选择和判断对错的测试是客观的。这种测试的评分是高度机械化的过程，即利用机器评分。

3. 规范化

一个规范化的测试，受测试者的分数应服从正态分布。规范为将一个求职者的表现与其他求职者相比较提供了一种参考框架。

4. 可靠性

员工甄选的可靠性是指甄选中所采用的测试方法的可信程度。可靠性是用信度来衡量的。信度是指测验分数的一致性和稳定性，亦即可靠性程度。测试的信度可以通过再测信度、复本信度、一致性信度等来反映。再测信度是指个人在同一测验下数次测量结果的一致程度。复本信度是指相似的测验所反映出的结果的一致性。一致性信度是在不同的项目间比较而言的。如果一个被试在第一个项目上得分高，按逻辑在第二、第三个项目上得分也应较高，如果测试结果确实如此，那么，该测试的可信度就较高。

5. 有效性

可靠性高的测试方法不一定有效。员工甄选的有效性是指一项测试所测量出的内容，如应聘者的有关能力、个性特点等是否是招聘者真正想要测试的内容。招聘的有效性用效度来衡量。效度是指测评结果对所测素质反映的真实程度。它具体表现在 3 个方面：一是实际上测试到的内容与想要测试的内容是否一致；二是根据样本所推测出来的素质水平是否真正反映了被试者素质的实际水平；三是测试结果与某种相关标准的一致性，比如对道德水平的测试，测试中表现好，工作中是否也表现好。测验的效度比信度更为重要，因为没有效度的测试是没有意义的，信度再高也不起作用。

第五章

企业员工培训与开发

麦当劳员工的培训制度对你有什么启示呢？通过对麦当劳员工培训制度的了解，我们看到麦当劳把员工培训工作视为企业战略组成部分，下大功夫，花大本钱，密切结合企业实际，采取灵活多变的培训方式、方法，把员工培训作为促进员工自身自我完善的“软福利”，并且，麦当劳员工培训不是为了“培训”而“培训”，而是把员工培训与员工的个人职业发展相联系。

员工培训与开发概述

培训与开发的概念

一、培训与开发的含义

员工培训与开发是一个为组织员工灌输组织文化、道德，提供思路、理念、信息和技能，帮助他们提高素质和能力，提高工作效率，发挥内在潜力的过程。员工培训与开发就是组织正式员工的综合发展工作。从教育和管理角度来看，是一种在组织目标和岗位任务规定下的，对员工实施继续教育、终身教育，促使人的素质提高，开发人力资源的活动。

广义的员工培训与开发包括组织一般员工的教育与培训（岗前与在岗两种)、管理人员培训与发展（管理开发计划)、员工职业生涯管理等内容；狭义则指普通员工教育与培训，以及管理人员开发。

二、培训与开发的区别和联系

1. 培训

培训是指企业通过各种方式帮助员工掌握相关知识、技能以及转变观念的学习过程。培训集中于员工现在的工作，主要是指企业等组织有计划地帮助员工学习与工作相关的活动。员工培训的目的是使员工掌握培训计划中强调的知识、技能、行为等对工作绩效起关键作用的工作能力，并能够在日常工作活动中加以运用，从而提高工作绩效。

培训包括对员工完成本职工作的所需的基本技能培训、高级技能培训（例如怎样运用技术与他人共享信息)、对生产工作系统的了解和自我激发创造力培训，以及与组织经营的战略目标和宗旨联系在一起的高层次培训等内容。

2. 开发

开发又称之为发展，指企业帮助员工适应未来工作需要而开发自身潜能的各种活动。开发集中于员工对未来工作的准备，主要是指有助于员工为未来工作做好准备，更好地适应新技术、工作设计、顾客或市场的新变化，促进个人职业发展而开展的正规教育、在职体验、人际互动，以及人格和能力的测评等各种活动。

传统观点认为，培训侧重于帮助员工完成好当前的工作，开发则是以未来为导向，侧重于帮助员工个人发展，为胜任组织的其他职位做准备，提高其向未来岗位流动或更高职位升迁的能力。因此，开发过程中所学习接受的内容并不一定与员工当前的本职工作直接相关。

随着培训工作的日益重要，员工培训与员工开发之间的界限日益模糊。对于企业组织而言，培训与开发都是注重员工个人与组织当前和未来发展需要相匹配的重要的人力资源开发工作，因此员工的培训与开发是同样必要，同样重要的。人们在使用这两个术语时，有时加以区分，有时则不做严格区别。

三、培训与开发的关注重点

培训与开发的关注重点是与时俱进，是不断演变发展的。

1. 传统观点：把员工培训与开发（特别是培训）的重点认定为是教授员工特定的技能和知识。尽管这种培训角色和任务会一直保持下去，但这种观点只有在经营环境确定、组织能够驾驭环境因素，并且能预见和控制未来所需知识和技能时，方可适用。

2. 发展观点：把员工培训与开发实践建立在经营需要的基础上，并把培训与开发和业务需要密切连接在一起的观点。这种观点是对传统观点的一种发展，比较好地揭示了在不确定外部环境中运营的组织，在难以事先预见到可能存在的问题或经营难题时，应当采取培训与开发的方针和重点。

3. 现代观点：把员工的知识资本（又称智力资本）开发、实现知识的创造与共享，作为员工培训与开发重点的思想观点。这种观点认为，在新经济形态以及知识经济社会中，企业等组织获得竞争优势的关键在于员工智力资本的开发。因此，组织培训与开发的工作重点主要是培育和开发员工的认知知识（知道是什么）、高级技能（知道怎么样）、系统理解力和创造力（知道为什么是），以及自我激励的创新能力（关心为什么是）等智力资本的构成内容上。

知识经济时代，员工要胜任工作应具备综合运用知识的能力。这要求员工必须学会分享知识，创造性地运用知识来改造产品或向顾客提供服务，在企业中营造鼓励持续学习的工作环境，构建学习型组织，使企业的员工总能不断地学习新的东西，并直接运用到产品或者服务质量的改善方面。培训被看作是所设计的智力资本构建系统的一部分。

一个组织培训与开发的关注重点既要借鉴上述思想观点，更要从实际出发，实事求是、随机制宜地加以确定。员工培训与开发的一般目的可以概括为育道德、立观点、传知识、养能力。具体来讲，就是要为员工培育健康的道德品质，树立正确的思想观点，并且不断更新观念，传授完成工作任务和个人发展需要的知识，学习先进的技术方法，培养员工解决问题、有效工作、与人相处、获得良好绩效和长足进步的各种有用能力，达到组织的目标。具体而言，培育道德和树立观点这两项目标是比较软性而间接的任务，传授知识和培养能力这两项任务则显得更为直接而硬性。传统的观点和做法轻“软”重“硬”、轻“间接”重“直接”，培训与开发在做法上也重点放在生产业务技术的“硬”知识和“硬”能力上，轻视与人有关，与时代和环境有关的软知识和软技能，这实际是片面而短视的。企业在计划和实施培训与开发工作时，应当全面平衡地调适上述四项目标任务，因为虽然知识和能力是企业培训与开发的重点，但是知识和能力的学习和掌握与作用的发挥状况，却依赖于人们的道德素质和思想观念。

培训与开发的分类

按照不同的划分标准，培训与开发的形式可以分为以下几种类型：

1. 按照培训对象划分，可以分为管理人员培训、技术人员培训、行政事务人员培训、业务人员培训、操作人员培训。培训开发的对象不同，培训内容、方式、方法等均会有所不同。

2. 按照在职时间划分，可以分为新员工培训和在职员工培训。前者是指对新进企业的员工进行培训；后者则是对已经在企业中工作的员工进行培训。

3. 按照是否脱产划分，可以划分为在职培训与脱产培训。在职培训是指员工不离开工作岗位，在实际工作过程中接受培训；脱产培训则是指员工脱离工作岗位，专门接受培训。

4. 按照培训内容划分，可以分为知识培训、技能培训、价值观与态度培训和职业道德培训。知识培训是指以业务知识为主要内容的培训；技能培训是指以工作技术和工作能力为主要内容的培训；态度培训是指以价值观和工作态度为主要内容的培训；职业道德培训是指以工作中需要遵守的职业道德为主要内容的培训。

5. 按照培训资源的来源范围划分，可以分为内部培训和外部培训。内部培训是指在企业内部整合资源进行的培训，如技术培训和工作岗位的适应性培训等，外部培训是指从公司外部整合资源进行的培训。

6. 按照培训的性质划分，可以划分为适应性培训、提高性培训和转岗性培训。适应性培训是指为了使新员工适应工作岗位而进行的培训；提高性培训是指为使老员工提高工作技能水平而进行的培训；转岗性培训是指为使员工掌握新岗位所需技能而进行的新技能的培训。

人力资源培训与开发体系

为了实现企业的战略目标，同时也满足员工个人发展的需要，企业必须建立人力资源培训与开发体系，以帮助企业形成核心能力和竞争优势。这一体系包括：

1. 分类的培训开发对象。即对企业的员工进行分类，建立起分级分类的人力资源培训与开发对象体系（管理人员培训、行政事务人员培训、技术人员培训、业务人员培训、操作人员培训等）。

2. 培训项目运作流程。其流程是按照企业的战略需求和员工的职业生涯发展需求对培训对象进行分析、发现相应的培训需求、确定培训目标、制订相应的培训计划、确立具体的培训项目并开始着手进行培训准备并加以实施。

3. 制度保障。它包括课程开发、教材管理、师资管理、计划管理、职责分工、经费管理等内容的培训管理制度保障。

4. 资源支持。课程体系、教材体系、师资队伍、教学设备与教学基地等形成资源体系支持。

培训结果转化形成了对企业战略目标和员工职业生涯发展的支持。

员工培训方法

通用的培训方法可大体上分为演示法、传递法和团队建设法三类。

演示法

演示法是指受训者处于被动的信息接受者地位的一些培训方式。演示法包括讲授法、视听法、现场个别培训、专门指导和远程学习法等。这类方法在向人们介绍新事物、新信息以及解决问题的方法和程序时比较有效。

1. 讲授法

讲授法又叫讲解法，它包括课堂讲授、举办讲座等形式。讲授法一般是指教师以语言为主在课堂上向学员们进行知识内容的讲解传授，有时还辅以文字、图形、问答等形式。

2. 视听法

视听法主要是指利用投影、幻灯、声带、录像等视听技术手段来实施培训的方法。这种方法可用来展示预先录制的内容以展示行为、技术或说明问题，还可用来录制和重放受训者在课程中的表现。

3. 现场个别培训和专门指导

强调单个的一对一的现场个别培训是一种传统的培训方式，又称为“师傅带徒弟”式培训。专门指导是个别培训的方法之一，在受训人员对工作实践进行摸索的基础上，培训师针对其工作情况和特殊的需要实施个别指导。这两种方法常常运用在技能培训当中。

4. 远程教育

远程教育又称远程学习，主要是指利用闭路电视、电话、电子文件、互联网等电子信息和传媒技术，对那些距离远、分布散的员工所进行的多点位、大区域的教育培训。

传递法

传递法是指要求学习者积极参与学习，专家内行言传身教，个人参与互动，在这一过程中，进行培训与开发的一些方法。这类方法在开发员工的特定技能、体验特定任务的完成过程和内容，学习处理人际关系问题，理解特定知识、技能和行为，并如何将其应用于实际等这一类培训与开发项目中十分有效。这类方法常用的有：在职培训、情景模拟、商业游戏、案例研究、角色扮演、行为塑造、交互式录像，以及互联网培训等。

1. 在职培训

在职培训也叫不脱产培训，是指新员工或新变换岗位缺乏工作经验的员工，通过观察提问，仿效同事和上级执行工作的做法与行为而进行的学习。即员工边工作边接受培训，主要在实际工作中得到培训。这种培训方式经济实用且不影响工作与生产，是一种广受欢迎的方法，可采用工作指导培训、师带徒、自我指导学习等多种多样的形式。但此方法在组织性、规范性上有所欠缺。

2. 案例分析

具体内容详见第十章。

3. 情景模拟法

情景模拟是一种模拟现实中真实的工作与生活场景，让受训者在一种人造、仿真且没有风险的环境中学习正确的技能、决策和行动的培训方法。由于情景模拟法所模拟的环境必须与实际工作环境的构成要素相同，并能够像一定条件下的真实设备或情景一样对受训者的指令和行为做出反应，因此，受训者通过这种方法可以看清自己的决策或所作所为在工作中可能产生的影响和后果，从而可以便捷并有针对性地学习掌握正确的技能和行为，修正不正确的技能和行为。近些年来，人们在情景模拟领域中广泛使用虚拟现实技术，使用能够为受训者提供三维空间学习体验的计算机技术，从而大大降低了成本。

4. 游戏法

游戏法严格讲来也属于情景模拟法的一种。用游戏法培训人员可分为普通游戏和管理游戏。

普通游戏是指经过精心设计，包含有许多与员工工作有密切关系的知识、态度、行为等内容的游戏活动。普通游戏可以调节学习气氛，可以使受训者以娱乐形式，活泼多样地进行各种互动学习。在放松身心易于高度参与的游戏中，可以体验和理解其他形式很难掌握的培训内容和技能。这种方法很受人们欢迎，但它的设计与使用要求较高。

管理游戏，主要用于开发受训者的经营决策能力和管理技能。在管理游戏中，受训者被要求在规定的场景中，必须收集信息，分析情况，仿照商业竞争规则或管理规则，做出决策，推行方案，涉及到企业经营管理实践、财务管理、市场营销、劳工关系等各个方面的活动。例如，一种在企业培训与开发中使用较多的企业决策模拟竞赛，即是一种典型的管理游戏。这种游戏将受训者每4~7人组成一个“微型企业”（小组）。组员自愿组合或指派均可，但每人在本“企业”中分工承担的责任或职务，则由每人自报或推举，小组协商确定。各组按照规定的情景和规则，分析信息、制订方案，利用游戏组织者所提供的统一的“原料”，在规定的工作周期内，通过组合拼接，装配“生产”出某种产品，再“推销”给竞赛组织者，争夺市场份额等。

5. 角色扮演法

角色扮演法又称职位扮演法，就是要求受训者扮演特定的角色，并提供有关的背景信息和行动指令（工作或人际关系的问题等），让其来处理有关事务，表演出人际互动关系。然后，指导者和其他受训者对角色扮演者行为哪些地方做得对、哪些地方做得不对，实际给他人造成什么感受，以及应当如何做才能够更有效地处理该情况等事项予以讨论反馈，使其能了解自己行为对他人所产生的影响，从而更有效地学习正确的行为。角色扮演法最常用于培训人们的人际技能和推销技巧，它实际上可用于开发涉及任何人际互动领域的技能。角色扮演与情景模拟的区别在于两者使受训者可获得的反应类型及有关背景情况的详尽程度不同，后者提供的情景信息通常很详尽，前者则十分有限。角色扮演法与案例分析法的主要区别是，前者使受训者有机会实践所学到的技能，后者只要求受训者就如何处理某一情形做出决策即可。两者也可结合起来加以使用，也就是说，分析了某个案例或建议了某个方案之后，再安排受训者以角色扮演的形式实施之。

6. 行为模仿

行为模仿也叫行为示范或行为塑造，主要是指向受训者展示一个关键行为的模型，然后给他们提供实践这些关键行为的机会并提供其实践情况的反馈，促使培训成果在实践中转化的一种培训技术。行为模仿法能够抓住并保持学员的注意力，并提供了有针对性的实践和反馈机会，所以有效性突出。

但它不太适合于事实信息的学习，更适合于行为、人际关系和某种技能的学习。

行为模仿法与角色扮演法相比，虽然同样要求受训者扮演某些角色、演示某种情形，但是行为模仿法教给受训者的是“如何正确执行任务”的方法，培训中发生的互动行为是实践而不是“剧情中的角色扮演”。

7. 交互式视频法

交互式视频法（IVT）又叫互动视频培训，是把录像培训技术和计算机培训技术的优点结合在一起来对员工实施培训的方法。典型的 IVT 方法是将电视屏幕和影碟（或录像带）播放器连接到微机上，培训内容可以以一对一的方式提供给受训者。受训者通过键盘或语音指令系统与培训程序（计算机屏幕）进行互动。受训者可在观看录像片段后，回答屏幕上的问题。根据受训者的回答，程序会前进到另一片段或重复同一片段，直到使用者做出正确回答。

8. 互联网培训法

互联网培训法是指通过因特网或内部局域网等计算机网络来传递信息和交流互动，并通过浏览器来展示培训内容的一种培训方式。

团队建设法

团队建设法又称团队建设培训法或团体学习法，主要是指让受训者分享各种经历和观点。理解动态的人际关系及其力量，树立起对群体或团队的认同感，审视自身和同事的优缺点，并恰当对待之，从而提高群体或团队绩效的一类培训与开发方法。

1. 行动学习法

行动学习法是指给受训集体或工作小组布置一项实际工作难题，要求他们合作制定出解决该问题行动计划并负责组织实施这一计划的培训方式。受训集体或团队一般由 6 ~ 30 人组成，可以包括不同部门的代表、顾客和经销商等人士。这种方法由于其“行动”涉及的是员工实际面临的问题，有助于发现妨碍团队有效解决问题的非正常因素，并有利于学习与培训成果向实践高效转化，因此在欧洲已被广泛采用。

2. 冒险学习法

冒险学习法又称探险学习法或户外培训，是指运用有组织的户外活动来开发受训者的团队协作能力和领导技能的一种培训方法。这种培训方法常用的活动有爬墙、攀绳、信任跳、登山、爬梯子、有保险的蹦极与走钢丝等。冒险性学习在开发诸如自我知觉、问题解决、冲突管理、风险分担等与团队有效性有关的技能时最为适用。例如，信任跳练习就是要求受训者站在桌子或较高的平台上向后仰倒，落入团队成员怀中。若受训者不愿仰倒，说明不够信任团队成员。练习完成后，指导者询问受训者以确认其恐惧来源，并将这种恐惧与具体的工作事件联系起来。

冒险性学习可以使参与者共享一段有感情色彩的身心经历，这种感情和身心经历十分有助于受训者打破和改变自己的原有行为方式。冒险性学习的另一个重要功用在于这类练习可作为一定组织行为的一种“隐喻”，即在实际工作中会发生与冒险性学习类似的行为方式。通过冒险性学习使他们对自己有了更进一步的了解，并且知道如何与同事们交往。

3. 团队培训法

团队培训法是指将单个人的绩效协调在一起工作，从而实现共同目标的一种培训方式。团队绩效有三个要素，即知识、态度和行为。知识要素是指团队成员头脑灵活、记忆力好，能在意外的或新的情况下有效运作；行为要素是指团队成员必须采取可以让他们进行沟通、协调、适应且能完成任务以实现目标的行动；态度要素是指团队成员对任务的理解和对彼此的感觉。团队培训对于必须分享信息、协同工作、个人行为与群体绩效密切相关的集体和情况是非常有用的。

团队培训一般采用许多种方法，主要有交叉培训、协作培训、领导技能培训等三种。交叉培训是指让团队成员熟悉并实践其他人的工作，以便在有人离开团队时，其他人能够补位承担起相应的工作。协作培训是指促使团队成员共享信息、分担决策责任、协调行动、合作工作，从而实现团队绩效最大化的培训内容与方式。团队领导技能培训的主要对象是团队领导者或指导人员，主要培训内容包括：如何协调团队成员的活动、如何解决内部冲突、如何培养各种团队技能等。团队培训一般可采用讲座、录像、角色扮演、仿真模拟等多种方法。

销售培训

某中专生看上去腼腆寡言、性格内向。他就职于上海一家民营物业公司，从事销售工作。该公司并没有马上要求其做销售业务，而是让他完成如下一系列的培训课程。

首先，走访上海的中高档写字楼，目的只有一个：收集写字楼内各大公司总经理的名片，并规定了时间和数量，作为主要考核依据。为了不被淘汰，他绞尽脑汁，不断地变换身份和手法，挨家挨户地不知推开了多少家公司的门，碰了多少家公司的壁，总算完成了任务指标。不知不觉中，他胆子大了，脑子也活了。

其次，用一个月的时间，步行熟悉与售楼有关的地区。每个销售人员按计划每天实际勘察一定的区域，下班前面对面地向业务主管描述当天走过的地区有哪些街道、商店、公交线路以及其他公共设施，并用图标示其方位，以其准确度和详细度作为考核的依据。为了完成这项培训任务，他瘦了一圈，皮肤也晒黑了许多。

最后，开盘的前一个月，他拿到了有100多页的楼盘全套说明书，公司的要求是准确熟记每一项内容，并且只有通过考核，才能上岗售楼，否则就被淘汰。相应地，公司制定了明确的销售指标和奖励方案，只要业绩好，每月的收入可高达五位数。

他经历了严格而苛刻的培训后，就开始了自己的销售工作。开盘3个月以来，他只回过3次家，每天工作时间超过12小时，还不包括随时随地与客户通电话的时间。半年之后，他登上了销售冠军的宝座，获得的回报也是相当可观的。

事实证明，这样的机制的确是有效的。该楼盘第一批400套开盘仅3个月，便售出了60%。

案例中培训为什么有效?

员工培训系统模型

一个完整的培训系统的运作过程通常应包括需求分析、确立目标、制订培训计划、实施培训计划、评价培训效果等5个步骤。

需求分析

培训与开发的需求分析是一个综合了解组织、工作和个人三类需要，实际要求员工参加何种培训的过程。它主要是分析和评估组织中存在什么问题而需要培训、需要培训哪些人、在哪些方面需要培训，从而确定有无必要组织培训项目，为确定培训目标做好准备，有的放矢地施行培训，确保所提供培训与开发的项目内容与组织和员工所需要的东西相一致。

1. 组织分析

组织分析一般通过对组织战略、组织环境、组织资源、组织绩效四个方面进行分析，以确定组织中培训是否符合需要。

（1）组织战略。组织战略会产生培训需求，不同的战略会影响培训实践并产生不同的培训要求。

（2）组织环境。政府的政治经济政策会对培训需求产生广泛的影响，特别是有关的法律法规的影响更为直接。其他如来自顾客、供应商等的意见也会产生培训需求。

（3）培训资源。主要表现为组织是否拥有足够的培训经费预算、培训时间、专业培训人员（培训能力）来用于培训。

（4）组织绩效。实际绩效与组织预期绩效之间有无差异，对这些差异进行分析，以确定培训需求。

2. 人员分析

人员分析旨在帮助组织确定哪些员工需要培训以及相应的受训基础如何。人员分析内容主要包括以下方面：分析员工实际工作绩效与预期工作绩效之间的比较关系，判断是否有必要进行培训；分析员工适应工作变革或应用新技术时，新的任务完成情况或绩效改善状态；分析员工的知识、学历、态度、动机、行为等个性特点和基本技能（能够顺利完成工作和培训内容的技能）状况，判断员工是否需要培训等。要在分析上述内容的基础上来具体确定或回答哪些员工需要培训，需要培训什么。他们是否做好了受训准备等重要问题。人员分析的关注重点是员工绩效不良或员工绩效低于组织所要求绩效的标准。

3. 任务分析

任务分析也称工作活动分析，主要是对员工从事的有关工作活动进行描述，研究他们如何具体执行自己所承担的任务和工作职责，并分析他们成功地完成这些任务所需要的知识、技能、态度和行为。当员工自身工作现状与任务分析结果有明显差距时，往往有需要加以培训和改善之处。

一般情况下，只有从组织分析中得出组织有必要在一定培训上投入时间和资源的结论后才会具体进行任务分析。这是因为任务分析需要投入大量时间来收集和归纳数据，是一个耗时、细致而又乏味的工作。任务分析可以分为4个步骤：

（1）选择需要分析的工作岗位。

（2）列出组成工作的所有任务和职责。

（3）列出员工完成每一项任务的具体步骤或工作活动。

（4）明确成功完成每一项任务所需要的知识、技能或能力。

在企业中，培训需求分析的参与者可以是人力资源部人员、员工本人、相关的同事和上级、有关专家、客户等相关人员。培训需求评估可以通过观察员工工作操作、现有工作记录分析和阅读技术手册及其他文献分析的方式进行，还可以基于通常人们经验的认定、根据员工失当的工作行为以及低于工作要求的知识或技能进行需求评估，如果这些问题能够通过培训被纠正时，就存在明显的培训需要。此外，各种培训需要还常以一定的标准区分排序来确定其轻重缓急。

通过需求分析得出的结果是：是否需要培训，培训哪些内容，谁需要培训，培训的类型是什么，是否有足够的资源。

确立培训目标

培训目标是培训活动的目的和预期效果。有了培训目标，才能确定培训对象、内容、方法等具体工作，并可在培训之后对照目标进行培训效果评估。培训目标可分为若干层次，从长期目标、中期目标到短期目标，从某一培训活动的总体目标到某项学科直至每堂课的具体目标，越来越具体。设置培训目标必须与企业的宗旨相容，与企业战略目标相符，要现实可行，要书面明确陈述，其培训结果应是可以测评的。培训目标主要有以下几大类：

1. 技能培养

通过培训，使员工掌握完成工作所必须具备的技能。在较低层的职工中，总要涉及具体的操作训练；在高层职工中，则主要是思维性活动了。例

如，分析与决策能力，但也要涉及具体的技巧训练，又如，书面与口头沟通能力，人际关系技巧等。

2. 传授知识

通过培训，使员工具备完成工作所必需的基本知识，了解企业的基本情况，如企业的发展战略、发展目标、经营方针、经营状况和规章制度等。

3. 转变态度

通过培训，建立起企业与员工之间的相互信任感，培养员工对企业的忠诚，培养员工应具备的精神和态度。

4. 工作表现

工作表现是指受训者经过培训后在一定的工作情境下所需达到的特定的工作绩效和行为表现。

5. 绩效目标

培训应有助于实现部门或企业特定的绩效目标。培训方案的绩效目标包括下列三要素：

（1）培训后的行为或绩效的标准要求，对于培训计划而言，这个标准应具体列明，例如，培训后打字速率应为每分钟若干字。

（2）在何种状况下，这个绩效标准可以加以运用。

（3）评估上述行为或绩效标准的方法。

培训需求调查表

公司的长远发展目标对员工的英语水平提出了更高的要求，为了使公司的培训计划更能符合您的需求，真正提高您和您所管理的员工的英语水平，实现公司长远目标，我们专门设计了此问卷，想通过它来了解您的要求，征求您的专业建议。您的意见，对我们非常重要！

说明部分：

公司（部门）：　职务：　（员工本身的信息）

请回答下列问题，用“√”标出您所选择的项：

1. 您在工作或其他时间使用英语吗？

□经常使用　　　　□偶尔使用

□不使用，但自己感兴趣　□不使用，也没兴趣（封闭题）

2. 您认为您需要学习英语吗?

□需要　　□不需要

□没想过

3. 如果您认为自己需要学习英语,原因是什么?(可多选)

□工作需要　　□个人兴趣

□公司发展趋势　　□时代发展趋势

□其他(半开放题)

……

4. 根据您的时间安排,您能进行英语学习的时间是:

Ⅰ. □立即开始　　□3 个月以后

□6 个月以后　　□9 个月以后

Ⅱ. □早晨上班前　　□下班前 1 小时

□下班后　　□晚上

□周末

Ⅲ. □随时可以　　□休假期间

□无法安排

5. 如果公司建立英语培训机制,您认为它应该是什么样的机制?(开放题)

制订培训计划

培训计划是要把设定的培训目标具体化和可操作化。培训计划要根据既定的培训目标,合理而具体地排列组合学制、课程、教材、教师、教法、实习、考核、设施、时间、场所等培训要素,从而为特定的培训开发项目制订出高效可行的计划操作方案,努力使培训开发成果最大化。

一般培训计划包括以下 6 项基本要素。

1. What(培训什么)?培训的对象是谁?培训的需要是什么?培训的目标和内容是什么?选择哪些对员工有意义有价值的培训材料?

2. When(何时培训)?培训的启动及完成时间,需要多少时间?培训计划可以是长期、中期或短期计划。

3. Where(何处培训)?培训的场所和环境,具体到选择培训的地点、空间。

4. Who（谁来培训）？谁是培训的主体？以及何人来培训？

培训的责任（任务）、权限、操作、控制落实给谁？选择何种培训的资源？内部资源和外部资源结合起来合理使用。

5. How（如何培训）？培训的实施操作步骤？培训的指导过程要点？培训采取什么样的方法、技术、技巧和手段（工具）？

6. How Much（花费多少）？培训的投入和预算是多少？培训的直接成本和间接成本是多少？

实施培训计划

实施培训计划是以既定的培训计划为蓝图，具体落实培训工作的4W2H等要素。

1. 培训活动的有关要素的准备落实。培训活动的职能机构和职责权限的落实；培训活动的管理和服务人员的落实；经费落实；师资落实；培训的教材、讲义、课程表的落实；时间落实；场所落实；培训活动使用的设备落实；后勤落实。

2. 培训活动组织协调工作。培训实践活动与培训计划的协调；培训活动各种要素资源的协调；培训活动各阶段各环节的协调；培训管理方、教学方、受训方信息沟通的协调。

3. 培训活动中的控制。培训活动的进程控制；培训各项工作的质量控制；培训经费的使用控制；培训活动各类参与者的激励和约束控制。

培训评估

培训评估是指对培训的计划方案和培训效果的有效性进行评价。培训评估是一个收集培训成果，考察培训前后情况，以衡量培训是否有效的过程。

一、培训评估的内容和层次

培训评估的内容有以下3个方面：

1. 对受训者的评估

对受训者的评估主要有两种方法：一是定性的方法，从受训者的反应、行为和态度、绩效等方面进行，这也是最常用的办法；二是定量的办法，一般采用成本与收益评价法等。

2. 对培训者的评估

对培训者进行评估一方面可以说明培训者的水平，另一方面可以帮助培训者在以后的培训中不断发展自己。评估主要通过培训者自评和受训者对其的评估。可以采用访谈、问卷调查等方法进行。

3. 对培训开发本身的评估

一般综合应用培训者的自我评估、受训者的评估和结业考试等方式。主要考察培训能否让受训者观念得到改变，视野得到开拓，思维得到创新，知识得到更新，技能得到提高，绩效得到改善。

培训结果的评估可分为四个层次，分别是参加者的反应、学习、行为和结果。第一个层次是了解受训者对培训的反应，通常通过问卷来评估；第二个层次是衡量受训者对培训内容的掌握程度，一般通过考试来衡量；第三个层次是通过受训者接受培训后行为的改变来检验培训的效果；第四个层次是通过培训后绩效的改变来衡量培训的效果。

二、评估方法

1. 测试法。即客观测试培训前后员工行为、技能的变化情况。测试内容应能反映培训的目的。

2. 面谈和问卷调查法。通过与受训者面谈获取信息来评估培训效果，以问卷调查表的形式了解受训者培训后对所学知识或技能的理解、掌握程度及其在实践中应用的效果。

3. 工作绩效评估法。培训结束后，定期以书面调查或面谈的形式，了解受训者在工作上取得的成绩。或选用与培训目标相关联的组织绩效记录，如员工流动率、生产率、销售量、投诉率等重要指标的测量记录结果，来判定培训活动是否对组织经营运作产生了有利的影响。

4. 自我评估法。让受训者在培训后或返回工作岗位后表达他们对培训的感受、意见和收获。通过受训者自己的判断来评价培训与工作的相关性和有效性等。

5. 工作态度考察评估法。考察受训者在培训开发前后工作态度的变化。如通过受训者在工作上能表现出高度的责任感、良好的工作态度、极强的组织纪律性和工作责任心等，则表明培训开发有成效。

6. 参考主管或下属意见评估法。结束一段时间后，人力资源部门以书面调查或面谈的形式与受训者的主管交流，由主管全面评估并确定受训者的培训开发效果。也可以向下属了解受训者工作上的表现。

上述六种方法虽然形式不同，但遵循一个共同的准则，即凡是能够提高工作绩效的培训开发均被认为是有效的。最后需要说明的是，并不是所有的培训开发都要进行评估，这不是必需的步骤。另外，针对评估结果，重要的是要采取相应的纠偏措施并不断跟踪。

三、培训成本与收益分析

培训项目的成本与收益分析是指运用会计方法计算培训项目的经济收益的过程。培训项目的经济收益确定包括培训成本确定和培训收益确定两部分内容。

1. 培训成本确定

培训总成本分为直接成本（与培训项目的人员事项直接联系的费用）和间接成本（与培训项目的设计、开发等事项没有直接联系的费用），内容用图 5－1 表示。

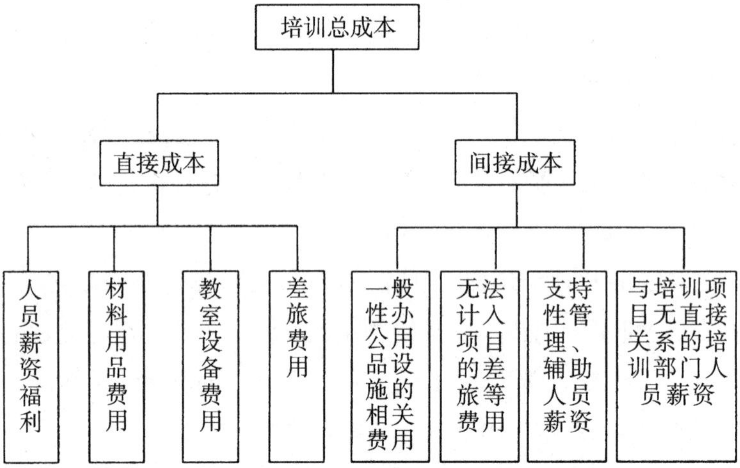

图 5－1　培训成本构成图

有关培训项目的成本信息非常重要。人们借助它可以了解培训的总成本，可以比较多种培训项目或方案的成本差异，可以评价比较在不同培训环节或对象上的资金投入比例，可以进行成本控制等。

2. 培训收益确定

培训收益的确定必须从进行培训的初始原因进行考察，主要看培训结果是否解决培训项目起因的问题，解决得怎么样，成效如何。确定培训收益的方法较多，常用的便捷方法有：运用技术、研究或实证方法来分析总结与特

定培训项目有关的收益；通过对一小部分员工进行试验性培训并评估效益后，再决定面上的大规模培训项目的资源投入问题；通过对成功员工进行观察，可有助于组织确定成功和不成功员工的绩效差别。

培训项目收益的确定，可以在收集确定了经营结果领域及其衡量标准，培训前的效果、培训后的效果、培训前后的效果差异，及其货币表示这些项目的数据后，再利用培训项目成本与收益分析公式计算出来。

投资回报率 = 净收益/投资 = 经营结果/培训成本

新员工导向

新员工导向及其内容

一、新员工导向

新员工定向培训或上岗引导，是指对新员工指引方向，使之对新的工作环境、条件、人际关系、应尽职责、工作内容、规章制度、组织的期望有所了解，能尽快进入角色，并创造优良绩效。新员工导向对培养员工的组织归属感意义长远重大。员工的组织归属感是指员工对自己的企业从思想、感情及心理上产生的认同、依附、参与和投入，是对自己单位的忠诚、承诺与责任感。

二、新员工导向的内容

一般新招聘来的员工在进门伊始往往对组织抱有以下 3 种主要期望：一是希望获得对自己应有的欢迎和尊重。二是希望获得对组织环境和工作职务相关情况的了解。三是希望获知在组织中的发展与成功机会。鉴于此，新员工导向的内容为：

1. 使新员工感受到受尊重：即以各种形式表示对新员工的欢迎，表示对他们的重视。

2. 对组织与工作的介绍：首先应予介绍的是组织的文化，先强调软因素的宣讲与灌输。此后才进入组织概况的介绍，新员工最关心的如奖酬待遇、考勤休假、调动晋升等人事政策内容，应预先作安排，其他则可稍后安排。

这表明入职导向活动宜“先务虚、后务实”。入职导向的内容丰富，涵盖面广，所以应有轻重缓急的安排与选择。

3. 发展前途与成功机会的介绍。组织拟在岗前培训中将上述内容分类，并按一定格式予以编排，即可形成完整的新员工导向内容。实际工作中，可以设计一份新员工导向的检查清单，来简明扼要而又涵盖全面地确定培训教育的内容。表 5－1 即是一个实例。

表 5－1　某公司新员工导向内容清单

对象：某公司新装配工导向信息人员	时间	
A. 使新员工成为正式成员的信息		
1. 在工资单和福利方案上签字	行政助理	第一天
填写家庭经济状况表和获准雇用表		
2. 概述福利政策、请假程序、工间休息等	行政助理	第一天
3. 介绍员工手册	行政助理	第一天
4. 安全信息与条例	装配线班长	第一天或第一周
5. 停车场信息	行政助理	第一天
B. 制度方面的信息		
1. 参观工厂	班长	第一天
2. 安全操作程序	班长	第一周
3. 概述员工手册中的内容	班长	第一周
4. 参观第一班的工作	班长	第一周
C. 建立归属感的信息		
1. 欢迎装配工	班长	第一天
2. 介绍认识行政人员和企业负责人	班长	第一天或第一周
3. 在参观第一班工作时，在休息室提供茶点，介绍两班工人互相认识	行政助理	第一周
D. 公司的历史和经营哲学		
1. 公司的历史	面试考官	录用前
2. 主要的历史事件和经营哲学	班长	第一周
E. 企业的目的和目标		
1. 概括企业的使命和远景规划	面试人员	录用前
2. 简要介绍	企业负责人	第一天
3. 详细介绍	班长	第一周
F. 岗位责任方面的信息		
1. 简要介绍岗位责任	面试人员	录用前
2. 概括职责描述	班长	第一天
3. 介绍工作岗位	班长	第一天
4. 在岗培训	老装配工	第一周
5. 对装配线上的工作、继续培训、辅导等进行管理	班长	第一周及以后

新员工导向的计划与实施

新员工导向的计划与实施工作关键是要抓准和落实以下5个方面的内容要点：

一、提供什么信息

详见表5-1。

二、谁来传播这些信息

在企业中主要由以下4类人员参加新员工导向传递有关信息：

1. 企业负责人。他们与新员工的谈话、对新员工的认识等对新员工的影响很大。

2. 部门主管。有关工作、岗位、制度归属感信息由其告诉新人，他们起着很重要的教练和表率作用。

3. 人事、行政管理人员。让新员工了解各项制度，办理手续、行政帮助。

4. 其他员工。新员工的同事等。

三、何时传播这些信息

这些信息的传播一般都集中于以下3个阶段：

1. 录用前。招聘过程中，组织的招聘人员要向应聘者介绍组织、岗位等情况，在面试、录用时提供人事、工作、福利等政策资料。

2. 第一天。新员工第一天上班往往带有疑问，多少会感到紧张。这时候，传播过多信息是错的。第一天应着重做5件事：某种方式的欢迎活动；完成基本文书工作，解释一下薪金和福利程序；参观；介绍与同事、关键人物的认识；概述新员工职责描述和要求。此外，公布以后几周熟悉工作的日程安排。

3. 最初几周。部门主管要一直与新员工保持密切的联系。新员工进入组织的第一天培训尤其重要，要让新员工有一种归属感，并对第二天充满期望和热情。

四、何处传播这些信息

应根据组织新员工特点和培训内容特点，灵活地安排培训处所，如车间、会议室、休息间等，以有利于信息的传递和交流沟通。

五、如何传播这些信息

针对入职引导内容的不同特点选取不同的传播方式，如欢迎见面会、茶

话会、参观、看录像、学习员工手册、赠送纪念品、招待会等，尽可能灵活多样，使新员工加深印象。

员工开发

员工开发的概念

培训着眼于当前的工作和需要，侧重于帮助员工完成好当前工作，有组织地安排员工学习与本职工作相关的知识和能力；开发则是以未来工作和需要为导向，侧重于帮助员工个人发展，为胜任其职位工作做好准备，提高向未来岗位流动或升迁的能力。因此，员工开发又称人员开发，它主要是指有助于员工为将来工作和今后发展做好准备的正规教育、在职体验、人际互助以及个性和能力测评等各种有益的活动。相对而言，员工培训以现在为导向，着重于提高员工当前的工作绩效；而员工开发则以未来为导向，着重于提高员工的未来工作绩效或长期绩效。所以，人员开发的学习内容和活动方式多与培训有所不同，在开发过程中所学习的东西并不一定与受开发者当前的本职工作有关。员工开发在教育和培育员工的方式上与员工培训有明显不同。员工开发活动在方式上以对被开发者的辅导与相互交流方式为主，不同于以讲授指导为主的培训方式。辅导方式多数是在职工作时进行，以实际工作中的传、帮、带为主。互相交流方式多在工作之余或脱产时进行，形式有多种多样，基本是靠分享经验的方式来获得知识和技巧，以及通过辩论、模拟现场来测试新知识和新技巧。常见的方法和技术有组织内的教育计划、授课、辅导、轮流作业等，及专业教学计划，如大学开设的 MBA 教育计划、研修班、案例研究法、角色模拟等。这种辅导经常是以正规教育、人员测评、在职体验和人际互助等方式的综合运用为主。

传统的员工开发对象仅侧重或者局限于管理人员，称之为管理人员开发或管理开发。管理人员开发是指一定的组织通过各种方法、手段和技术，促进本组织的管理人员拓宽知识、转变观念、分享经验、提高技能，从而改善组织当前或未来管理工作绩效的活动。管理开发活动的目的旨在为管理人员提供发展的教育训练，提高其工作所必需的领导技能，最终目的是提高组织的未来工作绩效，开发与培养现在和将来的管理人员。

员工开发的步骤

一、一般员工开发计划的步骤

一般员工开发的步骤指的是组织通过了解分析员工个人培养需要和组织自身对员工的培养需求，设置员工开发的目标，明确组织和个人达成该目标所应采取的行动，并确定员工开发的方式和工作进展测试方法，以及拟订员工开发活动的进程表等一系列工作活动。员工开发规划应当明确规定组织与员工各自在开发中所应承担的责任，把两种资源两个积极性结合起来，才能使开发活动顺利开展并富有成效。

一般员工开发计划的步骤及要素列于表 5－2 中。

表 5－2　员工开发规划的步骤与责任要素

步骤	员工考虑	组织考虑	组织帮助
1. 分析开发需发	我需要怎样改进	现在和未来工作需要他怎样改进	提供评价信息，帮其认清自己的长处、短处、兴趣和潜力等
2. 设立开发目标	我需要怎样改进	现在和未来工作需要他怎样改进	提供评价信息，帮其认清自己的长处、短处、兴趣和潜力等
3. 设立开发目标	我想要开发什么	需要他开发什么	上级同下级共商开发问题，提供开发计划指导
4. 确定开发方式与标准	我该如何开发自己并了解获得的进展	如何做才能有效开发他并把握开发进度	由有关部门和人员提供相应训练与反馈
5. 确定具体的开发行动	我该采取什么行动才能达到开发目标	组织应推行哪些活动才能实现开发目标	课程教育、人员测评、人际互助等开发活动

续表

步骤	员工考虑	组织考虑	组织帮助
6. 拟订开发进程表	我应当在什么时间做什么（开发的）事	现在和将来的工作要求他在什么时间完成什么事	由上级和指导者帮助他制定切实可行的时间表

二、管理人员开发计划的步骤

管理人员开发计划可以是面向整个组织的，这种计划为所有或大多数新老管理人员的招募、培养和提高服务。管理员工开发计划也可以是相当个别化——直接为某一具体职务配备人员目的服务的。如“接班计划”就是进行个人预测、制订个人计划，为设立的最终要配备人员的中高级职位而进行管理人员需求分析和培养开发活动。

正确了解适用于管理人员的职业兴趣、志向和工作绩效评价，在管理开发中具有相当重要的作用。当一个管理人员获得与自己特点相匹配的工作时，工作绩效一般较佳，所以应给予受开发者评价个人的机会，以便更好地了解一个人的进步和潜力，说明需开展哪些开发活动去纠正或修正个人的不足之处。

管理员工开发计划的步骤如下：

1. 根据业务变化情况设计本部门管理人员的需求，制作一个组织设计图。

2. 由人事部门盘点本组织人才库，并辅助调查测评等以确定当前聘用的管理人员状况。

3. 画出管理人员安置图，概括出每个管理职位可能的候选人，以及每个人的开发需求，开发一个人员继承规划或替换图表。

4. 有的放矢，因人而异地制定和实施开发计划。

我国企业培训中存在的问题与误区

问题一，培训缺乏依据。其一是没有较详尽的工作描述和工作规范，在对新员工进行上岗引导培训时，无法根据工作的具体要求培训新员工。其二是没有做培训需求分析，培训前并不知道受训者缺乏哪些方面的知识或技能，在这些缺失中哪些东西又是现在工作中所急需的，因此只是凭主观的感觉来进行培训，这样当然针对性差，收效甚微。

问题二，培训缺乏规划。企业的很多培训都是在被动地完成有关部门交给的任务，比如会议精神的传达，规章制度的宣传，或者在有技术上的需要时不得不进行紧急的培训。而真正能根据企业长期发展规划需要，有计划、有步骤地对员工进行培训的非常少。多是被动的、反应式的培训，很少进行前瞻性的培训。

问题三，培训效果缺乏评估。许多企业甚至不了解受训者对培训的反应，不衡量受训者对培训内容的掌握程度，没有在培训结束后对结果进行评估的意识，这当然不利于对以后培训工作的改进了。

误区一，不培训“决策层”。企业一提到培训都认为是对一般员工培训，而企业的董事长、总经理则被忽视。其实企业最重要的培训是企业的决策层。对他们进行企业经营战略、生产营销规划、分配制度和人力资源配置等方面理论知识的培训是十分重要的。

误区二，不培训“操作层”。企业的一些低级操作员工往往把主要期望寄托在经营者或管理者个人身上，缺乏对自身努力的追求和对管理制度的认同，从而影响个人潜力的发掘。实践证明，操作员工缺乏相应的培训，其技术水平就会停滞不前。

误区三，笼统培训“管理层”。如何区分不同层面的管理人员并实施不同的培训内容，是目前大多数致力于培养一支出色管理队伍的企业亟待解决的问题。工作层面不同，所学内容应有所侧重。

误区四，缺乏对员工心理素质方面的培训。竞争的加剧，由此对员工的心理健康造成严重的影响。目前我国企业对员工这方面的培训还很缺乏。

员工开发的方式方法简介

员工开发的常用方式有：正规教育、人员测评、实践体验、人际互动、组织发展等多种方式，每种方式又包含着多种不同的方法。员工开发的方式方法可以视情况单独使用或综合使用。大多数员工开发活动的方式方法原本是为管理者开发而设计的，但是现在其中的许多方式方法已被推广应用于对一般员工的开发。

一、正规教育

员工开发的正规教育包括专门为本组织员工设计的在组织内、外脱产和

不脱产的教育培训计划，其性质为组织范畴的成人教育。比如，某种技能开发的特别研修班，针对个人特点的商务、管理、保健等领域的个别课程，学位计划，在职 MBA 课程教育，住校学习大学课程，领导管理人员的继续教育计划等。正规教育计划中也包括专家讲座、商业游戏、仿真模拟与客户会谈等灵活多样的形式。

二、人员测评

员工开发的人员测试方式，主要是指在使用一定的量表、活动等工具测试员工和收集信息的基础上，为员工提供有关其行为、技能、交流类型等方面的反馈，以促使其自我开发与提高的员工开发方式。人员测评通常用来评价和确认员工的强项、弱项和潜能，也可用来测评团队成员的优势与不足，了解影响团队效率的决策过程和交流类型等。下面是几种常用的人员测评工具：

1. 麦尔斯—布瑞格斯人格类型测试（MBTI）

MBTI 是用于员工开发的最为流行的心理测试。该测试包括一百多个问题，涉及人们在不同环境中的感觉和行为意向。由于 MBTI 可以辨别个人在性格、信息收集、决策、生活方式方面的不同偏好，所以通常用来帮助人们理解诸如沟通、激励、协作、工作方式、交流方式、领导方式等不同类型的表现或行为倾向。

2. 评价中心法

评价中心法是专门设计用来对个人进行诊断分析的开发工具，一般用于经理人员的选拔。通常一个潜在的经理要花一天的时间去参加许多活动：角色扮演、案例、笔试、无领导小组讨论、管理游戏、公文测试和同伴评价，处理一些经理会遇到的典型问题。由专家对其进行观察和评价。评估中心的各种练习可用来测试和开发员工的领导能力、个性、解决问题能力、人际交往能力、行政管理能力等多种能力。

3. 绩效评估—反馈

绩效评估—反馈法是评价员工工作表现并进行反馈的过程。即通过给员工排序、评价工作表现、衡量工作绩效等手段，向员工反馈其工作表现情况和工作绩效情况，让其了解当前与要求的行为、绩效等的差距，找出原因并加以改进。

三、实践体验

员工开发的实践体验方式是指让员工在实践活动中亲身经历和体会在工作环境和工作过程中所遇到的各种问题、关系、任务、需求及其他事项，利用在职体验、在工作实践中的学习与经验积累来开发员工的知识、能力和行为态度。常见的实践体验方式简介如下：

1. 工作轮换

安排被开发者到相应部门或岗位参与实际工作，学习拓展他们对整个组织各环节工作、各部门业务的了解与知识，丰富其工作经验，并确定其长处和短处。

2. 工作丰富化

工作丰富化或工作扩展，是指对员工现有工作提出挑战并扩展责任来开发员工潜能的方法。即通过新设计的工作来增加工作的激励因素（内在激励力）。通常通过组织任务、建立顾客关系、减少直接监督等技术来完成。

3. 工作调动

工作调动即通过工作的调动、晋升、降级等工作职务的变动，调整员工的工作内容、责任、权力、报酬，使其职位向上、向下或水平移动，从而面临更多的挑战，提供一种重新开始工作和开发的机会。有时候还可同外部组织合作，进行员工交流项目来培养开发员工。

四、人际互动

人际互动主要是指可以通过建立拟开发员工与有经验员工之间的交往互助关系，开展彼此间的互助互动活动来开发员工。

1. 导师辅导法

导师辅导法即通常所说的师傅带徒弟、教练教运动员式的员工开发方法。

2. 初级董事会

这是指让经过选拔的中级管理人员组成一个初级董事会，使其面对目前公司所存在的问题并要求其对整个公司的政策提出建议的一种开发方法。初级董事会一般由 10～12 位中级管理人员组成，他们通过分析高层次问题从而积累决策经验。这种方法为被开发者提供了全局视角，能够从战略高度审视问题，能够积累决策经验，为以后工作打下坚实的基础。

3. 研究项目法

研究项目法也称行动学习法，其做法是让受开发者将全部时间用于分析和解决其他部门而非本部门问题的一种员工开发技术。通常由 4 ~5 人一组，在会上就各自的研究结果及进展情况进行讨论和辩论。

4. 管理竞赛

管理竞赛是由几组被开发人员通过用计算机模拟真实的公司经营管理做出决策来相互竞争的一种员工开发方法。

第六章

企业员工绩效考核

一般说来，美国的企业都十分重视绩效考核，不过有时出发点并不一样。从引导案例我们可以看到，绩效考核可以像通用电气公司那样，成为一个企业建设高水平员工队伍的中心环节；也可以如福特公司那样，作为实现某种战略目的的手段。那么，绩效考核在管理中的作用究竟是什么？有效的绩效考核系统能够通过什么途径成为提升企业竞争力的有效手段？

绩效考核概述

绩效的基本概念

一、绩效的含义

绩效是指那些经过评价的工作行为、方式和结果。

绩效可分为员工绩效和组织绩效。员工绩效是指员工在某一时期内的工作结果、工作行为和工作态度的总和，组织绩效是指组织在某一时期内组织任务完成的数量、质量、效率和盈利状况。员工绩效和组织绩效最大的区别在于两者的侧重点不同，员工绩效着重于员工的产出和行为，而组织绩效侧重于组织的产出和行为。

二、绩效指标与绩效标准

绩效指标指的是从哪些方面对工作产出进行衡量或评估，解决的是我们需要评估“什么”的问题。绩效标准指的是在各个指标上分别应该达到什么样的水平，解决的是要求被评估者做得“怎样”或完成“多少”的问题。

三、绩效的性质

1. 多因性

它指绩效的优劣不是取决于单一的因素，而要受到主、客观多种因素的影响，即员工的激励、技能、环境与机会，其中前两者是员工自身的主观性影响因素，后两者则是客观性影响因素。

2. 多维性

绩效需要多维度去分析与考核。例如：一名工人的绩效，除了产量指标完成情况外，质量、原材料消耗率、能耗、出勤，甚至团结、服从纪律等硬、软方面的表现，都需要综合考虑，逐一考核。根据各维度可能的权重不同，考核的侧重点也会有所不同。

3. 动态性

即员工的绩效随着时间的推移会发生变化，绩效差的可能改进转好，绩效好的也可能退步变差，因此管理者切不可凭一时印象，以僵化的观点看待

员工的绩效。

绩效考核的基本概念

“考核”一词，其含义是评价、评估，是一定的主持人对被考核对象的评价和打分。绩效考核，则是指对员工在工作过程中表现出来的工作业绩（工作的数量、质量和社会效益等）、工作能力、工作态度以及个人品德等进行评价，并用之判断员工与岗位的要求是否相称。考核不仅仅是对员工工作绩效的考核，它还应确保员工的工作活动以及工作产出能够与组织的目标保持一致。

绩效考核包括3个层面的含义：

1. 绩效考核是从企业经营目标出发对员工工作进行考核，并使考核结果与其他人力资源管理职能相结合，推动企业经营目标的实现。

2. 绩效考核是人力资源管理系统的组成部分；它运用一套系统的和一贯的制度性规范、程序和方法进行考核。

3. 绩效考核是对组织成员在日常工作中所表现的能力、态度和业绩，进行以事实为依据的评价。

绩效考核的目的和意义

绩效考核的目的主要有三个：利于组织目标的实现，绩效评估必须服务于组织战略，这是绩效评估工作首要也是最重要的目的；有助于组织绩效的提高，任何管理活动的最终目的都是为了提高组织绩效和工作效率；有助于员工行为的改善，能力素质的提升。

绩效考核作为人力资源管理的重要环节和核心内容之一，通过获得员工工作的真实信息，以对绩效突出、表现优异的员工进行鼓励，或对成绩平平、表现不佳的员工进行惩戒，帮助员工认识实际工作中的问题和不足，促进他们不断改进；同时有针对性地开发员工的各种潜能，并为组织提供员工在提升、调动及加薪等方面做决策的全面信息。绩效考核的具体意义表现在其作为人力资源管理其他环节的依据。

1. 绩效考核是制定人力资源规划的依据。

2. 绩效考核是企业进行人员配备的基础。

3. 绩效考核是进行人员培训与开发的依据。

4. 绩效考核为奖酬方案的制定提供依据。

5. 绩效考核为员工职业发展提供依据。

6. 绩效考核是对员工进行激励的手段。

绩效考核原则

一、以考核工作实绩和效益为主

对工作绩效的评价应该是考核的主要任务，并占较大的权重。

二、目标和任务指标明确

考核的内容是易于量化和评价的。

三、分层次分类考核

它指针对不同的对象采取不同的考核方法。以企业为例，从管理层次可分为战略高层、执行中层和操作层；从工作性质可以分为研发、生产、营销、管理和生产辅助等类型，显然不可能有一种单一的考评方法有效地对所有的工作绩效做出评价。

四、公开与公平、可靠与准确

这要求多方位考核以尽量做到客观、公正、全面，考评的目标、内容和评价标准公开，考评遵照一定的程序，公布其结果并接受监督，考评的指标体系应该能够反映考评对象的真实情况，指标本身是可以明确定义和验证的。

五、考评方法实用可行

考评方法应该是简便易行和可操作的。

六、反馈与提升

绩效反馈应该及时，以有助于绩效提升。

绩效考核的内容

从总体上看，考核内容包括业绩、能力和态度三大方面。

一、业绩考核

业绩考核就是对行为的结果进行绩效考核和评价。具体说业绩考核是对员工承担岗位工作的成果所进行的评定和估价。一个人对企业贡献的大小，不单纯取决于所承担任务完成的状况，所以绩效考核还必须对工作业绩以外的内容进行考核。

二、能力考核

能力考核是对员工在岗位工作过程中显示和发挥出来的能力做出的评

定，如员工在工作中判断理解指令时，是否正确、迅速；协调上下级关系时，是否得体、有效，等等。能力考核主要包括生产能力、技术能力、判断能力、理解能力、创新能力等。

能力与业绩有显著的差异，业绩是外在的，是可以把握的；而能力是内在的，难以衡量和比较。这是事实，也是能力考核的难点。但是，能力也是“客观存在”的现象，可以感知和察觉，可以通过一系列手段去把握能力的存在以及不同员工之间的差异。

三、态度考核

态度考核主要考核员工工作的认真度、责任度和工作的努力程度，是否有干劲、有热情，是否忠于职守，是否服从命令等。

绩效考核分类

一般说来，绩效考核可以分为两大类：一类是对组织或部门工作业绩的考核评估，通常是由企业或单位的上级部门，如董事会、公司总部或总经理办公会等组织进行的，主要考核的是经营业绩和工作目标完成的情况。另一类是对员工工作绩效和行为的考核评价，一般是由人力资源部门或人事部门组织实施的，考核重点是履行工作职责、完成工作任务的情况及其行为表现。绩效考核又可按不同标准进行分类。

一、按照考核性质划分

1. 定性考核

定性考核是指由评估人在充分观察和征询意见的基础上对员工绩效所做的较为笼统的评价。其优点是简单易行；缺点是主观性较强，容易受心理因素的影响。

2. 定量考核

这是指按照标准化、系统化的指标体系来进行考核。其优点是比较客观、随意性较小。缺点是由于“工作”包含众多方面，难于把所有方面都给予量化，因而影响了定量考核的使用范围。

二、按照考核主体划分

1. 上级考核

这是直接领导者对自己下属员工的考核。员工的直接上级较为了解该员工及其所从事的工作，评价也就较为明确、客观。绩效考核中，一般以上级

主管的考核为主，其考核分数对被考核者的影响很大，约占 60% ~70%。

2. 下级考核

这是指员工对自己的直接上级进行的考核。作为被考核者的下属，对上级的作风、行为方式、实际成果有比较深入的了解，对其一言一行有亲身的感受，而且有其独特的观察视角，但他们对被考核者又容易心存顾虑，致使考核的结果缺乏客观公正性，所以其评定结果在总体评价中一般控制在 10%左右。

3. 同级考核

这是指被考核的员工们相互评价。一起进行工作的同事常常对被考核人有比较详细的了解，日常工作的往来，或者共同完成某项工作的合作，使得被考核人的同事在对其进行评价时有一定的发言权。但他们在参与评价时，常受人际关系状况的影响，所以在绩效考核中，同级的考核占有一定份额，但不会过大，占 10% 左右。

4. 自我考核

这是指被评估人自己对照有关的标准对自己的工作作出评价。被考核者对自己的绩效进行自我考核，能充分调动被考核者的积极性，特别是对那些以“实现自我”为目标的人更显重要。但在绩效考核中，由于自我考核容易受到个人多种因素的影响，使其有一定的局限性，所以其评定在总体评价中一般控制在 10% 左右。

5. 外部考核

这是指外部人员即被考核者所在部门或小组以外人员，如对常常与客户打交道的员工进行考核时，可以利用从相关客户那里收集的信息进行考核。客户对被考核人的印象、工作方式、态度等的评价能够比较真实地反映员工的工作情况。

三、按考核内容划分

1. 品质主导型

考核的内容以考核员工在工作中表现出来的品质为主，品质主导型着眼于“他这个人怎么样”。由于品质主导型的考核需要使用如忠诚、可靠、主动、有创造性、有自信心、有协助精神等定性的形容词，所以很难具体掌握，并且操作性与效度较差，但是适合对员工工作潜力、工作精神及人际沟通能力的考核。

2. 行为主导型

考核的内容以考核员工的工作行为为主，行为主导型着眼于“干什么”“如何去干的”，重在工作过程，而非工作结果。考核的标准较容易确定，操作性较强。行为主导型适合于对管理性、事务性工作进行考核。

3. 效果主导型

考核的内容以考核工作效果为主，效果主导型着眼于“干出了什么”，重点在于产出和贡献，而不关心行为和过程。由于它考核的是工作业绩，而不是工作过程，所以考核的标准容易制定，并且考核也容易操作。比如目标管理考核方法就是对效果主导型内容的考核。效果主导型考核具有短期性和表现性的缺点，它对具体生产操作的员工较适合，但对事务性工作人员的考核不太适合。

四、按考核的目的划分

1. 以绩效改进为目的的考核

将改进和提高绩效作为考核的出发点，在指标设计上具有明显的导向性，强调绩效评估与组织战略和目标相匹配，并注意处理好局部最优与全局最优的关系。

2. 以薪酬管理为目的的绩效考核

薪酬是激励员工最直接和最主要的工具。薪酬本身并不能产生绩效，它们只能激励和强化创造绩效的行动。绩效考核为薪酬提供了依据，比如确定其薪资标准，决定奖金的发放、是否晋级提薪或相应处罚等。

此外，按绩效考核的时间长度划分，可以分为日常考核、定期考核、长期考核、不定期考核。按绩效考核的工作组织形式划分，可以分为口头考核与书面考核、直接考核与间接考核、个别考核与集体考核。

绩效管理与绩效考核

一、绩效管理的含义

绩效管理指的是为实现组织发展战略和目标，采用科学的方法，通过对员工个人或群体的行为表现、劳动态度和工作业绩，以及综合素质的全面监测、考核、分析和评价，充分调动员工的积极性、主动性和创造性，不断改善员工和组织的行为，提高员工和组织的素质，挖掘其潜力的活动过程。

绩效管理是人力资源管理体系中的一个子系统，绩效管理系统由三部分构成：绩效标准的界定、绩效的衡量（考核）与绩效信息的反馈。在这一系统中，首先是进行绩效标准的界定，绩效标准以工作分析为基础，明确员工绩效的哪些方面对于组织是重要的；其次是通过绩效的衡量（考核）——对各个绩效方面进行衡量，绩效考核是对员工的绩效进行管理的唯一方法；最后是通过绩效反馈，将绩效衡量或评价结果反馈给员工，使之能根据组织的目标来改进自己的行为方式与方法，提升绩效，为实现以后的目标做好准备。

二、绩效管理与绩效考核的区别

绩效考核不仅仅是人力资源管理的一个工具，也不只是人力资源职能部门的人应该考虑和应该做的事情。绩效考核通过与企业经营战略和其他管理环节的紧密结合，已突破原有的功能而发展成为绩效管理，绩效管理强化了组织的整体经营目标。

绩效管理与绩效考核两者的区别主要在于过程完整性不同，侧重点不同，阶段性不同。见表6－1。

表6－1　绩效管理和绩效考核的比较

区分点	过程的完整性	侧重点	出现的阶段
绩效管理	一个完整的管理过程	侧重于信息沟通与绩效提高，强调事先沟通与承诺	伴随着管理活动的全过程
绩效考核	管理过程中的局部环节和手段	侧重于判断和评估，强调事后的评价	只出现在特定的时期

绩效考核方法

比较法

运用比较的方法给员工排序，找出绩效最突出的和最差的员工。

1. 简单排序法

简单排序法即对一批考核对象按照一定标准排出“1、2、3、4……”的

顺序。例如，把销售部门所有业务员按销售数量或金额进行排队，最高的为第一位，最差的排在最后。该方法的优点是简单实用，评价结果也一目了然，具有一定的可信性，可以完全避免趋中倾向或宽严误差。缺点是考核的人数不能过多，以5～15人为宜；而且只适用于考核同类职务的人员，应用范围受限。不适合在跨部门人事调整方面应用。另外这种方法容易给员工造成心理压力。

2. 交替排序法

交替排序法是根据某些绩效考核指标将员工们根据绩效最好和绩效最差分别进行排序。由于从员工中挑选出最好的和最差的比将全体员工排序要容易，因此，交替排序法是一种应用比较普遍的绩效考核方法。表6－2就是一份交替排序绩效评价表。

表6－2　运用交替排序评价法进行绩效考核

评价时所依据的要素： 针对你所要评价的每一要素，将所有员工姓名都列出。将工作绩效评价最好的员工姓名列在第一行的位置上，将工作绩效评价最低的员工姓名列在第20行的位置上；然后再将工作业绩交评价次好的员工名列在第二行的位置上，将工作绩效评价次差的员工姓名列在第19行的位置上。这样一起将这个交替排序继续下去，直到所要评价的员工都被列出来。	
评价等级最高的员工：	11. ______
1. ______	12. ______
2. ______	13. ______
3. ______	14. ______
4. ______	15. ______
5. ______	16. ______
6. ______	17. ______
7. ______	18. ______
8. ______	19. ______
9. ______	20. ______
10. ______	评价等级最低的员工：

需要指出的是，上述方法是各个项目的简单相加。由于项目有着不同的重要性，更好的做法是将不同的项目确定不同的权重，然后进行加权计算。

硬性分配法

硬件分配法，也称强制分配法，是根据统计学的正态分布原理按预先规定的比例将被评价者分配到各个绩效类别上的方法。评价者按预先确定的概率，把考核对象分为 5 个类型，如优秀的占 5%，良好占 15%，合格占 60%，较差占 15%，不合格占 5%。如表 6－3 所示，参加绩效评价的员工人数为 40 人，其中 5% 的比例为优秀，如果某员工绩效考核的优劣排名是第三名，则被列入良好等级，若排名为第二名，则被列入优秀等级。

表 6－3　用硬性分布法进行绩效考核

等级	比例	人数
优秀	5%	2
良好	15%	6
合格	60%	24
较差	15%	6
不合格	5%	2

采用强制分配法，可以防止滥评优秀人数或被评价者得分十分接近的结果，有效地减少了趋中倾向和宽严误差，它可以用于确定员工奖金发放等级上。该方法的问题是，它基于“各部门中都有相同的绩效类别分布”的假设，因而难于区分各部门的好坏差异，也很难把小样本单位（例如一个只有 5 个人的研发小组）强制分配到五个绩效类别中。

严格地说，强制分配法并不是一种评价方法，而是一种划分比例和限制考核分数的方法。该种方法通常是和其他方法结合，而不是单独使用。

比较法有一个共性的问题，它无法将评估活动与组织的战略目标联系在一起，这种评价方法的主观性质较强，使得这类方法的实际效度和信度往往取决于评价者本人。

特征法

绩效管理的特征法主要关注的是雇员在多大程度上具有某些被认为对企业的成功是非常有利的特性。在这种方法中被使用的一些技术通常都要对一系列的特性——诸如主动性、领导力、竞争力等加以界定，这种“特性”通常被称为“维度”，每一个维度都被做成量表或确定为一定分值，然后根据

这些特质来对雇员进行绩效评价。

一、量表评定法

量表评定法是人力资源主管在量表中就各项指标对员工评分。计分方式可以是一系列的空格或者是从 0 ~ 9 的等级，然后将这些等级对应于相应的分数。例如，将“出色”定为 4 分，将“不合要求”定为 0 分，最后统计总分。

下表中所列的是几种量表评定法的例子，见表 6 – 4。

表 6 – 4　量表评定法实例

A	员工与别人相处的能力	差	较差	平均	较好	好
B	工作质量	0		9		
C	工作动机	□ 差	□ 较差	□ 平均	□ 较好	□ 好
D	工作能力	□ 在底部的 10%	□ 在底部的 20%	□ 居中的 40%	□ 较顶部的 20%	□ 顶部的 10%
E	工作态度	□ 能少干就少干	□ 对工作兴趣不大	□ 偶尔需要别人提醒和催促	□ 工作态度比大多数员工好	□ 工作态度令人满意

其中 A，B 为连续描述性评定量表，要求评定者在线段任何地方做出评定标记，然后用尺子测量出标记位置的距离，就得到了评定的结果。C、D、E 是多级分段评定量表，给评定者几级，令其做出选择。量表上各点的定义可采用一个词，如 C 表；可用一个个数字，如 D 表；也可以用一段简短的描述，如 E 表。

实际工作中设计和使用的量表，以不同的考核目的和情况可以有简有繁，具体形式也可以多种多样，但基本形式如表 6 – 5 所示。

表 6－5　绩效考核量评定法典型例式

员工姓名＿＿＿＿＿＿　　所属部门＿＿＿＿＿＿

考核者＿＿＿＿＿＿＿　　考核日期＿＿＿年＿＿＿月＿＿＿日

考核目的：

（　）年度例行考核；（　）薪酬；（　）晋升；（　）培训与职业管理；（　）其他。

指导语：请根据各部门既定岗位职责要求，按如下度量尺度核查每位员工绩效水平，给出相应的绩效分数和评语，并说明评价事实根据。

杰出（90～100 分）——对组织有特殊贡献者或获得重大成就者；

良好（80～90 分）——工作绩效在大多数方面明显超过岗位要求标准，业绩一贯高出平均水平；

一般（70～80 分）——具有称职的、可信赖的绩效水平，各方面都达标；

较差（60～70 分）——绩效大多数方面及格，但在某一两个方面存在差距，须进一步改进；

很差（60 分以下）——工作绩效各个方面都不令人满意，须立即采取有效措施加以改进。

绩效考核指标	计分权重（%）	度量标尺及得分 0　60　70　80　90　100	评价依据及评语
1. 完成工作量	25		
2. 工作质量	25		
3. 工作效率或劳动生产率	20		
4. 合作精神	10		
5. 独立性或创新性	15		
6. 纪律性	5		

利用量表进行绩效考核，简单明了实用，较易实施，量化的考核结果可以在个人或组织间进行比较，适用的范围也较广。但量表考核准确性难以把握，很容易受人力资源管理者主观因素的影响，如标准过宽、过严、趋中等，导致结果出现偏差，量化的考核结论有笼统或缺乏针对性的倾向，所以量表考核不宜用作行为指导目的，使用量表考核进行人事决策要慎重。

二、混合型标准量表

混合型标准量表要求首先必须对相关绩效维度进行界定，然后分别对每一个维度内部代表好、中、差绩效的内容加以阐明。最后再在实际评价表格的基础上将这些说明与其他维度中的各种绩效等级说明混合在一起。表 6－6 中所示的就是一个混合型标准量表的例子。

表 6－6　学生对教师课堂教学情况评价表

评价内容		评价等级
教学态度（20%）	1. 按教学计划上课，无缺课或提前结束课程	5　4　3　2　1
	2. 讲课熟练认真，辅导耐心	5　4　3　2　1
	3. 为人师表，教书育人	5　4　3　2　1
教学内容（25%）	4. 内容系统完整准确	5　4　3　2　1
	5. 讲授详略得当	5　4　3　2　1
	6. 能反映学科前沿	5　4　3　2　1
	7. 理论结合实际	5　4　3　2　1
教学方法（25%）	8. 表达清晰流畅	5　4　3　2　1
	9. 教学手段灵活多样，启发学生思维	5　4　3　2　1
	10. 注重师生互动交流	5　4　3　2　1
	11. 能使用现代化教学工具	5　4　3　2　1
	12. 考核评价公正合理	5　4　3　2　1
教学效果（30%）	13. 通过课程学习有明显收获	5　4　3　2　1
	14. 课程有吸引力	5　4　3　2　1
	15. 有助于学生技能提高	5　4　3　2　1
其他		

填表说明：（1）非常好＝5，好＝4，一般＝3，不太好＝2，不好＝1。

（2）如你希望表达问卷中没有列出的其他情况，请在“其他”中填写。

如表 6－6 所示，混合型标准量表要求对每一项评估维度的内容都做出确切的定义，要求评价者按照统一的评价尺度，根据考核的具体要求对被评价者的绩效或行为表现打分，然后将每一项得分乘以权重，最后加总便可得到被评估者的总体绩效分数。这种评估方法较之前述的量表评定法无论是准确性还是可信度都大为提高，考核误差和主观因素的影响大为减少，并且为员工的培训开发提供了有价值的信息。但这种方法的问题是如果参与考核的人数较多（包括考核者和被考核者），统计分析的工作量比较大，花费的成本较高。

三、书面法

书面法也叫评语法或叙述法。这种方法要求考核者以报告的形式，认真描述被评价的员工。考核者通常被要求记录员工的优点和缺点，并对员工的发展提出建议。书面法可以提供一些其他方法所不能提供的描述性信息，使考核者有机会指出员工独有的特征。书面法常与其他方法一起使用。

书面法的缺点是：对员工特征描述太费时且描述受考核者写作风格和表达技巧的影响；书面法带有主观性；由于没有统一的标准，不同员工之间的评价标准是很难比较的。

以特性为基础的绩效评价方法是在各种组织中运用得最为普遍的方法之一。不过，这种技术与组织的战略之间常常不怎么具有一致性。这些方法之所以会被使用，是因为其开发比较容易，并且相同的评价方法适用于任何组织和任何战略。此外，这些绩效衡量方法常常只有非常模糊的绩效标准，因而可能会导致不同的评价者对于绩效标准做出不同的解释。有时，即使评价的标准是明确的，可由于评估者的态度存在差异（认真与否及情感因素），也会导致不同的评价者常常会得出差异非常大的评价等级和排定的绩效顺序。

行为法

行为法是一种依据员工行为事实来界定绩效的评估方法。这种方法的主要内容是：首先利用各种技术来对这些行为加以界定，然后要求管理者对于雇员在多大程度上显示出了这些行为做出评价。

一、关键事件法

关键事件法是指通过对员工在工作中极为成功或极为失败的事件的观察和分析，来判定该员工在类似事件或在介于关键事件与非关键事件之间可能的行为和表现。关键事件法经常被用来甄别干部的绩效高度和可能获取的晋升机会。

关键事件法是以书面记录作为评估基础的，被记录的事件既是评估的依据，同时也是向员工反馈的重要内容和向员工提供培训和指导的基础。

关键事件法的优点：对关键事件的行为观察客观、准确；能够为更深层的能力判断提供客观的依据；对未来行为具有一种预测的效果。关键事件法的缺点：记录关键事件工作耗时耗力，很难使用该方法比较员工；对关键事件的定义不明确，只能做定性分析。

关键事件法记录

某塑化公司生产的胶带全部出现了质量问题。大量发送出去的货物被退回来了，时间正是下午6时——员工下班的时间。负责分管生产的副总张×看到被退回来的一箱箱不合格品，皱了皱眉头，依然开着车子走了，他想等明天上班再说。分管技术的总工黄×拆开一箱被退回来的货，进行研究，寻找原因，他一直工作到晚上10时，终于找出了原因所在。第二天上班后，

黄×迅速指导工人解决了问题，恢复了公司的信誉。此事被总经理柯××看在眼里，他做了以下两张关键事件记录表（表6-7、6-8）。

表6-7 关键事件记录表

行为者：张× 行为发生时间：2003/5/20

地点：公司车间 观察者：柯××

事件发生过程及现象：5月15发送给A公司的胶带被退回来了，A公司称胶带不合格，A公司退货的负责人愤愤离去。张×未对该事件作任何表示和处理，开车离开了公司。

行为者的行为结果：未能及时、正确处理事件。

分析与解释：张×可能想在明天上班再来解决退货事件，但这可能带来公司员工的误工和公司经济、信用的损失。张×责任心不够强。

记录者：柯××

记录时间：2003/5/20

表6-8 关键事件记录表

行为者：黄× 行为发生时间：2003/5/20

地点：公司车间 观察者：柯××

事件发生过程及现象：5月15日发送给A公司的胶带被退回来了，A公司称胶带不合格，A公司退货的负责人愤愤离去。黄×拆开其中一箱胶带，立即进行研究和分析，工作至很晚，找出了产品不合格的原因。

行为者的行为结果：次日，黄×指导员工纠正了错误，维护了公司的信誉，并使公司的经济损失降到最小。

分析与解释：黄×考虑到自己的责任，同时预计到明天的工作安排与今晚的原因排查有关。黄×的责任心和工作计划性强。

记录者：柯××

记录时间：2003/5/20

二、行为锚定法

行为锚定法是建立在关键事件法基础之上的。设计行为锚定法的目的主要是通过建立与不同绩效水平相联系的行为锚定，来对绩效维度加以具体的界定。比如，宾馆的客房服务员每天打扫客房都必须按一定程序和行为规范进行，被子怎么叠，桌子怎么擦，卫生间如何保洁都规定得清清楚楚，绩效评价的标准也是明确不变的。只有完成了这些工作内容和程序就算达到绩效标准，少一道程序或有一项工作达不到要求，就要扣分或受到相应处罚。在麦当劳、肯德基这样一些连锁企业中，对员工行为绩效的评价也常常采取这种方法。

在设计行为锚定法之前，我们首先必须搜集大量的代表工作中的优秀和无效绩效的关键事件。然后再将这些关键事件划分为不同的绩效维度，哪些被认为能够清楚地代表某一特定绩效水平的关键事件将会被作为指导评价者的行为事例。管理者的任务就是根据每一个绩效维度来分别考察雇员的绩效，然后以行为锚定为指导来确定在每一绩效维度中的哪些关键事例是与雇员的情况最为相符的。这种评价就成为雇员在这一绩效维度上的得分。

行为锚定法优点之一是它可以通过提供一种精确、完整的绩效维度定义来提高评价者信度。缺点之一是它在信息回忆方面存在偏见——也就是说，那些与行为锚定最为近似的行为是最容易被回忆起来的。

表 6－9　行为锚定法量表样本

维度	锚	分值
工作量——员工每个工作日的工作量	有非常优异的生产记录	5 优秀 [　]
	很勤奋超额完成	4 良好 [　]
	工作量令人满意	3 一般 [　]
	刚好达到要求	2 较差 [　]
	没有达到最低要求	1 极差 [　]
可信赖程度——只需最少监督就能令人满意地完成指定工作	所需的监督是最低限度的	5 优秀 [　]
	需要很少的监督，是可以信赖的	4 良好 [　]
	通常在适当的督促下能完成规定的工作	3 一般 [　]
	有时需要督促	2 较差 [　]
	需要培训监督，不可信赖	1 极差 [　]
工作知识——员工为取得满意的工作绩效应该具备的确关工作任务的信息	已经完全掌握所有的工作阶段	5 优秀 [　]
	理解工作的所有的阶段	4 良好 [　]
	对工作任务有一定认识，能回答工作上的大多数问题	3 一般 [　]
	缺乏对工作某些阶段的认识	2 较差 [　]
	对工作任务认识不足	1 极差 [　]
出勤率——每天上班且遵守工作时间的守信性	总是正常及时地出勤，在需要时自愿加班	5 优秀 [　]
	非常及时地出勤，且很正常	4 良好 [　]
	基本正常出勤且准时	3 一般 [　]
	出勤散漫，有时工作准时，或两者兼而有之	2 较差 [　]
	经常缺勤且没有充分的理由，或者经常迟到，或兼而有之	1 极差 [　]
准确性——履行工作责任的正确度	所需监督是最低限度的，几乎总是准确的	5 优秀 [　]
	很少需要监督，多数时候是正确的、准确的	4 良好 [　]
	通常准确，只犯平均数量的错误	3 一般 [　]
	粗心，经常犯错误	2 较差 [　]
	屡屡犯错误	1 极差 [　]

表 6－10　某员工行为绩效考核结果

维度	分值	等级
工作量	4	良好
可依赖程度	4	良好
工作知识	3	一般
出勤率	5	优秀
准确性	4	良好

表 6－10 显示，某员工在工作量“锚”上得分为 4 分（即良好），在可信赖程度“锚”上得分为 4 分（良好），在工作知识的“锚”上得分为 3 分（即一般），在出勤率“锚”上得分为 5 分（优秀），在准确性“锚”上得分为 4 分（良好），那么该员工基本胜任本职工作，且工作态度较好，但是仍需进一步努力，提高其工作能力。

三、行为观察量表法

行为观察量表法是行为锚定法的一种变异形式。与行为锚定法一样，行为观察量表法也是从关键事件法发展而来的一种绩效评价方法。但是行为观察量表法与行为锚定法在两个基本方面却有所不同。首先，行为观察法并不剔除大量的非关键行为，相反，它采用了这些事件中的许多行为来更为具体地界定构成有效绩效（或者会被认为是无效绩效）的所有必要行为。比如说，行为观察量表法可能不是仅仅利用 4 种行为来界定在某一特定绩效维度上所划分出来的四种不同绩效水平，而是会用上 15 种行为。第二点不同是，行为观察量表法并不是要评价哪一种行为最好地反映了雇员的绩效，而是要求管理者对雇员在评价期内表现出来的每一种行为的频率进行评价。最后再将所得的评价结果进行平均之后得出总体的绩效评价等级。

行为观察量表法的主要缺点在于它所需要的信息可能会超出大多数管理者所能够加工或记忆的信息量。一个行为观察评价体系可能会涉及 80 或 80 种以上的行为，而管理者还必须记住每一位雇员在 6 个月或 12 个月这样长的评价期间之内所表现出的每一种行为的发生频率。对于一位雇员的绩效评价来说，这种工作已经够烦琐的了，更何况管理者通常要对 10 个或 10 个以上的雇员进行评价。

行为观察量表法在以下几个方面的优点是非常突出的：能够将高绩效者和低绩效者区分开来，能够维持客观性，便于提供反馈，便于确定培训需求，在管理者及其下属雇员中容易被使用。

A 公司对人力资源部经理克服改革阻力的能力进行评估的行为观察量表如表 6－11 所示。

表 6－11　A 公司行为观察量表（人力资源部经理克服改革阻力的能力）

克服改革阻力的能力（A）						
a. 向下属说明改革的细节						
从不	1	1	2	3	4	5 总是
b. 解释改革的必要性						
从不	1	2	3	4	5	总是
c. 与员工讨论改革对他们产生的影响						
从不	1	2	3	4	5	总是
d. 倾听员工所关心的问题						
从不	1	2	3	4	5	总是
e. 在推进改革的过程中寻求下属的帮助						
从不	1	2	3	4	5	总是
f. 如果需要，指定下一次会面的日期，并对员工关心的问题作出答复						
从不	1	2	3	4	5	总是
A 项分数由有关部门设定						

行为观察量表的典型例式见表 6－12，采用从不或几乎没有（0）到经常或几乎总是（5）六级量标来刻度被考核者的行为频度，可以分不同的行为维度进行考核，最后加总得分，高分表示该员工经常表现出组织所期望的行为。

表 6－12　行为观察量表典型例式

被考核者姓名__________　所属部门__________ 考核指标：医务人员工作可靠性	
指导语：依据下列行为频度评价员工工作绩效，并以所列总分标准给出总体评价	
行为频度标尺	总分评价标准
0——从不	5 分以下——极差
1——极少	5～10 分——较差
2——偶尔	11～15 分——尚可
3——有时	16～20 分——满意
4——经常	21～25 分——较好

续表

5——总是	26 分以上——很好
——对患者极具同情心，做到无微不至的关怀	
——细致周到地为每位患者提出全面的养老证明和信息反馈	
——能很快了解患者的病理和心理状态，并采取恰当的治疗行动	
——与医院职员保持开放的人际沟通关系	
——具有良好的团队合作精神，对相关工作人员都能采取积极配合行动	
——及时完成和超额完成有关医疗工作任务	

总得分：　　　　　　　　　　　　　　考核结论：

行为法一般适用于评估那些难以同工作结果直接挂钩或缺少度量标准的工作，如服务性工作或机关管理工作。它的优点是员工可以清晰地知道组织对他的期望和行为标准，并且可以与组织的战略和价值观体系联系在一起，具有明确的导向作用。它的主要缺点在于，第一，选择的行为评价标准常常是有限的，但影响绩效的行为因素可能很多，因此，选择什么样的行为作为评价标准才是有效的，对管理者来说往往是个困难因素。第二是这种方法假设存在一种完成工作的“最好办法”，并且构成这种最好办法的行为是可以确认出来的。但在现实中，这种最好的行为可能并不存在或有相当大的争议。第三是行为法虽然可以与组织的战略重点联系在一起的，但必须经常修正。但绩效评估系统却要求保持稳定，以免员工无所适从。因此，行为法可能最为适合不太复杂的工作，而不太适合那些比较复杂的工作。

360 度考核法

360 度考核法是一种从多角度进行的比较全面的绩效考核方法，也称全方位考核法或全面评价法。这种方法是选取与被考核者联系紧密的人来担任考核工作，包括上级、同事（以及外部客户）、下级和被考核者本人，用量化考核表对被考核者进行考核，采用五分制将考核结果记录，最后用坐标图来表示，以供分析。

360 度考核法的优点在于，能够使上级更好地了解下级，鼓励员工参与管理和管理自己的职业生涯，同时也促使上级帮助下属发展、培养责任心和改善团队合作状态。其缺点是花费时间太多，只适用于管理者。此外，这种

方法在我国受组织文化的影响非常大，可能会遇到保密性、同事之间的竞争、人际关系的影响、缺少发展机会等方面的困难。

360 度绩效评估实例。某网络公司领导岗位的 360 度评估表、总公司职能部门的 360 度评估表以及员工个人的 360 度评估表如表 6－13 至表 6－16 所示。

表 6－13　某网络公司领导干部 360 度评估表

姓　名	工作业绩			全局观念与协作精神			敬业精神			管理才能		
	互评	相关人员	自评	互评	相关人员	自评	互评	相关人员	自评	互评	相关人员	自评
张×（副总经理）	3.7	3.7	3.2	4.1	4.2	4.0	4.4	4.7	4.0	4.0	4.1	4.5
林××（副总经理）	3.3	3.3	3.8	3.5	3.6	4.0	4.0	4.3	4.5	3.4	3.7	4.0
何××（财务总监）	3.6	3.3	3.3	4.3	4.1	4.2	4.3	4.4	4.3	3.5	4.0	3.8
王××（销售总监）	4.2	4.2	4.1	4.5	4.3	4.3	4.2	4.6	4.5	3.3	3.7	3.7
李××（人事总监）	3.0	3.6	4.0	3.6	4.0	4.1	3.9	4.2	4.3	3.8	4.1	4.5

工作标准：5——优秀，4——良好，3——合格，2——有待提高，1——不合格

表 6－14　某网络公司职能部门正职 360 度评估表

姓名	工作业绩				敬业精神				全局观念与协作精神				管理才能			
	相关人员	直线领导	部门主管	自评	相关人员	直线领导	部门主管	自评	相关人员	直线领导	部门主管	自评	相关人员	直线领导	部门主管	自评
财务部吴××	4.0	3.5	4.1	4.0	4.2	4.5	4.5	4.0	4.5	4.0	4.3	4.1	4.0	3.0	3.8	4.0
人力资源部李××	3.3	3.0	3.4	3.6	3.6	4.0	3.8	3.8	3.8	3.0	3.6	3.2	3.3	3.0	3.1	3.3
资源调配部王××	4.1	3.5	4.0	4.3	4.2	4.0	4.3	4.0	4.2	3.9	3.7	3.7	3.9	3.0	3.4	3.6
技术支持部何××	3.8	4.0	3.0	4.0	4.1	4.0	3.7	3.8	3.9	4.0	3.6	3.7	3.8	3.7	3.0	3.6
前端开发部张××	4.4	4.0	3.7	3.8	3.8	4.1	4.0	4.0	4.1	4.1	3.8	4.0	4.0	3.7	3.0	3.0

工作标准：5——优秀，4——良好，3——合格，2——有待提高，1——不合格

表 6－15　某网络公司职能部门正职总评分分析

姓　名	自评分	相关人员评议	直线评议	经营班子评议	最后得分	最高得分与自评差距
A	4.0	4.2	3.88	4.18	4.03	0.03
B	4.25	3.48	3.25	3.48	3.36	－0.89
C	4.5	4.1	3.63	3.83	3.78	－0.72
D	4.75	3.98	3.75	3.43	3.7	－1.05
E	4.75	3.83	3.75	3.48	3.68	－1.07
F	4.0	3.68	3.0	3.68	3.34	0.66

表 6－16 某网络公司员工 360 度评估表

表 6－16　××考核表

主要工作任务	完成情况（B）				评分 A×B			
	本人	直线	分管	辅线	本人	直线	分管	辅线
1. 市邮电 SDH 网	4.2	4.0	3.8	3.2	4.1	4.0	3.8	3.8
2. 省宽带网回款事宜	4.2	3.8	3.8	3.2	4.0	4.0	3.6	3.6
3. 省通信公司回款	4.1	3.2	3.2	3.2	3.8	3.8	3.8	3.8
4. 省宽带网扩容及介入	4.2	3.2	3.1	3.1	3.6	3.8	3.8	3.8
5. 省中国电信财务结算	4.2	3.0	3.0	3.0	3.1	3.0	3.0	3.0
6. 其他	4.2	3.2	3.0	3.0	3.0	3.0	3.0	3.0

工作标准	个人评估	直线主管	分管领导	辅线主管
工作质量——任务完成正确及时、节约费用	5（3）21	5（4）321	5（4）321	5（3）21
工作数量——任务的工作量	（5）4321	5（4）321	5（3）21	5（4）321
工作创新、改善——积极采用新思路、新方法以达到工作目标	（5）4321	5（4）321	5（3）21	5（3）21
责任心和工作态度——确保完成工作任务的精神，勇于承担工作中的责任	（5）4321	5（4）321	5（4）321	5（3）21
主动性——工作充满自觉性，主动承担本职外的任务	（5）4321	5（4）321	5（3）21	5（3）21
协调沟通——与同事、上下级协调配合共同完成工作任务	5（4）321	5（4）321	5（4）321	5（3）21
纪律性——正确理解各项规章制度和工作流程并自觉遵守	（5）4321	5（4）321	5（4）321	5（4）321
自我开发——努力提高工作技能，向较高目标挑战的态度	（5）4321	5（4）321	5（3）21	5（3）21

工作标准：5——优秀，4——良好，3——合格，2——有待提高，1——不合格

根据表 6－13、表 6－14、表 6－15、表 6－16，领导可以获得关于经营

班子工作情况、职能部门工作情况、个人自我评估与来自其他维度评估的差异等大量的信息。这些信息可以提供给领导作为晋升、薪酬、激励、奖金、培训、任用等重要决策的参考。

KPI 和 BSC 简介

一、KPI

KPI 即关键绩效指标。KPI 是通过对组织运作过程的关键成功因素进行开发、分析、提炼和归纳，用以衡量绩效的一种目标式量化管理指标。KPI 与一般绩效指标相比，把个人和部门的目标与公司整个的成败联系起来，因此更具长远的战略意义。

确定有效的 KPI 需要遵循 SMART 原则，即 KPI 必须是具体的、切中目标的、随环境而变化的；必须是可测量的、量化或行为化的、数据是可获得的；必须是可实现的、只要付出努力便能达成的；必须是现实的、可观察、而不是假设的；还必须是有时限的。

运用 KPI 进行绩效管理日益盛行，因为 KPI 来自于对企业总体战略目标的分解，反映最能有效影响企业价值创造的关键驱动因素，从而使管理者将精力集中在对绩效有最大驱动力的活动上；而且用 KPI 作为绩效指标使绩效管理更容易量化，绩效结果更容易衡量。

KPI 通过对公司战略的解读，将公司使命与愿景转换成一组目标，再由目标提炼出若干关键成功要素，然后将要素转换为一系列可量化的 KPI。

二、BSC（平衡计分卡）

BSC 即平衡计分卡。自商业组织存在以来，传统的评价方法一直是财务性评价。然而，当我们进入 21 世纪的时候，只注重财务指标所导致的对短期结果的过分关注，常以牺牲企业的长期价值为代价，这种做法已越来越不适应当今的经营环境，不利于组织的长远发展。我们需要的是一种可以平衡财务指标的精确性、完整性和未来绩效动因的方法。平衡计分卡就这样应运而生了。

1992 年，哈佛大学的罗伯特·卡普兰和复兴方案有限公司的 CEO 戴维·诺顿共同开发了平衡计分卡。最初，平衡计分卡被设计为一个能够将历史财务数据的精确性与未来绩效动因相结合，同时又有助于企业实施差别化战略的绩效评价系统，是根据企业的战略要求而精心设计的指标体系。平衡计分卡模式如图6－1所示。

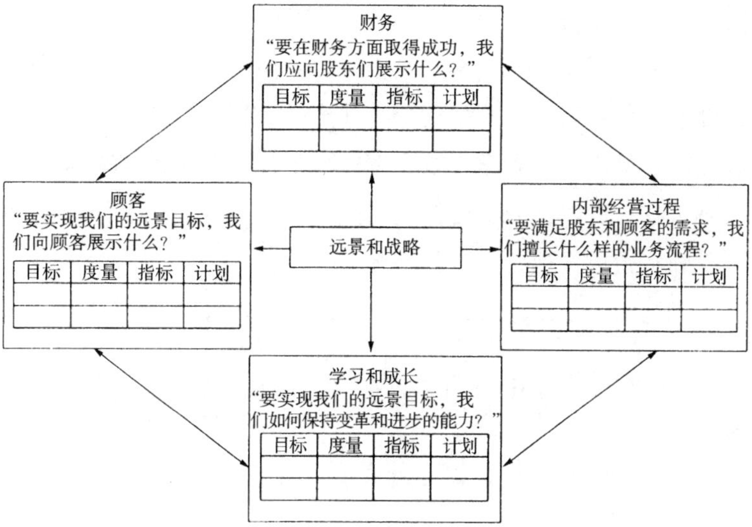

图6－1　平衡计分卡模式

可见，平衡计分卡从财务、顾客、内部流程、学习和成长4个维度确立了一个绩效评价体系，从而构成了内部与外部的平衡、数量与质量的平衡、结果与动机的平衡、短期目标与长期目标的平衡。

下面以一家制造企业的平衡计分卡为例。

1. 财务方面，主要指企业的财务绩效。

目标：企业经营要保证企业的生存、成功和持续的繁荣。关键绩效指标：现金流、销售收入及增长率、利润及增长率、市场份额提升率、投资回报率等。

2. 顾客方面，主要指顾客对企业产品及服务的满意度。

目标：为顾客提供满意的产品和服务，保证灵敏供应，成为顾客首选的供应商。

关键绩效指标：交货准时率、顾客投诉率、大客户购买占销售收入比例、新客户购买占销售收入比例、顾客满意率等。

3. 业务流程，主要指企业的运营效率。

目标：优化流程，改进管理，提高效率，成为本行业的卓越企业。

关键绩效指标：产量、质量、生产周期、交货周期、单位成本、原材料使用效率、工程效率、计划达成率、库存周转率、人均生产率、安全生产率。

4. 学习与成长，主要指企业通过学习和创新不断提升其竞争能力。

目标：创建学习型组织，提升员工能力，保持技术和产品的领先地位。

关键绩效指标：新产品开发周期、新产品销售占总销售收入的比例、开发费用投入率、员工培训和学习投入率、员工技能考评提升率等。

发展到现在，平衡计分卡已演化为企业组织充分利用其潜能的一种战略性管理系统和有力的沟通工具，如图 6－2 所示。

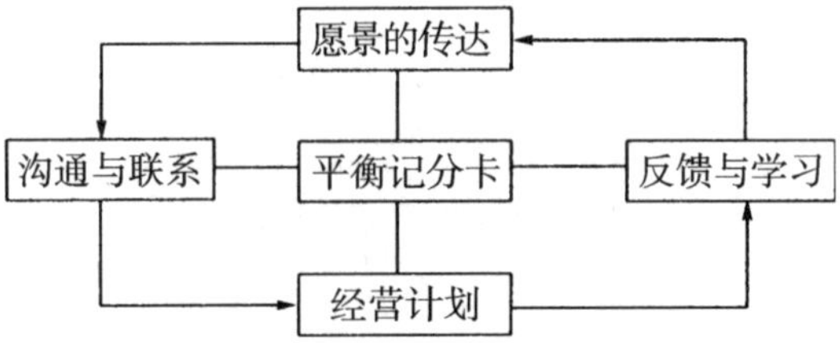

图 6－2　以平衡计分卡为中心的战略管理

通过将绩效管理和战略实施相结合，平衡计分卡帮助组织克服了两个基本问题：有效地评价企业组织的绩效和成功实施战略。

绩效考核流程

绩效考核的流程通常按照制订考核计划、建立考核标准、选拔考核人员、分配考核责任、收集信息资料、考核分析评价、考核结果反馈、考核结果运用 8 个环节进行。

制订考核计划

为了保证绩效考核顺利进行，人力资源部门应当事先制订考核工作计划。

1. 明确考核的目的和对象。不同的考核目的，有不同的考核对象。例如，为评职称而进行考核，对象是专业技术人员；而评选先进、决定提薪奖励的考核，则往往在全体员工的范围中进行。

2. 选择考核内容和方法。根据不同的考核目的和对象，重点考核的内容

也不同。例如，为发放奖金，应以考核绩效为主，着眼点是当前行为；而提升职务，既要考核成绩，更要注意品德及能力，重点是发展潜力。考核的方法与考核的内容是相互关联的。根据不同的考核内容确定有效的考核方法。

3. 要根据不同的考核目的、对象和内容，确定考核时间。例如，思想品德及工作能力是不会迅速改变的，因此，考核间隔期可长一些，一般是一年一次；工作态度及工作业绩则变化较快，间隔期应短些，生产、销售人员的勤、绩可每月考核，而专业技术人员、管理人员一年一次考核为好。

建立考核标准

考核标准，是进行考核的准则和尺度。

一、类型

考核标准的类型主要包括：

1. 定性标准和定量标准

定性标准，是指以文字、评语为主的标准；定量标准，是指以数字分数为主的标准。

定量标准通常包括计分、加权和误差调整 3 个因素。计分，就是指根据每一等级相应的分数，采用一定的数学方法计算得分；加权，就是指根据要素的重要性程度给予一定的相对权数或绝对权数；误差调整，就是指对测量过程中可能出现的随机误差或系统误差进行矫正。

常用的一种定量标准方法是百分比系数法。百分比系数法是将各要素的分值用该要素在总分中占的百分比系数相乘的方法。通常将人员的素质结构、智力结构、能力结构、绩效结构的总分用百分制表示，其中每个要素也以百分制进行评定。

具体流程如下：

第一步，测定各要素的初步得分，即测定初步得分。

第二步，计算要素得分，将测出的各要素初步得分同该要素在结构分中所占的百分比系数相乘，即为要素得分。

第三步，计算结构初步得分：同一结构中各要素得分相加。

第四步，计算结构得分：结构初步得分与该结构在总分中所占的百分比系数相乘，即为结构得分。

各结构得分的公式是：

$$P_i = \sum_{i=1}^{n} P_{ij} X_{ij}$$

$$\sum_{i=1}^{n} X_{ij} = 100\%$$

式中：$P_{ij}X_{ij}$，表示各要素得分；

P_{ij}表示各要素初步得分；

X_{ij}表示各要素在结构中的百分比系数。

同理，总体得分的公式是：

$$F = \sum_{i=1}^{4} P_i X_i$$

$$\sum_{i=1}^{4} X_i = 100\%$$

式中：P_iX_i 表示各结构得分；

P_i 表示各结构初步得分；

X_i 表示各结构在总分中的百分比系数。

2. 主观标准和客观标准

主观标准，是指以个人主观判断为主的标准；客观标准，是指以客观观察和描述为主的标准。

3. 绝对标准和相对标准

绝对标准，是指不论考核的目的、内容、对象、时间等，都采取统一的标准；相对标准，是指根据不同的考核目的、内容、时间等，采用不同的标准。

二、原则

建立考核标准必须遵循以下原则：

1. 标准针对于工作而非工作者。考核标准表明员工完成工作令人满意的程度是什么，因此，应当根据工作本身来制定考核标准，而不应针对每个工作者各制定一套标准。这里需注意的是，标准和目标是不同的。工作目标可以针对人的不同情况来设定，但考核标准则只能因工作而设。

2. 考核标准是可以达到的。考核标准应具有一定的难度和挑战性，员工经过一定努力可以达到。

3. 考核标准要公开。在考核前，管理人员和一般员工都应该对考核标准非常了解。

4. 考核标准是经过协商确定的。管理人员应当与员工一起协商确定考核标准，对标准达成共识。

5. 考核标准应当明确、具体和可衡量。最好采用定量标准，有利于衡量、比较和控制。

6. 考核标准应有时间限制，即明确规定标准的适用期。

7. 考核标准必须有意义，有助于实现组织目标。

8. 考核标准具有可变性，能够不断修订和改进。

三、实例

1. 表 6－17 列举了对于不同考核要素的定性标准。

表 6－17 不同考核要素的定性标准

考核内容	考核要素	定性标准
工作绩效	工作数量	以责任制规定的标准为依据
	工作质量	以责任制规定的标准为依据
	工作效率	以责任制规定的标准为依据
	工作效益	以责任制规定的标准为依据
工作能力	业务知识水平	能系统全面掌握本职工作的业务知识，对现代科学管理知识和自然、社会科学知识有较多的了解
	综合分析能力	思维敏捷，接受新事物快，考虑问题周全细致，善于全面地分析问题，逻辑性强，准确性高
	自学能力	自学能力强，能广泛而迅速地获取新知识
工作能力	口头表达能力	口头表达能力强，重点突出，条理清晰，说理透彻，语言生动简练，有较强的演讲和号召能力
	文字表达能力	文章结构严谨，文字简洁，生动流畅，质量高，速度快，能起草本职业务工作文件
	组织协调能力	工作计划性强，能知人善任，调动各方面积极性创新能力
	创新能力	创新能力强，锐意求新，开拓进取，有独特的思路，能提出较高质量的改革建议
	决策能力	有战略眼光，能正确地确定目标，选出最佳方案。对重大、复杂的问题能做出正确决策
	人际关系能力	能听取各方面的正确意见，严于律己，宽以待人，富有合作精神
	工作经验	工作经验丰富，能运用经验来指导工作
工作态度	事业心	有理想、有抱负、热爱工作，富有敬业精神
	责任心	工作认真负责，一丝不苟，勇于承担责任
	服务精神	深入群众，帮助他人解决问题，助人为乐
	出勤率	按时出勤，病、事假不超过政策规定的期限

2. 表6－18是某公司制定的考核管理人员的定性标准。

表6－18　考核管理人员的定性标准

结构	要素＼标准	内容	优	良	中	差
素质结构	思想素质	理论联系实际；深入群众和现场；对人对己一分为二	能够理论联系实际；主动深入；严于律己	能运用；能深入；有自知之明，能正确待人	有差距；不主动；对人对己有偏见	轻视理论或实践；不愿深入；自以为是
	品德素质	团结协作；谦虚求实；如实反映情况	主动；虚心好学；实事求是	愿学；一般	勉强；不够如实	骄傲自满；欺上瞒下，见风使舵
	责任心	守职尽责；敢挑重担；关心集体	非常尽职；主动承担；主动关心	相当尽职；愿意承担；能关心	不太尽职；勉强承担；不太关心	敷衍职责；推卸回避；漠不关心
	劳动态度	劳动纪律；服从调配	自觉维护；愉快服从	能维护；遵守	偶有违反；讨价还价	经常违反；强制服从
智力结构	学识水平	理论修养；专业知识；知识面	较深；能适当发挥；广博	较好；能适当运用；较广	有一些；尚能适立；一般	无；不适当；狭窄
	观察想象力	周密性；敏感性；预见性	全面深入；反应灵敏；正确	较全面；反应一般；较正确	有偏见；反应迟钝；有偏差	主观片面；麻木不仁
	判断分析力	辨别能力；准确性；反应敏锐性	精明；符合实际；敏捷活跃	较精明；基本符合实际；较敏锐	较模糊；有时脱离实际；较迟钝	模糊；脱离实际；迟钝
能力结构	体质状况	坚持工作的能力；慢性疾病	出全勤、能守职	少缺勤，能守职；有症状	缺勤	
	专业能力	本职经验；运用经验；善于总结	丰富；善于；能	有经验；能；较能	较少；不熟练；一般不总结	无；不会；不总结
	处事能力	原则性；灵活性	强；能审时度	较强；较灵活	较差；墨守成规	差；死板
	组织能力	归纳性；自理性	较强；清楚；用人之长、唯贤	有；较清楚；较适应	较弱；较紊乱；时有不当	差；紊乱；不当
	创造能力	创造性	善于创新，常有新想法和改革设想并成为本部门或本企业的创新实干家	尚能创新，但新思想和见解不多	趋向安于现状	因循守旧
	口头表达能力		熟练、准确、生动	一般	较差	词不达意
	效果	工作效率；技术成果；经济效果；群众威信	高；多；好；强	较高；较多；较好；较强	较低；较少；较差；很差	差；无

选拔考核人员

选拔考核人员是关系考核成败的大事。在选择考核人员时，应考虑两方面的因素：其一，能够全方位地对员工的工作表现进行观察；其二，有助于消除或者减小个人偏见。在挑选考核人员时，按照上述两方面因素要求，通常考虑下面的人选：

一、直接主管

员工的直接主管对于员工日常的工作表现能够全面了解，因此他们通常是最好的考核人员。但直接主管可能会因他们的个人偏见、与员工的矛盾或者私交等，影响评价的客观性。

二、高层管理者

在不少组织的考核工作中，由一名高级管理者对员工直接主管的考核进行检查和补充，这可以抵消某些直接主管的偏见。

三、相关部门管理者

员工有时要接受几个部门的管理，例如，车间会计核算人员既受车间主任的领导，也受财务部的领导。因此，有时需要将几个与员工联系密切的部门管理者组成一个考核小组，对员工进行考核。这种考核有助于消除个人考核偏见，如果采用小组会议的形式，还可以增加考核的信息量。

四、同事

同事的评价是对上述考核的补充。作为员工的同事，他们与被考核者朝夕相处，因此，同事评价具有较高的信度。需要注意的是，同事之间的友情、敌意等因素常常影响到他们的评价，而且容易在员工之间造成利益的冲突，影响考核的效果。

五、下级人员

在考核工作中，可以组织被考核者的下属员工来评价他们的等级，考核其在信息沟通、工作任务委派、资源配置、信息传递、协调下属矛盾、公正地处理与员工之间关系等方面的能力。下属评价要与其他评价的信息结合使用。

六、自我考核

自我考核可以使员工对自己的工作行为及时进行控制。首先，员工寻找各自存在的问题，并制定有针对性的解决问题的措施。第二，制定某一阶段的目标，这些目标要与个人的每日计划相联系，以达到实现目标的功用。第

三，采取一系列能够实现的措施，对自己进行督促，保证工作目标的实现。自我评价可以提供有效的信息。在组织员工进行自我绩效评价时，应注意对员工正确的自我评价进行激励。让员工按照相对标准（如平均以下、平均、平均以上）而不是绝对标准（如优秀、××分、不合格等）来评价。对员工进行绩效反馈。对评定结果保密，直到自我评价结果的偏差得到解决。

七、客户

对与组织外部的客户和社会公众大量接触的服务性职务，客户的评价十分重要。虽然评价的结果往往是不十分全面的，但也有一定的参考价值。

八、专家

外部人力资源考核、测评专家考核，具有专业水平高、客观公正的优点，但也有费用高、时间不能保证和了解情况较片面的缺点。

分配考核责任

考核不仅仅是人力资源管理部门的工作。表6－19列举了各考核参与者及其在考核工作中的主要职责。

表6－19　各考核参与者及其在考核中的主要职责

参与者	主要职责
考核者	·及时完成考核活动 ·调配整个考核过程所需的时间 ·鼓励职业性的讨论活动 ·鼓励联合行动 ·学习考核体系与考核技能
被考核者	·为自己的职业承担责任 ·自我考核 ·为考核者提供有效信息 ·学习考核体系与考核技能
最高管理者	·调控考核体系 ·对考核者的绩效提供报偿 ·塑造良好的行为与方法
人力资源管理部门	·设计、试验、改进和完善考核制度，并向有关直线部门建议推广 ·在本部门内部实施既定考核制度 ·宣传既定考核制度的意义、目的、方法与要求 ·督促、检查、帮助本企业各部门贯彻考核制度，培训考核人员 ·收集反馈信息，包括存在的问题、难处、批评和建议，记录和积累有关资料，提出改进措施和方案 ·根据考核结果，制定相应的人力资源规划和人力资源管理决策

收集资料信息

考核是一项长期的、连续的工作，作为考核基础的信息，必须做到真实、可靠、有效。收集资料信息要建立一套与考核指标体系有关的制度，并采取各种有效的方法来达到。以生产企业为例，成套的收集信息的方法有：

1. 生产记录法。对生产、加工、销售、运输、服务的数量、质量、成本等数据填写原始记录和统计。

2. 定期抽查法。定期抽查生产、服务、管理工作的数量、质量，以代表整个期间的情况。

3. 考勤记录法。对出勤、缺勤及原因进行记录。

4. 项目评定法。采用问卷调查形式对员工逐项评定。

5. 减分抽查法。按职务（岗位）要求规定应遵守的项目，制定出违反规定扣分的办法并进行登记。

6. 关键事件法。对优秀行为或不良行为以及特别好或特别不好的事例进行记录。

7. 指导记录法。不仅记录员工的关键事件，而且将上下级的反应也记录下来。

分析评价

考核分析评价是对员工个人做出综合性的评价结果。分析评价一般是由定性到定量再到定性的过程，其过程具体为：

一、确定单项的等级和分值

确定等级，是对单一考核项目的量化。一般来说，对员工某一个评价项目评定等级划分，常用的有 10 等级、9 等级、7 等级、5 等级 4 种。例如，5 等级法可以分为：优、良、中、及格和不及格。在划分等级后，还要赋予不同等级以不同的数值，作为考核评价的数量依据。见表 6－20。

为了能把不同性质的项目综合在一起，就必须对每个考核项目进行量化，即赋予不同考核等级以不同数值，用以反映实际特征。

赋值方法有不同种类，以最常见的 5 等级为例，可以把优等定为 10 分，良好定为 8 分，合格定为 6 分，稍差定为 4 分，不合格定为 2 分。这里以 5 等级为例，见表 6－21。

表 6－20　五等级划分法

	优秀	良好	合格	较差	不合格
表现	非常出色	比组织期望的水平高	达到组织期望的基本要求	比组织期望水平低，但不妨碍业务	水平低，已妨碍业务
以出勤为例	全年无迟到	个别月份有过迟到	偶尔迟到，平均每月不超过 1 次	迟到较多，每月迟到 2～3 次	迟到频繁，每月 4 次以上
以业绩为例	完成业绩 120% 以上	完成业绩 120%～100% 之间	完成业绩	未完成业绩任务，但在 80% 以上	完成业绩不足 80%

表 6－21　五等级考核的赋值法

等级	优	良	合格	稍差	不合格
单向等差赋值	54	3	2	1	
单向等差赋值	10	6	6	2	
单向非等差赋值	10	6	3	1	0
双向对称赋值	4	2	0	－2	－4
累进对称赋值	3	1	0	－1	－3
不对称非等差赋值	2	1	0	－2	－4

二、对同一项目各考核来源的结果综合

通常同一项目由若干人对某一员工进行考核，所得出的结果是不相同的。为综合这些考核意见，可采用算术平均法或加权平均法。如假定上级评定 5 分，下级评定为 2 分，相关的两个部门评定为 2 分与 3 分，按算术平均综合，其工作能力得分为（5＋2＋2＋3）÷4＝3（分）。

若考虑到上级意见更为重要，权数为 2，相关部门权数为 1.5，下级权数为 1，则加权平均综合为（5×2＋2×1＋2×1.5＋3×1.5）÷5＝3.9（分），结论就与前有所不同。

三、对不同项目考核结果的综合

评价一个人的能力时，要将其知识、学历、判断能力、交际能力等综合起来考虑。这时需要根据考核的主要目的确定各考核项目的权数值。如表 6－22 所示。

表 6－22　推荐提薪晋级因素权数表

单位:%

因素	具体项目	管理层	中间指导层	操作层
成绩	工作质量	30	20	25
	工作数量	20	10	35
	小计	50	30	60
态度	纪律性	—	8	5
	协作性	—	8	5
	积极性	10	12	5
	责任性	10	12	5
	小计	20	40	20
能力	工作知识技能	4	10	
	判断分析能力	6	5	10
	人际关系能力	5	5	–
	领导能力	5	5	–
	决策能力	10	7	–
	小计	30	30	20
合计		100	100	100

考核结果反馈

绩效反馈指在绩效周期结束时，在管理者和员工之间进行绩效考核面谈，使员工充分了解和接受绩效考核的结果，并由管理者指导员工如何改进绩效的过程。通过反馈，员工知道主管的评价和期望，从而根据要求不断提高；通过反馈，使主管了解员工的业绩和要求，有的放矢地进行指导和激励。

考核结果反馈形式——面谈。对绩效考核的结果，应当通过谈话的方式向每一个被考核的员工进行反馈，这一过程包括：绩效考核面谈准备；绩效考核面谈的实施；绩效面谈的结果——员工绩效改进计划；帮助员工实现绩效改进计划。

表 6－23　某公司考核面谈记录表

××公司年度绩效考核面谈记录表	
考核面谈对象： 职务：	日期： 部门
一、绩效面谈	
（列出过去一年的工作计划目标） 运营目标： 下属发展目标： 本人发展目标：	（根据工作计划目标考核工作包括任何影响目标达成的个人外在因素）总体绩效评分：
二、绩效发展：	
学习需要（概括改进工作绩效所必须发展的知识、技能和行为）	
行动计划（概括双方同意或提议的行动以满足上述学习需要，例如培训课程和内容等，并指出哪些行动需得到高级管理层的批准。请注明期限）	
工作发展期望（根据面谈对象在面谈中所表述的，列出面谈对象自己的工作发展期望）	
直接主管的评述（包括对下属工作发展期望的现实性评论，以工作发展期望中可能增加的责任或变化的承受能力和局限性为依据）	
面谈对象的评述（综合考虑上述所有部分）	
签名 面谈对象：　　直接主管：　　主管的上级经理：	

考核结果运用

考核的根本目的在于对考核结果进行分析，并采取有效应对措施。因此，考核过程结束后，要及时分析考核结果为组织管理提供的大量有用的信息，并对此加以有效运用。主要的应用范围包括：向员工反馈考核结果，帮助员工改进绩效；为任用、晋级、提薪、奖励等人力资源管理措施提供依据；检查企业管理各项政策，如检查企业在人员配置、员工培训等方面是否有成效等。

绩效考核中的问题及其处理

考核过程中常见的问题

导致绩效考核误差的问题可以分为两类：一类与考核标准、内容和形式有关，一类与主考人有关。

一、考核标准、内容和形式方面的问题

1. 考核标准不明确

当考核项目设置不严谨、考核标准说明含糊不清时，人们打分时必然有一定的任意度，这会导致考核评价的不正确。比如主管人员可能会对“好”、“中”等绩效标准做出非常不同的解释。对手“工作质量”和“首创性”这些要素，不同的评价者也同样会产生意义相差很大的理解。当然，可以找到一些方法来对上述不足进行修正。其中最好的一种办法是用一些描述性的语言对绩效考核要素加以界定。

2. 考核内容不完整

在考核体系中，如果考核内容不够完整，尤其是关键绩效指标有缺失，不能涵盖主要内容。同时，考核内容、项目设定以及权重设置等方面表现出无相关性，随意性突出，常常仅仅体现长官意志和个人好恶，且绩效考核体系又缺乏严肃性，任意更改，难以保证政策上的连续一致性。这样，自然不能正确评价人的真实工作绩效。

3. 不知道为什么要考核

考核目的不明确，有时甚至是为了考核而考核，企业考核方和被考核方都未能充分清楚地了解绩效考核只是一种管理手段，本身并非是管理的目的。

4. 考核方式单一

要想科学全面地评价一位员工，往往需要以多视角来观察和判断，考核者一般应该包括考核者的上级、同事下属、被考核者本人以及客户等，从而得出相对客观、全面精确的考核意见。

5. 员工对绩效考核体系缺乏理解

有的企业在制定和实施一套新的绩效体系时，不重视和员工进行及时、

细致、有效的沟通，员工对绩效考核体系的管理思想和行为导向不明晰，常常产生各种曲解和敌意，并对所实施的绩效体系的科学性、实用性、有效性和客观公平性表现出强烈的质疑，对体系的认识产生心理上和操作上的扭曲。

6. 考核过程形式化

很多企业已经制定和实施了完备的绩效考核工作，但是每位员工内心都认为绩效考核只是一种形式而已的消极判断，没有人真正对绩效考核结果进行认真客观地分析，没有真正利用绩效考核过程和考核结果来帮助员工在绩效、行为、能力、责任等多方面得到切实地提高。

7. 考核结果无反馈

考核结果无反馈的表现形式一般分为两种：一种是考核者主观上和客观上不愿将考核结果及其对考核结果的解释反馈给被考核者，考核行为成为一种暗箱操作，被考核者无从知道考核者对自己哪些方面感到满意，而自己哪些方面需要改进。出现这种情况往往是考核者担心反馈会引起下属的不满，在将来的工作中采取不合作或敌对的工作态度，也有可能是绩效考核结果本身无令人信服的事实依托，仅凭考核者意志得出结论，如进行反馈势必引起巨大争议；第二种绩效考核无反馈形式是指考核者无意识或无能力将考核结果反馈给被考核者，这种情况出现往往是由于考核者本人未能真正了解人力资源绩效考核的意义与目的，加上缺乏良好的沟通能力和民主的企业文化，使得考核者没有进行反馈绩效考核结果的能力和勇气。

8. 考核资源的浪费

企业在实施绩效考核中，通过对各种资料、相关信息的收集、分析、判断和评价，会产生各种中间考核资源和最终考核信息资源，这些信息资源本可以充分运用到人事决策、员工的职业发展、培训、薪酬管理以及人事研究等多项工作中去，但目前很多企业对绩效考核信息资源的利用出现两种极端，一种是根本不用，白白造成宝贵的绩效信息资源的巨大浪费；另一种则是管理人员滥用考核资源，凭借考核结果对员工施行严厉惩罚，绩效考核信息成为威慑员工的帮凶，而不是利用考核信息资源来激励、引导、帮助和鼓励员工改进绩效、端正态度、提高能力。

9. 考核方法选择不当

绩效考核方法有很多，这些方法各有千秋，有的方法适用于将业绩考核

结果用于职工奖金的分配，但可能难以指导被考核者识别工作上的欠缺；而有的方法可能非常适合利用业绩考核结果来指导企业制定培训计划，但却不适合于平衡各方利益相关者。

二、主考人方面的问题

1. 晕轮效应

晕轮效应也称“光环效应”，是指在考察员工业绩时，由于只重视一些突出的特征而掩盖了被考核人的其他重要内容，因而往往影响考核结果正确性的现象。例如，如重视营销人员的服务态度好坏而忽视其销售额。

2. 偏松或偏紧倾向

偏松或偏紧倾向包括“宽松”和“严格”两个方面。宽松倾向指考核中所做的评价过高，严格倾向指考核中所做的评价过低，即有些主管人员倾向于从来都对下属员工的工作绩效做较高的评价，而另外一些人却倾向于总是给员工较低的评价。这两类考核误差的原因，主要是缺乏明确、严格、一致的判断标准。

3. 居中趋势

居中趋势也称调和倾向或平均倾向，是指大多数员工的考核得分都居于“平均水平”，并往往是中等或良好水平。实际上这种中庸的态度，很少能在员工中赢得好感，反而会起“奖懒罚勤”的副作用。

4. 近因效应

近因效应是考核者只看到考核期末一小段时间内的情况，而对整个评估期间的工作表现缺乏了解和记录，以“近”代“全”，使考核评估结果不能反映整个评估期内员工绩效表现的合理结果。产生这种情况的原因，通常是因为考核者对被考核者近期表现印象深刻，或者被考核者在临近评价时有意表现自己以留下较佳印象所致。

5. 首因效应

首因效应是指考核者首次相遇所获“第一印象”最深。当被考核者的情况与考核者的“第一印象”有较大差距时，考核者就可能存在首因效应而产生偏见，在一定程度上影响考核得分。

6. 个人好恶

凭个人好恶判断是非，是绝大多数人难以察觉的弱点，甚至是人的一种本能。采用基于事实（如工作记录）的客观考核方法，由多人组成考核小组进行考核，有助于减少个人好恶所导致的考核误差。

7. 成见效应

成见效应也称定型作用，是指考核者由于因经验、教育、世界观、个人背景以至人际关系等因素而形成的固定思维，对考核评价结果产生刻板化的影响，通俗的说法是“偏见”、“顽固”等。例如，考核者容易对老乡、同学等产生认同，自觉和不自觉地给予好评。

三、考核申诉问题及处理

当发生以卜情况时，有可能引发考核申诉：其一，被考核员工对考核结果不满，或者认为考核者在评价标准的掌握上不公正；其二，员工认为对考核结果的运用不当、有失公平。

无论问题出现在哪里，组织都应该对员工的考核申诉进行认真的了解分析并进行正确、合理的处理。因为通过对考核结果的处理，有助于改进组织中存在的一些问题，从而提高组织的绩效。

1. 尊重员工的申诉

在处理考核申诉的过程中，要尊重员工的个人意见，要求考核申诉处理机构认真分析员工所提出的问题，找出问题发生的原因。

2. 把处理考核申诉作为互动互进过程

当员工提出考核申诉时，组织应当把它当作一个完善绩效管理体系、促进员工提高绩效的机会，而不要简单地认为员工申诉是“一些小问题”，甚至认为是员工在“闹意见”。

3. 注重处理结果

在处理考核申诉的问题上，应当把申诉者信服的处理结果告诉员工，并要注意处理结果的合理性。

建立有效的绩效考核体系的措施

为了减少绩效评价中的偏差，提供考核过程和结果的正确性，需要采取以下措施：

一、采用客观性考核标准

在绩效考核中，要尽量采用客观性的考核标准。需要注意的是，一些主观性较强的品质因素（如主动性、热情、忠诚和合作精神等）虽然很重要，但它们难于界定和计量，容易产生歧义，在评价时应当尽量少采用。

二、选择合适的考核方法

根据考核的内容和对象选择不同的考核方法，使该方法在该次考核中具有较高的信度和效度，能公平地区分工作表现不同的员工。

三、由了解情况者进行考核

一般情况下，绩效考核的主要责任人应该是员工的直线经理。直线经理在观察员工的工作绩效方面处在最有利的位置，而且这也是他应该承担的管理责任。但是，直线经理不可能全部了解下属的所有工作。因此，考核者还应当包括考核对象的同事、下属和被考核者本人。

四、培训合格的考核工作人员

对考核者进行培训，是提高考核科学性的重要手段。通过培训，有助于减少考核者方面引起的误差问题、特别是晕轮效应、宽严倾向和集中倾向等误差。

五、以事实材料为依据

在考核工作中，每一项考核的结果都必须以充分的事实材料为依据，如要用具体事例作为评分的理由。这可以避免凭主观印象、晕轮效应和成见效应等所产生的问题。

六、公开考核过程和考核结果

绩效考核必须公开，这不仅仅是考核工作民主化的反映，也是组织管理科学化的客观要求。

七、进行考核面谈

向员工反馈绩效信息的面谈既是一种机会也可能是一种风险。在这样的谈话中，管理者主要关注的是如何既强调员工工作表现中的积极性方面，同时就员工应如何进行改进深入讨论。

八、设置考核申诉程序

要设立一定的程序，处理员工因认为对其评价结果不正确和不公平所提出的申诉，以从制度上促进绩效考核工作的合理化。处理考核申诉一般是由人力资源部门负责。

九、完善制度、转变观念

在探讨建立有效的绩效考核体系的措施时，应该认识到一个组织的制度和观念也会对绩效考核效果产生影响。考核评估的方法（技术）是可以移植的，但制度和观念很难移植。要提高绩效考核的有效性，首先要从制度设计、转变观念做起。

某公司的绩效考核

一、某公司绩效考核操作方式和过程

（一）每月初由各个部门制定本部门月度工作计划，计划落实到每个员工，主管领导签字认可后生效。该计划包括：工作事项、月进度目标、完成时间、责任人，实际完成情况等。

（二）每月月末，部门负责人填写月计划表中“实际完成情况”栏，部门员工按照实际完成工作量填写“员工月考绩评分表”，并按得分标准自评，部门负责人在根据实际情况评分。

（三）由公司领导组成了考核小组召开考核会议，各部门负责人在会上陈述当月工作完成情况，由主管领导先进行评定并提出建议，再由考核小组集体议定最终分值，这就是该部门该月的部门分值。员工的月度考核是基于部门考核分值，由其主管领导及部门经理考核。主管领导及部门经理的当月分数比照部门分值产生。主管领导的月考核分值由其所主管部门的综合分数平均产生。每个员工年度收入的75%与考核挂钩。

（四）年终，由员工填写“员工考核表”，并总结一年工作，部门经理和主管对其进行综合评价，并将结果通告本人，员工对考核结果如有异议可以向部门经理直至考核小组提出申诉。

（五）对于部门主管以上领导干部，年终由主管领导召集其下属员工开会共同听取其述职报告，再由员工及上级领导根据其一年来的表现填写“年度领导干部考核评议表”汇总后将分数按“领导、同级、下属”分别权重：2：3：5的比例加权平均得出总分。

部门月考核总分＝主管领导评分×30%＋考核组长评分×20%＋考核小组其他成员平均分×50%

干部年度考核综合分＝月度考绩平均分×50%＋同级、下级及协调部门评议分×30%＋上级评分×20%

（六）全体员工共分4组分别计分排序：普通员工、主管级干部、部门经理、高层领导。每组按考核结果分五个等级，每一等级各占一定比例，如下表所示。

等级	A	B	C	D	E
比例	10%	20%	其他	5%	1%～3%

A 等级范围的人有机会获得晋升，而 E 等级的将被淘汰（或降级）。此外，年终还评选出“先进员工”、“优秀干部”、“先进部门”等个人和集体，给予一定奖励，这一荣誉将记入员工档案作为未来晋升的依据。

二、关于考核体系的几点说明

（一）考核的标准是各部门、子公司的职位说明书、月度工作计划以及年度工作计划，这三项指标结合，共同构成了某公司考核工作的基础和依据。

职位说明书和月度工作计划二者合一构成了考核工作的标准体系。年度考核又是在这一体系基础上对员工品行、能力等综合素质的总结和认定。

某公司的人深知，建立什么样的评价标准，就意味着这个组织体系鼓励自己的员工做什么样的人。因此公司的这套评价体系既重平常工作的检查，也重年度工作的总结，具体说每月的考核重点是员工业绩，年度考核的重点在员工的综合素质。

（二）《月度考核办法》《年度考核办法》《干部年度民主评议办法》《试用员工转正考核办法》等几个文件构成的考核体系规范文本，每个部分各有不同的侧重。如：月度考核检查月度工作，为月度工资的浮动提供依据。年度考核重点是检查员工年度工作完成情况和岗位职责履行情况，对员工的品行、工作态度、工作能力、工作业绩等进行鉴定。干部年度民主评议目的在于加强公司干部队伍建设，对干部进行全面、客观、公正的评价，提高干部素质。考核增进了上下级间的沟通，促进员工成长，为调整工作岗位和工资等人事决策提供参考资料。

（三）为了保证考核的客观公正，专门设立了由公司总经理亲自担任组长的考核小组。各小组负责成员包括各部门负责人及员工代表。各部门月考核分由集体议定而非个人意志。

（四）某公司绩效实行全员考核，从总经理到普通员工都参加考核，分四组进行，每组考核的结果分为 5 个等级，每组第一等级的人有机会获得提升，最后一等的人将被淘汰或降级。晋升的原则是：第一等级的人不一定都晋升，但晋升的人一定在第一等级中。

这些规定都在具体操作中得到兑现，某年年度考核后，考核中总分数名列最后的中层干部即被降到下一级岗位工作。某年又有 3 名中层干部被降级使用，另外三名德才兼备的中层干部得到晋升。

此外，这些“升降”变化还反映在具体的工资级别、福利待遇中，不仅工资跟着上浮或下调，就连职级待遇、在公司中认股额度等都有相应调整——升职的人要补足持股款，降职的人退回多出部分的股款。

某公司的考核标准

某公司对每个员工的考核是经常性的、制度性的。每年初公司包括总经理在内的每个人都要制定目标工作计划、确定工作任务和具体工作制度。这个计划经主管经理审批并与本人协商确认后予以执行。每三个月进行一次小结，核查执行情况，并由经理写出评语，提出下一步工作改进要求。年底总结考核，先由本人填写总结表，按公司统一考核标准，衡量自己一年来工作完成情况，拟出自己的应得的考核等级数，交主管经理评审。主管经理根据员工表现情况确定其等级，并写出评价报告，对被评为“杰出”的员工还要附上其贡献和成果报告，并提出对他们的使用建议和使用方向；对差等级的员工也要附有专门报告和使用建议。员工的评价报告要经本人阅后签字，然后由上一级经理批准。中层以上人员的报告和使用要由上一级人事部门经理和集团副总经理批准。

某公司每年修订前一次的考核标准，使之逐步完善合理。考核与工资的升降相结合。标准分为五个等级：

①杰出。具有超出完成正常工作定额的能力。经常对业务经营做出贡献，成为某一领域里的专家；能独立地用基础理论去解决本职工作以外的问题；曾被委任执行高水平的工作且成绩显著；在很困难的环境中工作也从未产生问题；抓住具有首创性、挑战性的工作目标，并能取得成功。

②优秀。在执行和完成具有挑战性工作目标时工作出色，每一项课题或工作都能及时、彻底完成，成绩要比预期的好；非常胜任本职工作，工作中能从全局出发；工作上值得信赖，只需要有限的辅导和监督。

③良好。工作称职，具有足够的潜力去完成交办的任何工作任务，是承担项目的主要业务骨干；工作质量和数量上都较完善，不需要过多的辅导和监督。

④及格。经常不能满足所承担的职务上的要求；不具备独立工作的能力；必须在辅导和监督下完成工作。假如适当调整到新的工作岗位，改进他们的工作，有可能成为好员工。

⑤不合格。不能完成工作定额，产品经常不合格；不具备独立工作的能力，过分依赖于辅导和监督，自己不知道怎样做好工作。调换了工作岗位仍无济于事，没有改进工作表现的可能。

第七章

员工工作绩效考核方案

工作绩效考核是对员工在一个既定时期内对组织的贡献做出评价的过程。员工绩效考核要从员工工作成绩的数量和质量两个方面，对员工在工作中的优缺点进行系统的描述。工作业绩考核涉及观察、判断、反馈、度量、组织介入以及人们的感情因素，是一个复杂的过程。与很多管理学的问题一样，在员工绩效评估问题上，我们首先应该采用 5WS 方法来明确绩效考核中的关键问题。

绩效考核体系基础

应该说，完全客观和精确的绩效考核几乎是不可能的，其主要的原因有以下两个方面：第一，人们处理信息的能力是有限的，不可能毫无错误地处理员工绩效考核过程中的所需要处理的信息。第二，企业和任何其他组织一样，不可避免地包含许多因素，因此那些负责对员工的绩效进行评价的主管人员很可能不愿意提供员工负面的绩效信息，而是更愿意设法激励他们以后更加努力工作。其实，这种情况下产生的绩效信息的不客观和不精确可以使企业的绩效考核体系具有更大的灵活性，在一定程度上也变得更有价值，这也是“难得糊涂”。但是不管怎样，国际知名企业的实践已经证明了员工业绩考核在现代人力资源管理中的重要价值。

员工绩效水平的差异

企业要实施员工绩效考核体系，就需要首先理解绩效考核的必要性。需要指出的是，在员工绩效评估问题上存在着很大的争议，有人认为员工绩效评估由于受到员工自身无法控制的随机因素等方面的影响，缺乏客观的依据，因此不仅没有任何好处，反而还会对组织目标产生损害。但是，事实上，一个组织中不同的员工在绩效上可能存在着很大的差别。1990 年，亨特（J. E. Hunter）等人在发表于《应用心理学》杂志上的一篇文章中指出：随着工作内容复杂性的提高，员工个人之间绩效的差异也将会随着增大。表 7 -1 中的数字反映的是各种工作中绩效水平高的员工与平均绩效水平的员工绩效差异的百分比。

表 7 -1　绩效差异：高水平与平均水平

工作类别	高绩效与平均绩效的差异（%）
蓝领工人	15%
办事员	17%
工匠	25%
事务性管理人员	28%
专业技术人员	46%
非保险类销售人员	42%
保险销售人员	97%

绩效评价的目的

员工绩效考核体系的设计和实施必须和考核信息的目的相互一致。不同的考核目的需要用不同的方法来收集所需要的信息。因此，明确绩效考核的目的非常重要。绩效评价系统的目的主要有以下三个方面：

第一，绝大多数员工都愿意了解自己目前的工作成绩，也想知道自己如何才能工作得更好。这不仅是员工个人寻求满足感的需要，同时员工也希望通过提高自己的工作绩效和工作能力提高自己的报酬水平和获得晋升的机会。工作绩效评价可以为员工提供反馈信息，帮助员工认识自己的优势和不足，发现自己的潜在能力并在实际工作中充分发挥这种能力，改进工作绩效，有利于员工个人的事业发展。如果企业不能提供正式的关于员工工作成绩的信息反馈，员工就会寻找非正式的渠道了解自己的绩效水平，而且还可能会变得非常敏感，例如员工可能会因为主管人员对自己不热情而产生猜忌和挫折感，结果影响工作。

由于绩效考核不仅可以发现员工的长处和优点，也能够指出员工的不足和缺点，因此，员工绩效考核能够发现员工需要培训的方向，尤其是管理人员，可以指出他们在人际冲突管理、监督技能、计划和预算能力等方面上的欠缺，为培训方案的设计和实施确定基础。

第二，绩效评价可以为甄别高效和低效员工提供标准，为组织的奖惩系统提供依据，从而确定奖金和晋升机会在员工个人之间的分配。在企业的薪酬决定依据中，员工业绩水平是一种重要的因素。只有实行客观公正的绩效考核体系，不同工作岗位上的员工的工作成绩才能得到合理的比较，在员工之间分配的奖金也才能起到真正的激励作用。在晋升、调转和下岗决定中，员工过去的工作表现是一个非常有说服力的根据，这也要求实施有效的业绩考核。

第三，建立一个员工业绩的档案材料，以便于将来帮助组织进行人事决策，包括提升优秀员工、剔除不合格的员工、为工资调整提供理由、为员工培训确定内容、为员工的调动确定方向、并确定再招聘员工时应该重点考察的知识、能力、技能和其他品质。总之，工作绩效评价有利于人们发现组织中存在的问题，工作评价的信息可以被用来确定员工和团队的工作情况与组织目标之间的关系，以及改进组织的效率和改进员工的工作。

因此，工作绩效评价既是一个过程的结束，又是一个新阶段的开始。但是需要指出的是，无论一个绩效评价系统多么完美，也只有最终被它所影响的人接受才能发挥作用。在美国，员工业绩考核的具体作用途径及其重要性如表 7－2 所示。

表 7－2　业绩考核信息最主要的 20 种用途

用途类别	具体项目	评分	徘序
个人之间的评价	薪酬管理	5.6	2
	个人绩效的确定	5.0	5
	不合格绩效的识别	5.0	5
	晋升决策	4.8	8
	留用/解聘决策	4.8	8
	下岗	3.5	13
员工个人发展	绩效反馈	5.7	1
	员工优点和缺点的确定	5.4	3
	转岗和任务安排决策	3.7	12
	个人培训需要的确定	3.4	14
系统维护	个人组织在目标的发展	4.9	7
	个人、团队和业务部门工作成绩的评价	4.7	10
	人力资源计划	2.7	15
	组织培训需求的评估	2.7	15
	管理结构的加强	2.6	17
	组织发展需要的确定	2.6	17
	人力资源系统的监控	2.0	20
文件备案	人力资源管理文件档案	5.2	4
	遵守人力资源管理的法律要求	4.6	11
	有效性研究的标准	2.3	19

注：其中的评分用的是 7 分制来衡量员工绩效考核对各种组织决策和行动的影响。1 = 没有影响，4 = 中度影响，7 = 首要影响。

有效业绩考核系统的标准

在美国进行的一项对全美范围内 3500 家公司的调查显示，最经常被提及的人力资源管理功能是员工的业绩考核，但是却有 30% 到 50% 的员工认为企业正规的业绩考核体系是无效的。因此，建立一个有效的业绩考核体系非常重要，而有效的绩效考核体系应该同时具备敏感性、可靠性、准确性、实用性和可接受性五个特征。

第一，敏感性。敏感性指的是工作绩效评价系统具有区分工作效率高的员工和工作效率低的员工的能力，否则就既不利于企业进行管理决策，也不利于员工自身的发展，而只能挫伤主管人员和员工的积极性。如果工作评价的目的是升迁推荐等人事管理决策，评价系统就需要收集关于员工之间工作情况差别的信息；如果工作评价的目的是促进员工个人的成长发展，评价系统就需要收集员工在不同的阶段自身工作情况差别的信息。

第二，可靠性。业绩考核体系的可靠性指的是评价者判定评价的一致性，不同的评价者对同一个员工所做的评价应该基本相同。当然，评价者应该有足够的机会观察工作者的工作情况和工作条件。研究结果表明，只有来自组织中相同级别的评价者才可能对同一名员工的工作业绩得出一致性的评价结果。罗思坦（H. R. Roth stein）对 79 个企业的将近 10000 名员工的调查显示，两个评价者通过观察同一个员工做出的评价结论的相关性高达 0. 65 ~0. 73。

第三，准确性。绩效评价的准确性指的是应该把工作标准和组织目标联系起来，把工作要素和评价内容联系起来，来明确一项工作成败的界线。工作绩效标准是就一项工作的数量和质量要求具体规定员工行为是否可接受的界限。我们知道，工作分析描述一项工作的要求和对员工的素质要求，而工作绩效标准规定工作绩效合格与不合格的标准，实际的工作绩效评价则是具体描述员工工作中的优缺点。业绩考核的准确性要求对工作分析、工作标准和工作绩效评价系统进行周期性的调整和修改。

第四，可接受性。业绩考核体系只有得到管理人员和员工的支持才能推行。因此，业绩考核体系经常需要员工的参与。业绩评价中技术方法的正确性和员工对评价系统的态度都很重要。

第五，实用性。业绩考核体系的实用性指的是评价系统的设计、实施和信息利用都需要花费时间、努力和金钱，组织使用业绩考核系统的收益必须要大于其成本。美国的一项研究表明，设计和实施业绩考核体系的成本是平均每位员工 700 美元。以上是对业绩评价系统的五项基本要求，前三项被称为技术项目，后两项被称为社会项目。一般来说，只要业绩评价系统符合科学和法律的要求，具有准确性、敏感性和可靠性，就可以认为它是有效的。

员工业绩考核系统容易出现的问题

在员工业绩考核体系的设计和实施过程中，有可能出现以下这样一些问题，从而损害业绩考核的效果。第一，只要求员工的直接上司对员工进行评价，但是实际上经理人员与其直接下属的接触很少，而且通常是在正式会议等场合，对员工工作的情况了解的信息有限。因此，在实际评价过程中，主管人员经常会把员工的工作知识的多寡作为评价的标准，而不是根据员工任务的完成情况。另外，有时经理人员不清楚对员工工作的要求，使得员工常常不明确绩效评价的标准；或者是员工对主管人员的要求感到不满。

第二，工作绩效评价的标准不稳定，有的评价者非常严厉，而有的评价者则非常宽松。一些部门人才济济，竞争激烈，员工获得一个高等级的评价很不容易。而在另一些部门员工普遍水平一般，同样会有人得到很高的评价等级，这就很不公正。

第三，评价者个人的价值观和偏见影响工作评价标准的执行情况，或者主管人员为了保持部门内部的一团和气，结果使得工作出色的员工的成绩在评价中受到压制，而工作平庸的员工却受到偏袒。例如，在作者的调查中发现，一些主管人员为了减少部门中的矛盾，在员工业绩考核过程中采取“轮流坐庄”的办法，即让各个员工轮流获得最高等级的评价。结果从长期看，各个员工的业绩考核结果都相差不多，从而损害了那些优秀员工的工作积极性。

第四，在工作绩效评价过程中，有些主管人员处于高人一等的评判员的位置上，结果降低了员工对业绩考核系统的接受和认同的程度，也妨碍主管人员与下属的教—学关系的发展。为了克服这类现象造成的不利影响，一个比较好的方法是把帮助员工发展的面谈和关于员工工资和工作安排的面谈分开进行。

第五，经理人员不重视对工作绩效评价信息的利用，很少向员工提供绩效评价信息的反馈，不利于员工工作业绩水平的提高。这在很大程度上浪费了企业开展员工绩效考核资源。

绩效考核体系的设计

在员工工作绩效考核体系的设计过程中，既需要根据业绩考核的目的来确定合适的评价者和评价标准以及评价者的培训等问题；也需要选择适合企业自身情况的具体考核方法。员工业绩考核的标准可能是员工的行为表现，也可能是员工工作的结果，还可能是员工的个人特征。员工的工作业绩考核方法有很多种类，这些考核方法又可以划分为客观类的评价方法和主观类的评价方法。另外，在考核体系设计过程中，还需要决定员工业绩考核的周期长短。

评价者的选择

在员工业绩考核过程中，对评价者的基本要求有以下几个方面：第一，评价者应该有足够长的时间和足够多的机会观察员工的工作情况。第二，评价者有能力将观察结果转化为有用的评价信息，并且能够最小化绩效考核系统可能出现的偏差。第三，评价者有动力提供真实的员工业绩评价结果。不管选择谁作为评价者，如果评价结果的质量与评价者的奖励能够结合在一起，那么评价者都会更有动力去做出精确和客观的评价。一个值得注意的现象是，这种对评价者的激励与评价系统的设计和选择是同样的重要。一般而言，员工在组织中的关系是上有上司，下有下属，周围有自己的同事，组织外部还可能有客户，因此可能对员工工作绩效进行评价的候选人有以下几种类型：

第一，员工的直接上司。在某些情况下，直接上司常常熟悉员工工作而且也有机会观察员工的工作情况。并且，直接上司能够比较好地将员工的工作与部门或整个组织的目标联系起来，他们也对员工进行奖惩决策。因此，直接上司是最常见的评价者。但是这种评价者的一个缺点是如果单纯依赖直接上司的评价结果，那么直接上司的个人偏见、个人之间的冲突和友情关系将可能损害评价结果的客观公正性。为了克服这一缺陷，许多实行直接上司评价的企业都要求直接上司的上司检查和补充评价者的考核结果，这对保证评价结果的准确性有很大作用。在有些企业，采取的是矩阵式的组织结构，一个员工需要向多个主管报告工作；或者即使在非矩阵式的组织结构中，一位员工也可能与几个主管人员有一定程度上的工作联系，在这种情况下，综合几个主管人员对一个员工的评价结果会改进员工绩效考核的质量。

第二，员工的同事。一般而言，员工的同事能够观察到员工的直接上司无法观察到的某些方面。特别是在员工的工作指派经常变动，或者员工的工作场所与主管的工作场所是分离的时候，主管人员通常很难直接观察到员工的工作情况，例如推销工作。这时就既可以通过书面报告方式来了解员工的工作业绩，也可以采用同事评价。在采用工作团队的组织中，同事评价就显得尤为重要。在美国的夸克燕麦（Quakerr Oats）公司的宠物食品工厂，员工的绩效评价完全由同事评价来决定。这家公司使用工作团队方式已经有 20 多年的历史，所有的晋升和薪酬政策都由工作团队来决定。当然，由于一个团队的员工彼此之间在奖金分配和职位晋升中存在着竞争关系，因此为了减少偏见，应该规定同事评价的工作内容。尽管很多人认为同事评价只能作为整个评价系统的一部分，但是 1984 年韦克斯利（K. N. Wexley）和克里姆斯基（R. Klimoski）的一项研究表明同事评价可能是对员工业绩的最精确的评价。研究结果还表明，同事评价对于员工发展计划的制定非常适合，但对人力资源管理决策却似乎不适合。

第三，员工的下级职员。下级职员的评价有助于主管人员的个人发展，因为下级人员可以直接了解主管人员的实际工作情况、信息交流能力、领导风格、平息个人矛盾的能力与计划组织能力。在使用下级评价时，上下级之间的相互信任和开诚布公是非常重要的。在通常的情况下，下级评价方法只是作为整个评价系统的一部分。在美国克莱斯勒公司，管理人员的工作绩效是由其下属匿名地来评价，评价的内容包括工作团队的组织、沟通、产品质量、领导风格、计划和员工的发展情况。被评价的上司在汇总这些匿名的报告以后再与下属来讨论如何进行改进。一般而言，由于下属和同事能够从与主管人员不同的角度来观察员工的行为，因此，他们能够提供更多的关于员工工作表现的信息。但是，需要注意的是，如果员工认为自己的主管有可能了解每个人的具体评价结果，那么他们就可能对自己的上司给予过高的评价。

第四，员工的自我评价。关于员工自我评价的作用问题长期以来一直是有争议的。这一方法能够减少员工在评价过程中的抵触情绪，在工作评价和员工个人工作目标结合在一起时很有意义。但是，自我评价的问题是自我宽容，常常与他人的评价结果不一致，因此比较适合于个人发展用途，而不适

合于人事决策。不难发现，有效的工作规范和员工与主管人员之间良好的沟通是员工自我评价发挥积极作用的前提。此外，经验表明，员工和主管人员双方关于工作业绩衡量标准的看法的一致性越高，双方对评价结果的结论的一致性也就越高。

第五，客户的评价。在某些情况下，客户可以为个人与组织提供重要的工作情况反馈信息。虽然客户评价的目的与组织的目标可能不完全一致，但是客户评价结果有助于为晋升、工作调动和培训等人事决策提供依据。表 7－3 是一个客户评价表的实例。

近年来，美国的很多企业开始实行所谓的 360 度评价，即综合员工自己、上司、下属和同事的评价结果对员工的工作业绩做出最终的评价。上述这些业绩考核的信息来源在评价员工业绩的不同侧面时具有不同的效力，因此将它们综合起来无疑可以得到一个最全面的结论。但是实践证明，360 度的业绩考核方法只有在那些开放性高、员工参与气氛浓和具备活跃的员工职业发展体系的组织中才能够取得理想的效果。

表 7－3　客户评价表

姓名：	日期：　　年　　月　　日
地址：	
您的事业成功和满意对我们非常重要。为了确保安装和服务质量，我们非常感谢您填写这张评价表并将它寄回我们商店。下列每一个陈述是用来描述合格安装的事项。您填写这张表格可以得到我们免费清洗两个房间地毯的服务，该项服务在本次安装一年之内有效 如果安装工人符合陈述，请您选“是”；如果安装工人不符合陈述，请选“否” 1. 是否安装者实现与顾客商量接缝的位置，并将它们安排在最理想的位置 2. 是否所有的接缝都安排在行走少的地方而不是门厅里 3. 是否看不见接缝 4. 是否接缝很牢固 5. 是否安装时没有损坏物品	
6. 是否安装者将地毯拉得足够紧，没有出现褶皱和波纹 7. 是否安装者将地毯的边缘修剪得与墙壁很齐整贴切 8. 是否安装者清理了整个区域，没有留下碎片 9. 是否安装者与顾客一起检查并确保顾客满意 其他评论（如果需要请用该表的背面）	
仅供办公室使用	分数： （是＝3，否＝0）

评价信息来源的选择

员工业绩考核的标准和执行方法要取决于开展绩效考核的目的。因此，在确定评价信息的来源以前，应该首先明确绩效考核的结果是为谁服务的，以及他们需要用这些绩效考核信息来做什么。评价信息的来源与评价目的之间的配合关系可以从两个方面来认识。第一，不同评价者提供的信息来源对人力资源管理中的各种目标具有不同的意义，二者之间的组合关系如表7－4所示。第二，根据不同的评价标准得到的员工业绩考核信息对人力资源管理中的各种目标也具有不同的意义。如果为了给奖金的合理发放建立一个依据，就应该选择反映员工工作结果的标准来进行评价。如果为了安排员工参加培训或者要帮助他们进行职业前程规划，就应该选择工作知识等员工的个人特征作为评价标准。如果要剔除最没有价值的员工，那么就应该选择违反操作规程的行为或产生的不良后果作为评价标准。

表7－4　评价信息的来源与用途

用途	考核信息来源				
	直接上司	同事	下级职员	自己	客户
人事决策	适合	适合	不适合	不适合	适合
自我发展	适合	适合	适合	适合	适合
人事研究	适合	适合	不适合	不适合	适合

评价者的准备

一个好的评价者同时也应该起到一个教练的作用，要能够激励员工。在工作绩效评价过程中，评价者容易出现的错误有对员工过分宽容或者过分严厉、评价结果居中、出现光环效应和产生对比误差等。其中，光环效应是指评价者根据自己对员工的基本印象进行评价，而不是把他们的工作表现与客观的工作标准进行比较。为了最大限度地减少这些业绩评价错误，应该在每次开展业绩考核以前对评价人员进行培训。在培训评价者的过程中，提高工作绩效评价的可靠性和有效性的关键是应用最基本的学习原理，这就要求鼓励评价者对具体的评价行为进行记录，给评价者提供实践的机会，组织培训的主管人员要为评价者提供反馈信息，并适时地给予鼓励。此外，还要进行温习训练，巩固理想的评价行为。表7－5是美国学者韦恩·卡肖（Wayne F. Casio）推荐的培训业绩考核者的一个具体程序。

表 7-5 培训评价者的程序

1. 受训者首先看一部一位员工工作情景的录像带
2. 受训者根据确定的评价方法对这位员工进行评价，并把评语写在卡片上
3. 教员引导受训者对不同的评价及其原因进行讨论
4. 受训者就工作标准和有效与无效工作行为的界限达成一致
5. 重新播放录像带
6. 受训者在看录像时记录典型的工作行为，然后重新对该员工进行评价
7. 根据上一批受训者最终达成的共同的评价结果，对这一批受训者的评价进行衡量
8. 给每位受训者以具体的反馈

通过对负责员工业绩考核的管理人员进行培训，应使这些人在整个业绩考核流程中能够做到以下三个方面：第一，在绩效评价前就经常与员工交换工作意见，参加企业组织的关于员工绩效评价的面谈技巧的培训，学会在与员工的面谈中采用问题—处理方式，而不是我说—你听的方式。同时还应该鼓励员工为参加评价和鉴定面谈做好准备。第二，在绩效评价中，主管人员要鼓励员工积极参与评价员工工作的过程，不评论员工个人的性格与习惯，注意倾听员工的意见，最后要能够使双方为今后的工作目标改进达成一致的意见。第三，在绩效评价后，主管人员要经常与员工交换工作意见，定期检查工作改进的进程，并根据员工的表现及时给予奖励。

业绩评价标准的类型

在选择和确定员工工作绩效的评价标准过程中，我们需要注意以下几个方面。首先，员工业绩考核的评价标准应该是与工作要求密切相关，而且是员工能够影响和控制的。这意味着我们不能选择员工无法控制的指标作为员工绩效的衡量标准。第二，一般而言，我们不能单纯根据某一单一的标准来对员工进行评价。第三，一旦我们确定了员工业绩的考核标准，就需要寻找能够精确地衡量这些标准的方法。在这个问题上需要注意的是，员工业绩的某些方面，包括生产或销售的数量、出现错误的个数以及所服务的客户的数目等指标是比较容易衡量的；而员工行为的其他方面，包括工作的主动性、工作的可靠性以及有效沟通的能力等方面的衡量就需要克服比较多的困难。

客观和可观察是员工绩效考核标准的两个基本要求。实际上，在对员工的工作绩效进行考核时，有很多种标准可以选择。其中包括员工的特征、员工的行为和员工的工作结果。员工的特征是员工行为的原因，员工的行为可以帮助我们了解员工是否在努力完成工作任务，员工工作的结果则可被用来证实员工的行为和组织目标之间的联系。表 7 – 6 显示的是可以被用来作为业绩考核标准的项目。一个值得注意的倾向是负责员工业绩考核的主管人员经常采用自己最熟悉或者说自己最有把握的标准来对员工进行评价。

表 7 – 6　业绩考核的标准类别

员工特征	员工行为	工作结果
工作知识	完成任务	销售额
力气	服从指令	生产水平
眼—手协调能力	报告难题	生产质量
证书	维护设备	浪费
商业知识	维护记录	事故
成就欲	遵守规则	设备修理服务的客户数量
社会需要	按时出勤	客户的满意程度
可靠性	提交建议	
忠诚	不吸烟	
诚实	不吸毒	
创造性		
领导能力		

业绩评价方法的类型

根据上述对业绩考核标准类型的划分，我们可以从这种分析角度将员工业绩考核方法划分为员工特征导向的评价方法、员工行为导向的评价方法和员工工作结果导向的评价方法。表 7 – 7 是这三类评价方法的实例。

表 7 – 7　评价体系实例

A. 特征导向评价方法

根据下述特征对员工进行评级

1. 对公司的忠诚　　很低　低　平均　高　很高
2. 沟通能力　　很低　低　平均　高　很高
3. 合作精神　　很低　低　平均　高　很高

B. 行为导向评价方法

根据下述量级，评定员工表现各种行为的频率

1 从来没有　2 = 极少　3 = 有时　4 = 经常　5 = 几乎总是

（　）1. 以愉悦和友好的方式欢迎顾客

（　）2. 没有能力向顾客解释产品的技术问题

（　）3. 正确填写收费卡片

C. 结果导向的评价方法

根据生产记录和员工档案，提供员工的下述信息

1. 本月生产的产量数目
2. 质检部门拒绝通过并销毁的产量数目
3. 质检部门拒绝通过并退回返修的产量数目
4. 本月中员工没有正式医院诊断情况下的缺勤天数

一、员工特征导向的评价方法

以员工特征为基础的业绩评价方法衡量的是员工个人特性，如决策能力、对公司的忠诚、人际沟通技巧和工作的主动性等方面。这种评价方法主要是回答员工“人”怎么样，而不重视员工的“事”做得如何。这类评价方法最主要的优点是简便易行，但是却有严重的缺陷。首先，以员工特征为基础的评价方法的有效性差，评价过程中所衡量的员工特性与其工作行为和工作结果之间缺乏确定的联系。例如，一名性情非常急躁的员工在对待客户的态度上却可能非常温和。其次，以员工特征为基础的评价方法也缺乏稳定性，特别是不同的评价者对同一个员工的评价结果可能相差很大。第三，以员工特征为基础的业绩考核方法无法为员工提供有益的反馈信息。

二、员工行为导向的评价方法

在工作完成的方式对于组织的目标实现非常重要的情况下，以员工行为为基础的业绩考核方法就显得特别有效。例如，一名售货员在顾客进入商店时应该向顾客问好，帮助顾客寻找他们需要的商品，及时地开票和收款，在顾客离开时礼貌地道谢和告别。这种评价方法能够为员工提供有助于改进工作绩效的反馈信息，但是这种评价方法的缺点是无法涵盖员工达成理想工作绩效的全部行为。例如，一名保险推销员可能用积极的煽动性很强的方法在一个月实现 100 万元的保费收入，而另一名保险推销员可能用非常谨慎的以事实讲话的方式也在一个月实现 100 万元的保费收入。在这种情况下，如果员工的业绩考核体系认为前一种方法是有效的，那么对第二个员工就很不公平。

三、结果导向的评价方法

以员工的工作结果为基础的评价方法是为员工设定一个最低的工作成绩标准，然后将员工的工作结果与这一明确的标准相比较。当员工的工作任务的具体完成方法不重要，而且存在着多种完成任务的方法时，这种结果导向的评价方法就非常适用。工作标准越明确，业绩评价就越准确。工作标准应该包括两种信息：一是员工应该做什么，包括工作任务量、工作职责和工作的关键因素等；二是员工应该做到什么程度，即工作标准。每一项工作标准都应该清楚明确，使管理者和员工都了解工作的要求，了解是否已经满足了这些要求。而且，工作要求应该有书面的工作标准。其实任何工作都有数量和质量两个方面，只不过是二者的比例不同。由于数量化的工作结果标准便于应用，因此应该尽可能把最低工作要求数量化。

结果导向的评价方法的缺点包括以下几个方面：第一，在很多情况下，员工最终的工作结果不仅取决于员工个人的努力和能力因素，也取决于经济环境、原材料质量等多种其他因素。因此，这些工作的业绩考核很难使用员工工作的结果来评价，即使勉强使用也缺乏有效性。第二，结果导向的业绩评价方法有可能强化员工不择手段的倾向。例如，提供电话购物服务的公司如果用员工的销售额来评价员工的业绩，那么员工就可能中途挂断顾客要求退货的电话，结果损害顾客的满意程度，减少重复购买率，这显然不利于组织的长期绩效提升。第三，在实行团队工作的组织中，把员工个人的工作结果作为业绩考核的依据会加剧员工个人之间的不良竞争，妨碍彼此之间的协作和相互帮助，不利于整个组织的工作绩效。第四，结果导向的业绩评价方法在为员工提供业绩反馈方面的作用不大，尽管这种方法可以告诉员工其工作成绩低于可以接受的最低标准，但是它却无法提供如何改进工作绩效的明确信息。

在为具体的工作设计业绩考核方法时，需要谨慎地在这些类别中进行选择。除非员工的行为特征与工作绩效之间存在着确定的联系，否则就不应该选择这种简便的方法。一般而言，行为导向的评价方法和结果导向的评价方法的有效性比较高，这两类方法的某种结合可以胜任对绝大多数工作进行评价。

工作绩效评价的周期

工作绩效评价周期是指员工接受工作业绩考核的间隔时间长短。员工业绩考核的周期长短应该受到以下几个因素的影响。第一，根据奖金发放的周期长短来决定员工绩效考核的周期。例如，在公共部门，每半年或者每一年分配一次奖金，因此对员工的业绩考核也要间隔半年或一年，在奖金发放之前进行一次。第二，根据工作任务的完成周期来决定业绩考核的周期。第三，根据员工工作的性质来决定业绩考核的周期。对于基层的员工，他们的工作绩效可以在比较短的时间内得到一个好或者不好的评价结果，因此评价周期就可以相对短一些；而对于管理人员和专业技术人员，只有在比较长的时间内才能看到他们的工作成绩，因此对于他们的业绩考核的周期就应该相对长一些。第四，如果每个管理人员负责考核的员工数量比较多，那么在每次绩效考核的时期对这些管理人员来说工作负担就比较重，甚至可能因此影响到业绩考核的质量。因此，也可以采取离散的形式进行员工绩效考核，即当每位员工在本部门工作满一个评价周期（如半年或一年）时对这位员工实施业绩考核。这样可以把员工业绩考核工作的负担分散到平时的工作中，如中国惠普公司就采取这种做法。

在很多情况下，企业在员工进入组织满一年时会对他们的工作绩效进行一次评价。但是一年一次或两次绩效评价可能太少，因为评价者很难记住员工在长时间中的表现，容易发生错觉归类。这种心理现象是指人们往往忘记他们观察过的事物的细节，而是根据脑海中已经存在的心理类别，重新建立他们认为是真实的细节。例如在美国曾经做过一个实验：让人看一张图片，上面是挥舞着剃刀的白人和头戴礼帽的黑人。过一段时间，人们回忆说他们见到的是挥舞着剃刀的黑人和头戴礼帽的白人。工作绩效评价要求经常化，每当一个项目取得重大成果时就应该进行绩效评价。这可以及时为人事决策提供准确的信息，也可以使员工及时了解自己的工作情况。当然过于频繁的绩效考核也有问题，因为这要花费许多时间，产生许多麻烦。所以，人力资源管理对绩效考核频率的一个重要的观点是在一个重要的项目或者任务结束之后，或在关键性的结果应该出现的时候进行绩效考核。

员工业绩考核方法

各种员工绩效评价方法各有优点和缺点，应该根据实际情况进行选择。应该强调的是，业绩评价的方法在整个业绩评价系统中只是一个基本条件，而有关各方在业绩评价过程中的相互信任、管理人员和员工的态度、评价的目的、频率、评价的信息来源以及评价人员的训练等各种因素对于业绩考核体系的成败都是非常关键的。根据上述讨论，在本节中，我们重点研究员工的工作行为评价方法和工作成果评价方法。员工的工作行为评价方法又包括两类：主观评价体系，即将员工之间的工作情况进行相

互比较，得出对每个员工的评价结论；客观评价体系，即将员工的工作与工作标准进行比较。

工作行为评价法之一：主观评价

根据员工的工作行为对员工进行主观评价的一般特征是在对员工进行相互比较的基础上对员工进行排序，提供一个员工工作的相对优劣的评价结果。排序的主要方法包括简单排序法、交错排序法、成对比较法和强制分布法。

一、简单排序法

在实行简单排序法的情况下，评价者将员工按照工作情况的总体情况从最好到最差进行排序。这种方法所需要的时间成本很少，简便易行，一般适合于员工数量比较少的评价需求。在员工的数量比较多的情况下，就需要选择其他的排序方法。

二、交错排序法

交错排序法是简单排序法的一个变形。人们对简单排序法的一个批评是它过于粗糙，很难得到一个比较合理的考核结果。根据心理学的观点，人们比较容易发现极端的情况，而不容易发现中间的情况。于是，人们利用这种原理提出了交错排序法来克服简单排序法的缺点。在实行交错排序法的情况下，评价者在所有需要评价的员工中首先挑选出最好的员工，然后选择出最差的员工，将他们分别列为第一名和最后一名。然后在余下的员工中再选择出最好的员工作为整个序列的第二名，选择出最差的员工作为整个序列的倒数第二名。依次类推，直到将所有员工排列完毕，就可以得到对所有员工的一个完整的排序。人们在直觉上相信这种交错排序法优于简单排序法。

三、成对比较法

成对比较法是评价者根据某一标准将每一员工与其他员工进行逐一比较，并将每一次比较中的优胜者选出。最后，根据每一员工净胜次数的多少进行排序。这一方法的比较标准往往比较笼统，不是具体的工作行为或是工作成果，而是员工评价者对员工的整体印象。一般认为，这一成对排序方法比较适合进行工资管理。下面，我们结合一个假设的例子来说明成对比较法的应用。假设现在有张三、李四、王五、赵六、陈七五位员工需要进行考核，如果使用成对比较法，我们首先可以按照表 7 - 8a 所示的方法进行考核。首先将所有需要考核的员工的姓名分别按照行和列写好，将每个员工和部门内所有其他员工进行相互比较，将业绩水平比较高的员工的姓名或者代号写在二者交叉的空格内。然后我们就可以按照每位员工“胜出”的次数来对他们进行排序，得到另一个排名表，如表 7－8b 所示。

表 7－8a　成对比较法的评价过程

	张三	李四	王五	赵六	陈七
张三	—	李四	王五	赵六	陈七
李四		—	王五	李四	陈七
王五			—	王五	陈七
赵六				—	陈七
陈七					—

表 7－8b　成对比较法的评价结果

员工姓名	“胜出的次数”	排名
陈七	4	1
王五	3	2
李四	2	3
赵六	1	4
张三	0	5

四、强制分布法

强制分布实际上也是将员工进行相互比较的一种员工排序方法，只不过它是对员工按照组别进行排序，而不是将员工个人进行排序。这一方法的理论依据是数理统计中的正态分布概念，认为员工的业绩水平遵从正态分布，因此可以将所有员工分为杰出的、高于一般的、一般的、低于一般的和不合

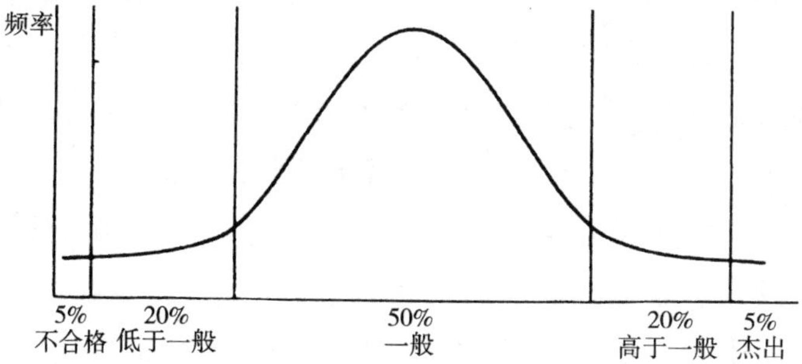

图 7－1　强制分布方法

格的五种情况，其分布的典型形式如图 7－1 所示。在实践中，实行强制分布的企业通常对设定的分布形式做一定程度的变通，使员工业绩水平的分布

形式呈现为某种偏态分布。强制分布的优点是可以克服评价者过分宽容或过分严厉的结果，也可以克服所有员工不分优劣的平均主义。但是其缺点是如果员工的业绩水平事实上不遵从所设定的分布样式，那么按照评价者的设想对员工进行强制区别容易引起员工不满。一般而言，当被评价的员工人数比较多，而且评价者又不只一人时，用强制分布可能比较有效。

为了克服强制分布评价方法的缺陷，同时也将员工的个人激励与集体激励更好地结合起来，可以使用团体评价制度以改进强制分布的效果。实施这种评价方法的基本步骤是：

第一，确定 A、B、C、D 和 E 各个评定等级的奖金分配的点数，各个等级之间点数的差别应该具有充分的激励效果。

第二，由每个部门的每个员工根据业绩考核的标准，对自己以外的所有其他员工进行 0～100 分的评分。

第三，对称地去掉若干个最高分和最低分，求出每个员工的平均分。

第四，将部门中所有员工的平均分相加，再除以部门的员工人数，计算出部门所有员工的业绩考核平均分。

第五，用每位员工的平均分除以部门的平均分，就可以得到一个标准化的评价得分。那些评价的标准分为 1 及其附近的员工就应该得到 C 等级的评价，那些评价的标准分明显大于 1 的员工就应该得到 B 等级甚至 A 等级的评价，那些评价的标准分明显低于 1 的员工就应该得到 D 等级甚至 E 等级的评价。在某些企业中，为了强化管理人员的权威，可以将员工团体评价结果与管理人员的评价结果的加权平均值作为员工最终的考核结果，但是需要注意的是，管理人员的权重不应该过大。各个评价等级之间的数值界限可以由管理人员根据过去员工业绩考核结果的离散程度来确定。这种计算标准分的方法可以合理地确定被考核的员工的业绩评价结果的分布形式。

第六，根据每位员工的评价等级所对应的奖金分配点数，计算部门的奖金总点数，然后结合可以分配的奖金总额，计算每个奖金点数对应的金额，并得出每位员工应该得到的奖金数额。其中，各个部门的奖金分配总额是根据各个部门的主要管理人员进行相互评价的结果来确定的。

为了鼓励每位员工力图客观准确地评价自己的同事，那些对同事的评价排列次序与最终结果的排列次序最接近的若干名员工应该得到提升评价等级

等形式的奖励。另外，员工的评价结果在评价的当期应该是严格保密的，同时奖金的发放要采取秘密给付的方式，以保护员工的情绪。但是各个部门的评价结果应该是公开的，以促进部门之间的良性竞争。

以上四种评价技术都属于员工比较类的评价方法，著名的英特尔公司的员工绩效考核体系就采用排列法。英特尔公司的评价周期是一年，员工的评价记录载入档案。对员工排序的方式是主管人员在一起开会，对承担相同工作的员工，根据他们各自对部门或组织的贡献大小进行排序。该公司的经验是一个考核单位中包括的员工的数目最好在 10 人到 30 人。在过去，英特尔公司将员工区分为常见的 A、B、C、D、E 五个等级，结果被评价为 C 的员工最多，但是他们并不被视作有成就的员工，这严重影响了员工的心理。现在，英特尔公司已经将评价结果的五个等级简化为“杰出”、“成功”和“有待改进”三个层次，有效地克服了这一问题。在英特尔公司，员工评价工作由一位“排序经理”负责组织和实施，直到最后生成一个员工名次的“龙虎榜”。

工作行为评价法之二：客观评价

根据客观标准对员工的行为进行评价的方法包括行为关键事件法、行为对照表方法、等级鉴定法、行为锚定评价法和行为观察评价法。其中的大多数方法在实质上都是对员工的行为按照评价的标准给出一个量化的分数或程度判断，然后再对员工在各个方面的得分进行加总，得到一个员工业绩的综合评价结果。

一、关键事件法

关键事件法是客观评价体系中最简单的一种形式。在应用这种评价方法时，负责评价的主管人员把员工在完成工作任务时所表现出来的特别有效的行为和特别无效的行为记录下来，形成一份书面报告。评价者在对员工的优点、缺点和潜在能力进行评论的基础上提出改进工作绩效的意见。如果评价者能够长期观察员工的工作行为，对员工的工作情况十分了解，同时也很公正和坦率，那么这种评价报告是很有效的。这一方法有助于为培训工作提供基础，也有助于评价鉴定面谈。但是，由于书面报告是对不同员工的不同工作侧面进行描述，无法在员工之间、团队之间和部门之间进行工作情况的比较，还有，评价者用自己制定的标准来衡量员工，员工没有参与的机会，因

此不适合用于进行人事决策。关键事件法可以在绝大多数绩效考核方法中结合使用。关键事件法的缺点可以通过使用下面的各种图表评价法来克服。

二、行为对照表法

行为对照表是最常用的业绩评价技术之一。在应用这种评价方法时，人力资源管理部门要给评价者提供一份描述员工规范的工作行为的表格，评价者将员工的工作行为与表中的描述进行对照，找出准确描述了员工行为的陈述，这一方法得到的评价结果比较真实可靠。在某些情况下，行为对照表对于每一个反映员工工作行为的陈述都给出一系列相关的程度判断，每一判断被赋予不同的分数。评价者根据员工的行为表现进行选择后，将员工在各项上的得分加总就是这一员工的总分。

行为对照表法的一个改进方法是所谓的强制选择系统，即设计一个行为对照表，其中的评价项目分组排列，但是每个评价项目并不列出对应的分数。评价者从行为对照表中挑选出他认为最能够描述和最不能够描述员工的工作的陈述，然后汇总到人事部门，由人事部门根据不公开的评分标准计算每位员工的总分。这种方法可以减少评价者对员工的宽容成分，建立更加客观的评价体系，但是设计和制作强制选择表需要花费大量的时间和费用，而且由于评价者自己也不知道他所选择的项目代表什么样的工作水平，因此强制选择系统无助于在评价鉴定的面谈过程中为员工指出改进工作绩效的具体建议。

三、等级鉴定法

等级鉴定法是一种历史最悠久的也是应用最广泛的员工业绩考核技术。在应用这种评价方法时，评价者首先确定绩效考核的标准，然后对于每个评价项目列出几种行为程度供评价者选择，如表 7 -9 所示。具体而言，等级鉴定法有三个方面的区别：一是各项选择含义的明确程度；二是上层管理人员在分析评价结果时分辨理想答案的清晰程度；三是对于评价者来说各个评价项目含义的清晰程度。这种方法所需要花费的成本比较低，容易使用。假定优秀等于 5 分，良好等于 4 分，满意等于 3 分，尚可等于 2 分，不满意等于 1 分，于是在对各个评价标准设定了权重之后，员工业绩的评价结果可以加总为用数字来表示的结果，可以进行员工之间的横向比较。等级鉴定法在评价内容的深度方面不如关键事件法，它的主要优点是适应性强，相对比较容易操作和成本比较低。

四、行为锚定评价法

行为锚定评价法是由等级鉴定法演变而来的。行为锚定评价法的最大优点是明确定义每一评价项目，同时使用关键事件法对不同水平的工作要求进行描述。因此，锚定行为评价法为评价者提供了明确而客观的评价标准。其主要的缺点是设计和实施成本比较高，经常需要聘请人力资源管理专家帮助设计，而且在实施以前要进行多次测试和修改，因此需要花费许多时间和金钱。

表 7－9　等级鉴定法的范例

员工姓名：　　工作部门：　　评价者：　　日期：							
评价标准	权重(%)	优秀 5	良好 4	满意 3	尚可 2	不满意 1	得分
工作质量	25						
评语							
工作知识	15						
评语							
合作精神	20						
评语							
可靠性	15						
评语							
创造性	15						
评语							
工作纪律	10						
评语							
得分							

设计行为锚定评价法的步骤是：第一，主管人员确定工作所包含的活动类别或者绩效指标。第二，主管人员为各种绩效指标撰写一组关键事件。第三，由一组处于中间立场的管理人员为每一个评价指标选择关键事件，并确定每一个绩效等级与关键事件的对应关系。第四，将每个评价指标中包含的关键事件从好到坏进行排列，建立行为锚定法考核体系。表 7－10 是为一个学生宿舍的舍监老师建立的行为锚定评价法中“关心学生”指标的评价标准实例。

表 7－10　行为锚定评价法的范例

评价指标：关心学生 指标定义：积极结识住宿的学生，发现他们的需要并真诚地对他们的需要做出反应。 评价等级：				
最好 1	较好 2	好 3	较差 4	最差 5
当学生面有难色时上前询问对方是否有问题需要一起讨论	为住宿学生提供一些关于所修课程的学习方法上的建议	发现住宿学生时上前打招呼	友好地对待住宿学生，与他们讨论困难，但是随后不能跟踪解决困难	批评住宿学生不能解决自己遇到的困难

五、行为观察评价法

行为观察评价法与行为锚定评价法有一些相似，但它在工作绩效评价的角度方面能比后者提供更加明确的标准。在使用这种评价方法时，需要首先确定衡量业绩水平的角度，如工作的质量、人际沟通技能、工作的可靠性等。每个角度都细分为若干个具体的标准，并设计一个评价表。评价者将员工的工作行为同评价标准进行比照，每个衡量角度的所有具体科目的得分构成员工在这一方面的得分，将员工在所有评价方面的得分加总，就可以得到员工的评价总分。表 7－11 是根据行为观察评价方法为项目工程师工作可靠性设计的评价细目及分数标准。按照这种评价方法，如果一位项目工程师在 5 个评价细目上都被评价为“几乎总是”，那么他就可以得到 25 分，从而在

表 7－11　行为观察法的范例

工作的可靠性（项目工程师）						
1. 有效地管理工作时间						
几乎没有	1	2	3	4	5	几乎总是
2. 能够及时地符合项目的截止期限要求						
几乎没有	1	2	3	4	5	几乎总是
3. 必要时帮助其他员工工作以符合项目的期限要求						
几乎没有	1	2	3	4	5	几乎总是
4. 必要时情愿推迟下班和周末加班工作						
几乎没有	1	2	3	4	5	几乎总是
5. 预测并试图解决可以阻碍项目按期完成的问题						
几乎没有	1	2	3	4	5	几乎总是
13 分及其以下	14～16 分	17～19 分	20～22 分	23～25 分		
很差	差	满意	好	很好		

工作可靠性上得到“很好”的评价。这种行为观察评价法的主要优点是设计和实施时所需要花费的时间和金钱都比较少，而主要的缺点是不同的评价者经常在对“几乎没有”和“几乎总是”的理解上有差异，结果导致业绩考核的稳定性下降。

工作成果评价法

工作成果评价法所依据的是著名的目标管理过程，因此也被称为目标管理评价法。实施这种评价方法的过程非常类似于主管人员与员工签订一个合同，双方规定在某一个具体的时间达到某一个特定的目标。员工的绩效水平就根据这一目标的实现程度来评定。

实施工作成果评价法的关键是目标制定，即分别为组织、组织内的各个部门、各个部门的主管人员以及每一位员工制定具体的工作目标。目标管理方法不是来衡量员工的工作行为，而是来衡量每位员工为组织的成功所做的贡献的大小。因此，这一目标必须是可以衡量和可以观测的。目标管理中的目标制定要符合所谓的 SMART 原则：第一，S（specific results）：即规定一个具体的目标。第二，M（measurable）：即目标可以用数量、质量和影响等标准来衡量。第三，A（accepted）：即设定的目标应该被管理人员和员工双方接受。这意味着目标水平不能过高，应该让员工能够接受；同时，目标水平也不能过低，应该让管理人员也能够接受。换言之，对于员工而言，这一目标应该具有挑战性，同时又是经过努力能够达到的。第四，R（relevant）：即设定的目标应该是与工作单位的需要和员工前程的发展相关的。第五，T（time）：即目标中包含一个合理的时间约束，预计届时可以出现相应的结果。表 7－12 是沈阳一家家电产品销售公司的销售员工在应用目标管理评价法时的业绩考核表，表中的数字是假设的。

表 7－12　销售人员业绩考核表

序号	目标项目	本月目标	实际完成情况	绩效差距（%）
1	微波炉销量（台）	100	110	110
2	电冰箱销量（台）	60	50	83
3	电视机销量（台）	80	75	94
4	新发展的批发客户（个）	5	4	80
5	顾客抱怨（次数）	10	7	70
6	销售分析报告（篇数）	4	4	100

在目标管理过程中，应该经常进行进度检查，直至达到目标。在达到阶

段性目标后，已经完成既定任务的员工汇集在一起对工作成果进行评价，同时为下一阶段的工作制定目标。目标管理是一整套计划和控制系统，同时也是一套完整的管理哲学系统。在理论上，只有每位员工成功，才可能有主管人员的成功、各个部门的成功和整个组织的成功，因此目标管理方法鼓励每一位员工的成功。但是目标管理的前提是个人、部门和组织的目标要协调一致。经验研究表明，这一方法有助于改进工作效率，而且还能够使公司的管理当局根据迅速变化的竞争环境对员工进行及时的引导。

但是目标管理评价法也有一些缺点。第一，这种评价方法没有为管理人员提供在员工之间进行相互比较的依据。第二，目标设定的本身是一个非常困难的问题。如果员工在本期完成了设定的目标，那么管理人员就倾向于在下一期提高目标水平。如果员工在本期没有完成目标，那么管理人员在下一期就倾向于将目标设定在原来的目标水平上，从而产生所谓的“棘轮效应”。第三，当市场环境在目标设定后发生意外的变动，将影响到员工目标的完成情况。如果出现的是有利变化，受益者是员工；如果出现的是不利变化，受益者是企业。

此外，还有一种与目标管理方法类似的工作计划与检查方法。这种评价方法特别强调主管人员及其下属对工作计划的实施情况进行检查，以确定计划的完成程度、找出存在的问题、明确训练的需要。在使用工作计划与检查方法时，了解工作目标是否已经达到要依靠主管人员的个人判断，而在目标管理中则依靠更为客观的可以度量的证据。但是在实际操作中，这两种方法很难严格区分。从理论上讲，目标管理方法更强调结果，而工作计划与检查方法更强调过程。

影响业绩考核方法选择的因素

一般而言，在其他方面相同的情况下，企业应该选择那些比较容易实施的绩效考核体系，因为这样不仅可以减少考核的误差，还可以减少培训考核者的时间和管理考核体系的难度。前面我们之所以讨论了许多种员工绩效考核的方法，是因为事实上不存在一种绝对好的评价方法。各种方法都有各自的适应性，因此关键是企业应该选择适合自己特点的评价方法。我们知道，员工的工作可以从不同的角度划分出许多种特征。从工作环境来看，可以有非常稳定的工作环境一直到变动性很强的工作环境。从工作内容的程序性方面来看，可以有非常程序化的事务性的工作内容一直到非常不确定的工作内容。从员工工作的独立性程度看，可以有非常低的独立性要求到非常高的独立性要求。实际上每个员工的工作都是这三种因素的某种组合，相应地，对员工工作绩效的评价就需要有不同的方法。

如图 7－2 所示，横轴代表工作内容的程序性，纵轴代表员工工作的独

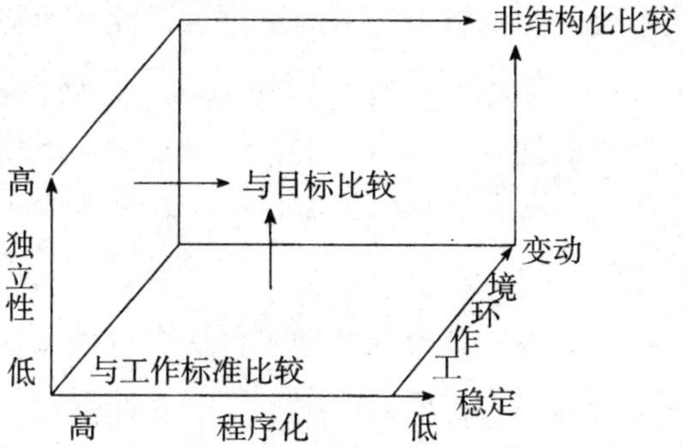

图 7－2　影响业绩考核方法选择的因素

立性，第三轴代表工作环境的稳定性。这个“箱子”中的每个点都对应着上述三种因素的某一组合。例如，箱子的左下角反映的是工作环境稳定、工作内容的程序性强和员工工作的独立性低的情形。在这种情况下，工作业绩标准的客观性很强，因此就应该选择将员工的行为与工作标准进行对照的评价方法，如等级鉴定方法等。箱子的右上角反映的是工作环境不稳定、工作内容的程序性弱和员工工作的独立性高的情形。在这种情况下，工作业绩标准的客观性很弱，因此就应该选择非结构化的比较方法，如书面报告方法等。箱子的正中心反映的是工作环境稳定程度居中、工作内容的程序性居中和员工工作的独立性也居中的情形。在这种情况下，工作业绩的客观性也就居中，因此对员工的工作结果的考察要比对员工工作过程的考察重要，因此可以选择目标管理评价法。

业绩考核方法的比较

除了上述的各种因素会影响企业对员工业绩考核方法的选择以外，实际上员工业绩评价方法的选择还与各种评价技术本身作用的特点有关。有的评价技术可能非常适合员工奖金的分配，但是却可能不适合为员工提供反馈和指导；有的评价技术可能非常适合于降低评价体系的成本，但是却也可能产生评价误差。下面我们对各种主要的业绩考核方法进行比较。

一、员工比较评价法

对于排序和强制分布等员工比较类的评价法，首先由于它评价的基础是整体的印象，而不是具体的比较因素，所以很难发现问题存在的领域，因此不适合用来对员工提供建议反馈和辅导。其次，使用这种评价技术即使可以在员工之间给出一个用来相互比较的量化分数，但是在员工提出异议的情况下，评价者很难为自己的结论提出有力的证据，因此在为奖金的分配提供依据方面的作用是有限的。第三，设计和应用员工比较评价方法的成本很低，这是这种评价技术突出的优点。第四，这类评价技术在大多数情况下可以保持评价尺度的一致性，但也很容易发生光环效应和武断评价。

二、关键事件法

对于采用工作报告来进行评价的关键事件法，首先，它是否有助于对员工提供建议反馈和辅导在很大程度上取决于评价者在撰写工作报告时所选择的主题，因此，对此没有一个明确的结果。其次，由于这种评价技术没有对员工评定一个综合的分数，因此无法在员工之间进行横向的比较，从而也就不适合为员工的奖金分配提供依据。第三，与行为对照表方法和等级鉴定方法刚好相反，关键事件方法的设计成本很低，但是应用成本很高，这是这种评价技术的突出特点。第四，采用这种评价技术时，如果评价者对员工的观察是充分而准确的，那么就能够减少评价误差。但是由于工作报告是非结构化的，在衡量指标上缺乏一组统一的规范，因此很容易发生评价错误。

三、行为对照表法

对于行为对照表法，首先由于它能够发现一般性的问题，但是无法对今后员工工作绩效的改进提供具体而明确的指导，因此不是特别适合用来对员工提供建议反馈和辅导。其次，由于这种评价技术可以通过对各项评价指标的重要性设置权重，从而可以得到在员工之间进行相互比较的分数，因此能够比较好地为奖金和发展机会的分配提供依据。第三，设计行为对照表方法需要花费很大的成本，但是执行的成本很小，因此同其他的评价技术相比，成本水平居中。第四，这种评价技术的评价标准与员工的工作内容的相关性很高，因此评价误差比较小。

四、等级鉴定法

对于等级鉴定评价法，首先由于它能够发现问题出现的领域，能够发现需要改进的员工行为或工作结果方面的部分信息，因此在一定程度上适合用

来对员工提供建议反馈和辅导。其次，由于这种评价技术虽然可以得出在员工之间相互比较的量化分数，但是在员工提出异议的情况下，评价者很难为自己的结论提出有力的证据，因此在为奖金的分配提供依据方面的作用是有限的。第三，设计和应用等级鉴定方法的成本都很低，这是这种评价技术的突出优点。第四，虽然这种评价技术的评价指标在形式上非常明确，但是由于指标定义方面的缺欠和执行中的不同理解都可能产生评价误差。

五、行为锚定评价法

对于行为锚定评价法，首先由于它能够明确指出导致问题出现的行为欠缺，因此适合用来对员工提供建议反馈和辅导。其次，由于这种评价技术可以得出在员工之间相互比较的量化分数，而且在员工提出异议的情况下，评价者能够明确地依据员工的行为为自己的结论提出有力的证据，因此适合用来为奖金的分配提供依据。第三，设计行为锚定方法的成本很高，但是应用这种评价技术的成本很低，这一点与行为对照表方法相同。第四，因为这种评价技术依据的是员工的行为，所以能够有效地避免评价误差。

六、目标管理评价法

对于目标管理评价法，首先由于它能够发现具体的问题和差距，便于制定下一步的工作计划，因此非常适合用来对员工提供建议反馈和辅导。其次，由于这种评价技术没有在员工之间和工作部门之间建立统一的目标，因此不便于对员工和各个工作部门的工作绩效进行横向的比较，所以不便于为奖金的分配提供依据，也不便于为日后的晋升决策提供支持。第三，设计目标管理评价体系需要花费很多资金和时间，因此成本很高。第四，这种评价技术的评价标准直接反映员工的工作内容，结果也易于观测，因此很少出现评价误差。我们可以将上述的分析结果总结为表 7 - 13。

表 7 - 13　业绩考核方法的比较

评价技术	提供反馈和指导	分配奖金和机会	最小化成本	避免评价错误
排序和强制分布法	不好	不好或一般	好	一般
工作报告法	不确定	不好	一般	不确定
行为对照表法	一般	好或一般	一般	好
等级鉴定法	一般	一般	好	一般
行为锚定评价法	好	好	一般	好
目标评价法	非常好	不好	不好	好

通过上述的比较分析，我们可以得到一些选择员工业绩评价方法的启示。一般而言，如果可以获得客观的工作情况资料，那么目标管理方法就是最佳选择。但是如果企业进行业绩考核的目的是为了进行重大的人事决策（如晋升和提薪等），那么评价者就必须把员工进行相互比较，这时关键事件法和工作计划与检查方法就不适用。不过在有关工资和晋升决策方面，几乎没有任何一种评价方法能够有百分之百的成功。如果在业绩评价过程中有关各方缺乏相互信任，而且评价又涉及重大人事决策，就应该使用强制选择系统，因为这种方法更能够避免评价中的蓄意夸张。如果使用锚定行为评价法，就应该做工作记录。这能够使评价更准确，同时也有助于主管人员分辨效率高和效率低的员工。一般而言，侧重描述工作行为而不是评论工作行为的评价方法所产生的评价结果最容易被评价人员理解。那些最有效的评价方法同时也往往是最难使用和维持的方法。但是从根本上讲，所有的评价方法都在衡量同样的事物，而且统计结果也表明不同评价结果之间的相关性很高。

第八章

企业薪酬制度设计原理

组织存在的目的是实现特定的组织目标，而在组织中工作的员工在为组织提供组织实现目标所需要的行为时，作为回报得到货币收入、商品和服务，这些就构成了员工的薪酬。组织的薪酬体系在组织实现自己的竞争优势和战略目标的过程中具有十分关键的作用。可以认为，薪酬制度的设计和实施是整个人力资源管理中最复杂的工作。

员工激励理论

员工激励已经使得协调一致的人力资源管理政策成为现代组织中一种必不可少的政策。未来的人力资源管理政策不能建立在对员工改进工作绩效的责任感的依赖的基础上，而是应该认真思考工作绩效和生产效率问题的原因，然后改进现行的人事政策中不能激励员工的部分。

激励理论的内容

行为科学对薪酬的激励效应进行了大量的研究。激励理论包括两种形式，即满足/内容理论和过程理论。满足理论强调的是什么因素激励员工努力工作来提高工作效率，其中的一个关键问题是金钱是否能够引导员工付出更多的努力。例如，在销售人员付酬制度中的佣金制就依赖这样一个假设：金钱确实是一个激励因素。对于很多人来说，金钱都是一个诱发较高绩效水平的因素。激励的过程理论强调的是员工如何被激励去努力工作的，它包括手段—期望理论和公平理论。

满足/内容理论的基本假定是人们愿意做那些能够从中得到补偿的事情。具体而言，满足/内容理论包括需要理论、强化理论和期望理论。需要理论认为人们都有某些生理和心理上的需要，并且总是尽力使这些需要得到满足。没有得到满足的愿望产生激励，而已经得到满足的需要不会产生激励。主要的需要理论包括马斯洛的需要层次理论、赫茨伯格的需要双因素理论和麦克莱兰的需要分类法。

一、需要层次论

马斯洛的需求理论认为激励的根源是一种内在的压力、内在的需要。在马斯洛的需要层次论中，人的需要被划分为由低到高五个层次：（1）生理需求，如食物、饮水、栖身和休息等的基本需求；（2）安全需求，即防止危险和被剥夺的需求；（3）社会需求，即对亲情、给予、友谊和接受关怀的需求；（4）自尊需求，即寻求自信、自立、成就、知识、地位、受人赏识、受人认同和受人尊敬的需求；（5）自我实现需求，即实现自己理想、完善自我的需求。在这五种需求形成的需求层次系统中，当比较低的层次满足之后，才会引发比较高层次的需求。一般认为，自尊需求和自我实现的需求是很难达成的。

二、双因素理论

赫兹伯格将马斯洛的五个需求层次分为两类，即比较低级的需求和比较高层次的需求。比较低层次的需求包括生理、安全和社会需求，而比较高级的需求包括自尊和自我实现的需求。只有比较高级的需求才会产生激励作用。赫兹伯格认为，满足比较低级的需求的因素是保健因子。如果薪水和比较好的工作环境等保健因子不足，员工就会不满。但是，使用这些保健因素进行激励是非常不好的激励方式，因为这些比较低级的需求很快就会得到满足。而一旦满足之后，除非以大幅度的方式上升，否则不会产生激励作用。因此，这些保健因素只有在原来的水平很低时才会起激励作用。通过提供保健因子进行激励活动是非常缺乏效率的。满足比较高级的需求的因素是激励因子，包括丰富工作内容，提供获得成就感、认同感、承担责任和更有挑战性工作的机会，这些因素能够满足员工比较高级的需求。一般来说，这些需求很难满足。因此，提供激励因子是富有效率的激励方式。

三、需要类别理论

麦克莱兰和亚特金森的需要分类法是一种从人们想要得到的结果的类别对需要进行分类的方法。他们认为人们有三种需求，即成就需求、权力需求和隶属需求。成就需求比较强的人愿意看到自己的贡献，所以他们喜欢承担有一定风险的工作，他们也喜欢迅速知道自己的绩效情况。提供挑战性的工作对这种人有激励作用。权力需求比较强的人喜欢掌握能影响别人的事物，他们喜欢能够建议别人、使人听从的职位，因此提供权力对这种人有激励作用。隶属需求比较强的人愿意与别人建立亲密关系，并从别人那里寻求关怀和友谊，因此在工作群体中建立融洽的气氛对这种人有激励作用。在他们看来，每个人都有这三种需求，但是在每个人身上三种需求的比例是不同的。

四、强化和期望理论

强化理论也被称为刺激理论或诱导条件理论，其理论基础是学习原理—后果定律。该理论的含义是得到奖励的行为倾向于重复出现，没有得到奖励的行为则倾向于不再重复。强化理论的中心是工作绩效与奖励之间的客观联

系，而期望理论则强调工作绩效与奖励的主观联系，即员工期望得到什么。期望理论认为员工的决策是决定于以下三个方面：价值、绩效获奖估计和期望。所谓的价值指的是员工对奖励价值的评价，绩效获奖估计指的是高工作绩效得到奖励的可能性，而期望指的是员工对自己尽到努力就能够获得良好工作绩效的信心。于是，相信自己的努力能够带来出色的工作绩效并预计其成就可以获得重大奖励的员工会提高自己的工作积极性，并在获得与他们的期望相吻合的奖励后继续保持这种积极性。

五、手段—期望理论

所谓的手段—期望理论可以用下式来说明：

努力——→绩效——→报酬

按照手段—期望理论，薪酬是否是一个合适的激励因素决定于努力、绩效和报酬之间的联系。换言之，员工的努力应该取得相应的工作绩效，同时这一高水平的工作绩效应该得到足够的补偿。只有在努力程度与工作绩效之间的联系强度和工作绩效与报酬之间的联系强度都足够大时，金钱才能成为一个有效的激励因素。

有效激励系统的要求

在激励的满足/内容理论和手段—期望理论中，员工是否会受到激励取决于下述两个条件。第一，员工相信自己如果努力工作会得到好的工作绩效。第二，好的工作绩效会得到期望中的奖赏。激励是人力资源管理中重要的一个环节，它是最简单同时也是最复杂的工作。之所以说它简单是因为人们实际上都是在为了获得奖赏而努力工作的，因此只要找到人们期望的事物，就可以把它作为工作的奖赏，来激励员工努力工作。说它复杂是因为以下三个方面的原因：第一，每个人所期望的事物不同，因此组织很难找到能够普遍具有激励作用的事物。第二，每个人所期望的事物会随着年龄、生活和工作状况的变化而变化。第三，即使企业知道一项事物对某人很有激励作用，这种激励作用也只有在这个人相信自己努力工作会获得这项奖赏时才会起作用。所以，维克多·弗隆（Victor Vroom）的激励理论认为，只有当人们认为经过努力可以完成任务，而且完成任务可以实现一个对于自己来说非常重要的结果时，激励作用才会发生。

企业的经理人员在应用激励理论时需要重点考虑以下三个方面：工作绩

效的定义、提供创造绩效的条件和促进工作绩效。工作绩效的定义包括三个因素，即目标、度量和估价。确立目标是提高工作绩效的有效策略，因为目标使岗位责任更加明确，能够指明员工的努力方向。同时，目标的实现情况也必须便于经理人员进行度量，这是工作标准起决定性作用的方面。估价目标的完成程度可以促使员工不断提高工作绩效。

企业为员工提供创造绩效的条件应该包括以下三个方面：第一，为工作绩效的提升清除障碍，这包括避免设备维护不良、原材料供给及时和质量合格、工作场所设计合理以及高效率的工作方法等。第二，为工作绩效提升提供手段和充足的资源，包括提供充分的财力、物力和人力资源。第三，精心确定人选，合理配置人员，这可以提高生产积极性，降低劳动力成本。

促进工作绩效涉及以下问题：奖励的形式、奖励的数量、奖励的时间、对奖励的喜欢程度和奖励的公平性。经理人员应该选择对员工有价值的奖励形式，同时数量也应该能够足够多，以激励员工去努力争取。此外，对员工进行奖励的时间也要及时。

激励计划发生作用的心理学基础是：第一，强化工作动机可以改善工作绩效；第二，给予承认是一个重要的激励因素。这两点应该成为激励计划设计的基本依据。一个有效的激励计划应该具有下述特征：一是简明，即激励计划的规则简明扼要，容易理解；二是具体，可以衡量的目标是制定激励计划的基础；三是可以实现，每个员工都应该有一个合理的机会赢得他们希望得到的东西。

许多公司取得成功的经验是相信事在人为。为了在竞争中提高产品质量，有的企业每个月都召开一次全体员工参加的会议，在会议上表扬一位当月生产质量最好的员工，给他一定的奖金，并把他的姓名刻在一个光荣榜上，在公司的醒目地带长期展示。另外，在公司重新发行股票的时候，用折价或免费的方法使工作业绩突出的员工分享公司的所有权。甚至在招聘的时候，公司就特别注意挑选那些非常关心自己、关心自己的家庭和公司的候选人。公司的高层管理人员希望如何对待公司，那么他们就应该用同样的方式对待员工。不要责备员工在工作中的失败，否则员工就会因为担心失败而放弃改进工作的尝试，从而阻碍公司的发展。

公平理论

公平感与满足感既有区别又有联系。满足感取决于已经获得奖励的数量和仍然希望进一步得到的数量。公平感取决于员工所获得的奖励和他所做出的贡献之比与某一衡量标准相比是高还是低。这种衡量标准既可以是组织内的其他员工或组织外部员工获得的奖励与他们的贡献之比，也可以是自己在不同时期得到的奖励与贡献之比，还可以是对自我价值的估价或者是组织所做出的许诺。标准的选择取决于信息的获得成本与标准和个人的相关程度。需要指出的是，在组织中，员工的满足感固然很重要，但是更重要的是每个员工都认为自己所得到的报酬是公平的，而且能够通过改进自己的工作绩效进一步增加报酬。

在组织中工作的员工都希望自己被公平地对待。这里所谓的公平指的是员工对自己在工作中的投入与自己从工作中得到的结果两者之间的平衡。员工的投入包括教育、工作经验、特殊技能、努力程度和花费的时间。员工得到的结果包括薪酬、福利、成就感、认同感、工作的挑战性、工作的名声和任何其他形式的报酬。根据公平理论，一个员工要估计自己的收益与投入的比率与别人的收益与投入的比率是否相等，以此来确定自己是否被公平地对待。

人们希望自己的贡献和得到的报偿之间能够保持平衡状态。如果别人的收益—投入比高于自己的收益—投入比，这个员工就会觉得对自己的补偿不足。在这种情况下，有可能导致以下的结果：第一，员工有可能要求提高自己的报酬水平。这也是为什么很多公司愿意实行秘密给付制度，并要求员工之间不要彼此讨论报酬多少的原因。第二，员工可能会减少自己的投入，降低努力程度，在极端的情况下将发展为辞职。第三，员工也可能改变自己的参照对象或者理性地认为这种不公平是不重要的。美国曾经做过的一项实验表明，当员工的工资水平被削减 15% 时，员工在企业中的偷窃行为明显增加。而当工资水平恢复到原来的水平时，员工的偷窃率也恢复到原来的水平。在通常情况下，人们总是过高地估计自己的绩效和别人的待遇。换言之，大多数人都有认为自己受到不公正待遇的倾向。当然，也存在员工感到自己被过度补偿的情况。那些感到自己被过度补偿的员工可能更加努力地工作，也可能义务地去承担自己任务以外的工作。国外的研究表明，那些长期被过度补偿的员工由于总是处于一种被高度激励的状态，他们的寿命也相对比较短。当我们将公平理论应用于薪酬制度，可以得到三种公平的表现形

式，即外部公平、内部公平和员工个人公平。

一、外部公平

所谓的外部公平强调的是本企业薪酬水平同其他组织的薪酬水平相比较时的竞争力。这种外部竞争力关注的是组织之间的薪酬水平的相对高低，与其他公司相互比较的相对性质是外部竞争力概念的核心。在考虑到公司薪酬政策的外部竞争力时，公司的薪酬水平可以高于其他公司，可以与其他公司保持一致，也可以低于其他公司。让自己公司的报酬水平高于竞争对手的公司的目的是吸引和保持最优秀的员工为本公司服务，如惠普公司就是如此。但是这里有一个前提是公司必须有办法和有能力从众多的工作申请人中甄别出那些真正优秀的员工，同时员工方面（相对于设备和其他技术条件）的差异在创造企业杰出的业绩方面也有重要的作用。如果让本公司员工的薪酬标准低于自己的竞争对手，那么这也只能是自己公司员工固定的基本薪酬低于竞争对手，否则公司就难以避免人才流失和企业的生存危机。如果采用这种低基本薪酬的策略，那么公司必须向员工提供与此相配合的报酬措施，这些措施包括高额的绩效奖金、良好的福利、方便的工作条件或者有吸引力的培训机会等。

需要指出的是，强调外部竞争力的薪酬政策对组织的目标具有双重影响。一方面，企业必须对员工支付足够高的薪酬，否则无法留住足够数量的合格员工，因此，企业的报酬水平不能太低。另一方面，企业支付给员工的报酬构成企业所生产的产品或服务的成本的重要组成部分，过高的劳动报酬必然会提高产出在市场上的价格，从而降低企业的产品在市场上的竞争力，威胁企业的生存。所以，企业的报酬水平又不能太高。从这一角度来看，企业在确定员工薪酬的合适水平的时候，应该遵循最优化的原则。

二、内部公平

所谓的内部公平也就是薪酬政策中的内部一致性，它强调的是在一个组织内部不同的工作之间、不同的技能水平之间的报酬水平应该相互协调。这意味着组织内部的报酬水平的相对高低应该以工作的内容为基础，或者以工作所需要的技能的复杂程度为基础，当然也可以是工作内容或技能要求的某种组合。但是，无论如何，内部一致性强调的重点都是根据各种工作对组织整体目标实现的相对贡献大小来支付报酬。

值得注意的是，我们所讲的决定报酬的内部公平准则所依据的不是从事这一工作的员工个人特征，不是他的学历或者他技能水平的高低，而是工作本身，是真正地对事不对人。在实现薪酬政策的内部一致性时，公司有多种选择。公司既可以把职位的高低等级划分的多一些，也可以划分的少一些。相似地，公司可以把工作的类别划分的详细一些，也可以划分的粗略一些。同时，公司还可以使不同层次或类别的工作的报酬差异大一些，或者小一些。不过所有这些方式的选择都应该与组织目标和企业所面临的竞争环境相配合。

三、员工个人公平

员工个人公平指的是在对同一个组织中从事相同工作的员工的薪酬进行相互比较时公平性是否成立。员工个人之间的公平性要求组织中每个员工得到的薪酬与他们各自对组织的贡献相互匹配。薪酬政策中的员工贡献强调的是组织中员工个人的报酬水平由于以下几种因素所产生的差异的相对大小应该合理：一是员工个人的绩效差异，二是承担相同工作或者掌握相同的技能的员工的资历差异。这种由于员工的业绩水平或者资历等方面的差异引起的薪酬差异是否存在以及是否合理对员工的工作态度和工作行为都有重要的影响。前面讲的内部一致性强调的重点是工作本身对薪酬决定的作用，而员工贡献因素强调的则是员工个人特征对薪酬决定的影响。

一个好的薪酬系统应该同时考虑到以上的外部竞争力、内部一致性和员工贡献因素。还应该强调的是，尽管我们可以设计一套能够将以上这三种因素都结合在一起的薪酬体系，但是如果没有有效的管理工作，这套系统也不会发挥预想的作用。薪酬系统的管理工作包括确定这套系统的成本，了解员工对这套薪酬体系的感受，与员工保持沟通并让他们了解薪酬体系的作用方式，最后判断薪酬系统是否达到了组织预期的目的。

薪酬政策是薪酬系统的基石，在组织的目标、薪酬政策和报酬工具三者之间存在着密切的联系。这一关系可以用乔治·米考维奇和杰里·纽曼在1993年提出的一个薪酬决定模型来进行说明。该模型表明，基本的薪酬政策工具包括四种：外部竞争力、内部一致性、员工贡献和薪酬管理工作。这一模型如表8－1所示。我们将在本章余下的部分里研究企业在员工薪酬体系设计过程中是如何来实现外部竞争力和内部一致性的，并将在下一章里研究

员工个人贡献在员工薪酬决定中的作用方式和整个薪酬体系的管理问题。

表 8－1　薪酬决定模型

薪酬政策	政策的内容	薪酬政策的目标
外部竞争力	市场定位　市场调查　政策界限　薪酬结构	有效性（绩效驱动、全面质量、客户导向、成本控制）公平合法
内部一致性	工作分析　工作描述　工作评价　工作结构	
员工贡献	资历基础　绩效基础　提薪指导　激励计划	
管理工作	计划预算沟通评价	

工作评价

内部一致性实现的前提是明确组织中各种工作的相似性或者说差别性以及这些工作对组织的整体目标实现的相对贡献的大小，这些相似性和差别性就构成了组织中工作关系的内部结构。在企业的薪酬政策设计过程中，我们可以以某一方面的依据为标准来设计公司内部的薪酬结构。这些依据可以是工作本身、工作所需要的技能或者市场薪酬水平。在以工作为依据设计薪酬结构时，需要我们首先进行工作评价。所谓的工作评价是指根据各种工作中所包括的技能要求、努力程度要求、岗位职责和工作环境等因素来决定各种工作之间的相对价值。工作评价经常需要努力用语言来表达可以感觉到的各种工作之间的差别，对各种工作的解释必须能够回答工作对员工的要求。工作评价的目的是通过对工作进行系统的和理性的评价，帮助我们确定工作结构，然后由工作结构决定薪酬结构，从而使企业薪酬制度符合内部一致性的要求。

工作评价与薪酬结构

工作评价的内容包括评价工作的任务和责任、完成工作所需要的技能以及各种工作对组织整体目标实现的相对贡献大小，所以在工作评价与工作分析之间有着密切的联系，工作分析所得到的信息是对工作进行评价的重要基础。在工作分析中，我们可以对工作进行系统的研究，并由此对工作的性质做出评判，得出工作描述。工作描述中的充分的信息应该使我们能够对工作的复杂性、难度、责任和价值做出恰当的评价，从而确定这些工作之间的相对价值，同时识别、确定和权衡对各种工作应该给予补偿的因素。所以说，工作分析是工作评价的起点。

虽然不同的组织在进行工作评价时所采用的标准不太相同，但是不管使用什么标准，最后总是要得到一个工作结构。需要指出的是，在人力资源管理中，我们所讲的工作结构实际上指的是由一个系列的工作中的不同级别构成的体系。但是实际上在公司中通常存在着多个工作系列，因此实际上就应该存在多个工作的结构。在确定这种结构时，不同的工作系列可能需要使用不同的方法和不同的评价标准来对待。当我们把薪酬标准的各种水平与工作结构的各种水平结合在一起的时候，我们就得到了公司的薪酬结构。换言之，薪酬结构指的是一个组织中各种工作之间的报酬水平的比例关系。这种比例关系包含两个方面的含义：一是不同层次的工作之间报酬差异的相对比值，二是不同层次的工作之间报酬差异的绝对水平。一个公司的薪酬体系要实现内部公平的目标应该至少具备以下三个特征：第一，完成这一工作所需要的知识和技能越多，得到的报酬也越多。第二，从事这种工作时所处的环境越不好，这种工作得到的报酬就应该越高。第三，一种工作对实现组织整体目标的贡献越大，这种工作得到的报酬也应该越多。

公司的薪酬结构是一项非常重要的管理工具，对员工的工作行为和态度具有重要的影响。如果报酬差别过小，那些承担责任重大、内容复杂和比较辛苦的工作的员工就可能会感到自己的工作没有得到充分的补偿，从而也就可能产生不满甚至导致辞职。如果报酬差别过大，那些从事相对比较简单、任务比较轻松的工作的员工又可能产生不满情绪。当报酬结构不合理时，员工可能没有积极性长期在该企业服务，从而影响到他们参加技术培训的意愿，也可能使他们不太愿意服从组织新的工作安排。所以，不合理的薪酬结构对组织整体竞争能力的提升具有严重的危害。

在实际工作中，工作评价一般是在公司的外部顾问的指导下，由熟悉本公司各种工作的员工组成的工作评价委员会实施。工作评价委员会应该按照相对于公司的相对价值来确定各种工作之间的关系，要防止代表各个部门的委员会成员的本位主义倾向。各种工作评价方法的最终目标相同，都是根据各种工作对于组织的相对价值将其分等排序，以便为每种工作确定公平合理的工资率。最主要的工作评价方法包括工作排序法、因素比较法、工作分类

法、点数法和海氏系统方法。从是否进行量化比较的角度看，工作排序法和工作分类法属于将整个工作看作一个整体的非量化评价方法；而因素比较法、点数法和海氏系统方法属于按照工作要素进行量化比较的评价方法。从工作评价中的比较标准看，工作排序法和因素比较法属于在不同的工作之间进行比较的工作评价方法；而工作分类法、点数法和海氏系统方法属于将工作同既定的标准进行比较的工作评价方法。于是，上述五种工作评价方法的特点可以概括为表 8－2。

表 8－2　工作评价方法的比较

工作结构的依据	非量化比较：工作整体	量化比较：工作要素
工作—工作比较	工作排序法	因素比较法
工作与量级比较	工作分类法	点数法；海氏系统方法

工作排序法

工作排序法是根据各种工作的相对价值或它们各自对组织的相对贡献来由高到低地进行排列。工作评价中的排序法与员工业绩考核中的排序法在性质上是非常相似的，唯一的区别是员工业绩考核中的排序法关注的是员工的工作绩效，而工作评价的排序法所排列的对象是工作本身。工作排序法的实施程序是：第一，选择工作评价者和需要评估的工作。一般情况下，评价者由一个管理人员委员会担当。第二，取得评价工作所需要的资料，这可以通过进行工作分析，以工作说明书作为排列法的依据。第三，进行评价排序，一种比较规范的方法是发给评估者一套索引卡，在每张卡片上标明工作的特点，然后让评估者进行高低排序。与员工业绩考核一样的是，工作排序法也可以使用交错排序法，即先选出价值最高的工作，然后选出价值最低的工作，然后再选次高、次低等等，其理由也是人们比较容易认定极端的情形。工作评价中的工作排序法还可以使用工作的成对比较法，而且研究结果表明这种方法的可靠性要高于简单排序法和交错排序法。

工作排序法是各种工作评价方法中最简单的一种，其主要的优点是简单方便，容易理解和应用，比较适合缺乏时间和金钱作规划工作同时结构稳定的小公司。但是，这种工作评价方法有很多缺点。首先，在应用这种方法时，对工作岗位进行排序时所使用的标准经常定义得比较宽泛，没有明确的补偿因素，所以在排序过程中很难避免主观因素。其次，工作排序

法要求评估委员会的成员对每一个需要评价的工作的细节都非常熟悉。第三，工作排序方法的另一个明显缺陷是虽然它能够排列各种工作相对价值的相对次序，但是它无法回答在相邻的两个工作岗位之间的价值差距是多少。例如，工作排序法可以告诉我们行政秘书的工作价值大于录入员，小于系统分析师。但是它无法告诉我们行政秘书的工作价值比录入员的大多少，又比系统分析师的少多少。要解决这一问题，就需要采用数量性的工作评价方法。

因素比较法

因素比较法是一种比较计量性的工作评价方法，与工作排序法比较相似，因此可以将它看作是改进的工作排序法。因素比较法与工作排序法的第一个重要区别是排列法只从一个综合的角度比较各种工作，而因素比较法是选择多种报酬因素，然后按照每种因素分别排列一次。因素比较法与工作排序法的第二个区别是因素比较法是根据每种报酬因素得到的评估结果设置一个具体的报酬金额，然后计算出每种工作在各种报酬因素上的报酬总额并把它作为这种工作的薪酬水平。

因素比较法的基本实施步骤是：第一，在每一类工作中选择标尺性工作作为比较的基础。所选择的标尺性工作应该是那些在很多组织中都普遍存在、工作的内容又相对稳定同时其市场流行工资率公开的工作。标尺性工作的基本工资是固定的，其他报酬根据基本工资的水平进行调整。第二，把一个工作类别中包括的各种工作的共同因素确定为补偿因素，这些补偿因素可能包括责任、工作环境、精力消耗、体力消耗、教育水平、技能和工作经验等因素。第三，根据标尺性工作所包括的各种补偿因素的规模确定各种标尺性工作在各种补偿因素上应该得到的基本工资，其水平应该参照市场标准，以保证企业报酬体系外部公平性的实现。各种标尺性工作在各种补偿因素上应该得到的报酬金额的总和就是这种标尺性工作的基本工资。第四，将非标尺性工作同标尺性工作的补偿因素逐个进行比较，确定各种非标尺性工作在各种补偿因素上应该得到的报酬金额。这一步骤确保了各种工作之间的内部公平性。第五，将非标尺性工作在各种补偿因素上应该得到的报酬金额加总就是这些非标尺性工作的基本工资。表 8 - 3 是一个因素比较法的示例。

表 8-3　因素比较法量表

小时工资率	技能	努力	责任	工作条件
¥0.50			工作 1	
1.00	工作 1			工作 2
1.50		工作 2		
2.00		工作 1	工作 X	
2.50	工作 2			工作 3
3.00	工作 X			
3.50		工作 X	工作 3	工作 X
1.00	工作 3			
4.50			工作 2	
5.00		工作 3		工作 1

在本例中，工作的补偿因素包括技能、努力、责任和工作条件。工作 1、工作 2 和工作 3 是标尺性工作。工作 1 的小时工资率为 8.5 元（1.00 + 2.00 + 0.50 + 5.00），工作 2 的小时工资率为 9.5 元，工作 3 的小时工资率为 15 元。如果现在需要评价工作 X，它在各种补偿因素上的地位如表 8-3 中的位置所示，那么就可以知道 X 的小时工资率应该为 12 元。需要指出的是，因素比较法在应用上非常繁复，而且还需要不断根据劳动力市场的变化进行更新，因此这种工作评价方法是应用最不普遍的一种。

工作分类法

工作分类方法是将各种工作与事先设定的一个标准进行比较，它能够克服工作排序法所无法解决的问题。这种方法很像在书架的各个格子上贴上标签的过程。实行工作分类法的步骤是：第一，工作评价者应该确定工作类别的数目，一般包括 5 到 15 种工作类别，典型的情况是分为 8 类左右。第二，为各种工作类别中的各个级别进行定义，这些定义为薪酬体系的建立提供了依据。表 8-4 是为办事员工作类别划分的 5 个等级的定义。第三，将各种工作与确定的标准进行比照，然后将它们定位在合适工作类别中的合适级别上。

表 8-4　办事员工作类别体系

第一级	简单工作，没有监督责任，不需要与公众交往
第二级	简单工作，没有监督责任，需要与公众交往
第三级	中度的工作复杂性，没有监督责任，需要与公众交往
第四级	中度的工作复杂性，有监督责任，需要与公众交往
第五级	复杂工作，有监督责任，需要与公众交往

工作分类法的优点是简单明了，很容易被员工理解和接受。工作分类法是一种在需要对大量的工作岗位进行评价，而且这些工作在工作任务的内容、责任、工作环境和工作所需要的技能差别很大的情况下非常实用的评价技术。这种方法还具有很高的灵活性，当组织中的工作的数量增加时，那些新增加的工作可以很容易地被定位在合适的位置上；当一种工作的要求变化以后，它就可能需要被重新划分到较高或者较低的工作级别中去。工作分类法强调的是工作类别的差异，而不是单个工作的差异，因此非常适合在公共部门和大公司的管理人员和专业技术人员中应用。美国联邦政府雇员的薪酬体系就是根据工作分类法设计的。工作分类法的缺点是它实际上假定工作因素与工作价值之间存在着稳定关系，因此有时工作岗位在分类体系中的定位有些牵强，会产生不公平感。另外，在工作类别的划分上也有一定的难度，如果工作的类别太少，就难以准确地区分工作的价值；如果工作的类别太多，对各种工作等级进行定义就是一个非常复杂的工作。

点数法

点数法是把工作的构成因素进行分解，然后按照事先设计出来的结构化量表对每种工作要素进行估值。点数方法是目前国外的公司中应用最普遍的一种工作评价方法，在开展工作评价的组织中有一半以上采用的都是点数法。应用点数方法进行工作评价的步骤一般是：第一步，进行工作分析；第二步，准备工作说明书；第三步，选择补偿因素；所谓的报酬因素指的是能够为各种工作的相对价值的比较提供依据的工作特性。常见的报酬因素包括技能、责任、工作条件和努力程度等。一般地，在工作评价委员会确定报酬因素时，会根据相对于工作的重要性来选择报酬因素。根据情况需要，所选择的补偿因素可能只有一个，也可能包含很多个。从美国企业的经验来看，补偿因素的数目一般在 3 到 25 种之间，典型的情况是 10 种左右。第四步，为各种补偿因素建立结构化量表，来反映各个等级之间的程度差异。在这一过程中，评价委员会要把每种报酬因素在工作中的重要性分为若干等级，按照每种等级差异的大小分别赋予一个相应的点数。在各种等级中，应该给出工作岗位的若干例子，以此作为标尺性工作。

为了使设计出来的量表具有合理的结构，评价委员会首先需要为各种补偿因素的重要性赋予一个权重，补偿因素的权重是与这种因素在工作中的重

要性相一致的。假定工作评价委员会决定使用技能、努力、责任和工作条件四种补偿因素，然后决定他们要使用的总点数，如1000。然后根据各种补偿的相对重要性确定分配这些点数。假设技能的权重被确定为20%，那么将有总共200点分配给技能。如果技能被划分为10个等级，每提高一个等级点数增加20点，那么，一项需要掌握最低等级技能的工作在技能方面就应该得到20点，而一项需要掌握次低等级技能的工作在技能方面就应该得到40点，依次类推，如果一个工作需要最高等级的技能，那么它在技能方面就应该得到200点。按照类似的方法，我们可以对努力程度、责任和工作条件进行同样的处理。在设计结构化量表的过程中，每种补偿因素划分的各个相邻级别之间的差距最好相等。表8－5是一个典型的点数法补偿因素的结构化量表。

表8－5　一个典型的点数法计划

补偿因素	第一级	第二级	第三级	第四级	第五级
技能					
1. 教育	14	28	42	56	70
2. 经验	22	44	66	88	110
3. 知识	14	28	42	56	70
努力					
4. 体力要求	10	20	30	40	50
5. 心理要求	5	10	15	20	25
责任					
6. 设备/程序	5	10	15	20	25
7. 材料/产品	5	10	15	20	25
8. 他人安全	5	10	15	20	25
9. 他人工作	5	10	15	20	25
工作条件					
10. 工作条件	10	20	30	40	50
11. 危险	5	10	15	20	25

当我们针对各项工作把它的各种报酬因素的分数加总就是这项工作的总分。当公司中所有的工作岗位的总分数都被计算出来以后，这个公司的薪酬结构也就被建立起来了。虽然每种工作的点数可能都不相同，但是组织出于便于管理的考虑，经常会将某一个点数范围内的所有工作确定为一个工作级别。在一个组织中，如果不同工作系列的补偿因素有差别，或者各个工作系列之间相同的补偿因素的差别程度不同，那么就需要为不同的工作系列设计出不同的补偿因素点数的结构化量表。不难发现，点数法的设计比较复杂，但是一旦设计出来以后，其应用是十分方便的。

海氏工作评价系统

海氏工作评价系统是点数法和因素比较法的一个很好的结合，是由美国工资设计专家艾德华·海于 1951 年研究开发出来。特别适合于对管理类和专业技术类工作岗位进行评价。实际上海氏系统也是一种点数方法，它与点数方法的主要区别在于海氏系统所使用的补偿因素是确定的。该公司认为有三种应该给予补偿的因素：诀窍、解决问题的能力、岗位责任对公司成败影响的大小。在诀窍中包括三个子因素，在解决问题的能力中包括两个子因素，在责任中包括三个子因素。但是在工作评价过程中只确定诀窍、能力和责任的点数，因此这三种因素也被称为海氏因素。

下面，我们以诀窍为例来说明海氏工作评价体系的特点。诀窍是指使工作达到规定的标准所需要的，无论通过什么方式所获得的各种技术、技巧的总和。诀窍所包括的三个子因素是：第一，科学知识、专门技术和实践经验，用来反映工作对承担者的教育背景和工作经验的要求。第二，管理技巧要求，指的是在经营、辅助管理和直接管理领域中协调涉及各种管理情景的各种职能并使之一体化的诀窍。这种诀窍既可以执行性地运用，也可以商议性地运用，并涉及组织、计划、执行、控制和评价职能的综合运用。第三，人际关系技巧要求，指的是人际关系方面的积极的、熟练的、面对面交往的技巧。诀窍的衡量包括着广度（多样性）和深度（透彻性）两个方面。一种工作可能需要涉及大量事物的某一方面知识，也可能需要涉及少量事物的大量知识，因此诀窍是广度与深度的结合。这一概念可以使我们能够通过回答以下的问题来对不同工作的总体诀窍内容进行比较和衡量，即“涉及多少种事物？需要多少知识？”

在表 8－6 中，纵向反映的是科学知识、专业技术和实践经验，横向的第一个层次反映的是管理诀窍，横向的第二个层次反映的是人际关系技巧。在海氏系统中，科学知识被划分为八个等级。A. 基本的水平：达到基本的工作规则要求与工作训练。B. 初等业务水平：熟悉不很深入的、标准的工作规则并使用简单的设备和机器。C. 中等业务水平：精通整个过程或整个系统并熟练地掌握某种专门设备和使用方法。D. 高等业务水平：无论怎样获得的，能够给单一职能的工作提供额外的广度和深度的某种专门（一般是非技术性的）技巧。E. 基本的专门技术：需要掌握深入的实践技能和惯例

或科学知识或二者兼备的充分技术。F. 适合而适用的专门技术：通过在一个专门的或技术的领域中的广泛实践或经验而获得的，掌握深入的实践技能和惯例或科学理论或二者综合的精通的技术。G. 精通的专门技术：通过广泛的提高性的或专门性的训练而获得的对关键性的技术、实践和理论的精通。H. 精通的专业：对科学知识或某种学科特殊的、无比的精通。

表 8 - 6　海氏系统的点数分配表：诀窍（部分）

	Ⅰ			Ⅱ			Ⅲ			Ⅳ		
	1	2	3	1	2	3	1	2	3	1	2	3
A	50 57 66	57 66 76	66 76 87	66 76 87	76 87 100	87 100 115	87 100 115	100 115 132	115 132 152	115 132 152	132 152 175	152 175 200
B	66 76 87	76 84 100	87 100 115	87 100 115	100 115 132	115 132 152	115 132 152	132 152 175	152 175 200	152 175 200	175 200 230	200 230 264
C	87 100 115	100 115 132	115 132 152	115 132 152	132 152 175	152 175 200	152 175 200	175 200 230	200 230 264	200 230 264	230 264 304	264 304 350
D	115 132 152	132 152 175	152 175 200	152 175 200	175 200 230	200 230 264	200 230 264	230 264 304	264 304 350	264 304 350	304 350 400	350 400 460
E	152 175 200	175 200 230	200 230 264	200 230 264	230 264 304	264 304 350	264 304 350	304 350 400	350 400 460	350 400 460	400 460 528	460 528 608
F	200 230 264	230 264 304	264 304 350	264 304 350	304 350 400	350 400 460	350 400 460	400 460 528	460 528 608	460 528 608	528 608 700	608 700 800
G	264 304 350	304 350 400	350 400 460	350 400 460	400 460 528	460 528 608	460 528 608	528 608 700	608 700 800	608 700 800	700 800 920	800 920 1056
H	350 400 460	400 460 528	460 528 608	460 528 608	528 608 700	608 700 800	608 700 800	700 800 920	800 920 1056	800 920 1056	920 1056 1216	1056 1216 1400

管理诀窍的广度被划分为五个等级。Ⅰ. 最小或不相关：对一项活动的实施和管理具有对其目的和内容的高度特定性，仅需对相关活动的一般了解。Ⅱ. 相关的：对本质和目的相对一致的众多活动需要在概念或实施方面进行协调或一体化。Ⅲ. 多样的：在重要的管理领域中对性质和目的不同的众多活动在概念或实施方面进行协调或一体化。Ⅳ. 广泛的：对一项复杂的经营业务的主要活动进行一体化或对显著影响企业总体计划或经营的战略性职能进行整个企业范围内的协调。V. 总体的诀窍。

人际关系技巧被划分为三个等级。1. 基本的：在与他人的交往中，通过正常的接触，请求对方或向对方提供信息来表达普通的礼貌并给人以良好的印象。2. 重要的：理解、影响和服务于他人对于完成工作、促进他人采取行动或求得他人理解是需要考虑的重要问题。3. 关键的：最大程度地理解、选择、发展和激励他人的某种或综合的技巧是非常重要的。

在根据海氏系统对各种工作进行评价时，工作评价委员会的任务是借助于工作分析和海氏系统的点数分配表确定每种工作的各个补偿因素所应该得到的分数，然后把这三个海氏因素的分数加总就是每种工作的总点数。

技能导向的薪酬结构

上面我们讲的工作分析方法都是服务于根据工作内容来建立薪酬结构的。近年来，技能导向的薪酬结构越来越受到人们的重视。所谓的技能导向的薪酬结构是根据员工掌握的技能来确定薪酬，而不是像工作导向的薪酬结构那样，按照员工所承担的工作来确定薪酬。技能导向的薪酬结构确定方法在中小型公司中的应用非常广泛。一般而言，技能导向的薪酬结构有两种表现形式：一种是以知识为基础的方法，另一种是以多重技能为基础的方法。前者根据员工所掌握的完成工作所需要的知识的深度来确定薪酬，后者则根据员工能够胜任的工作的种类数目，或者说员工技能的广度来确定薪酬。由此可见，技能导向的薪酬结构确定原则与工作导向的薪酬结构确定原则的一个重要区别就在于技能导向的薪酬结构确定原则强调的是员工方面的特征，而工作导向的薪酬结构确定原则强调的是工作方面的特征。

以知识为基础的深度方法在薪酬结构确定中的作用方式可以用教师职业进行说明。两个教员可能正在承担相同的工作，例如为相同专业的相同年级的学生讲授相同的课程，但是他们中一个只有本科文凭，另一个具有硕士文凭。在接受教育过程中花费的不同时间意味着他们具有不同的知识深度。因此，具有硕士文凭的教员的薪酬应该高于只有本科文凭的教员。其理论依据是具有较高文凭的教员的工作效果更好，而且他可以承担更高要求的教学工作，换言之，具有更大的灵活性。以多重技能为基础的广度方法确定薪酬结构时，员工所掌握的技能的种类越多，应该得到的报酬也就越多。换言之，员工要想提高自己的薪酬水平，必须学习新的知识，而这些知识又是公司的工作所需要的。假如公司的某一类别的工作包括 7 种任务，这些任务可以按

照从简单到复杂的顺序排列为A、B、C、D、E、F、G。能够完成A、B和C三种任务的技能是公司对员工的最低要求。那么我们可以将能够胜任这三种任务的技能合并为技能Ⅰ，将能够胜任A到E五种任务的技能合并为技能Ⅱ，将能够胜任这七种任务的技能合并为Ⅲ。于是，我们就可以按照已经掌握技能的情况将员工划分为三个等级。已经掌握了技能Ⅱ的员工可以胜任五种任务，而已经掌握了技能Ⅲ的员工可以胜任所有的七种任务，同时还要承担员工的工作委派和团队监督的工作。由此可见，在以多重技能为基础的薪酬决定系统中，每个员工的薪酬标准都是按照他已经掌握的技能的最高水平来确定，这样员工就有积极性参加培训和自觉提高业务水平，在制度上鼓励员工学习承担多重任务的技能。因此，分配给各个员工的工作职责有可能在很短的时间内进行比较大的调整，从而使员工队伍的工作能力具有相当的灵活性，并促进组织绩效的不断提升。

建立以技能为基础的薪酬结构与建立以工作为基础的薪酬结构是两种平行的薪酬结构确定方法。就像工作导向的薪酬结构的确定从工作分析开始一样，技能导向的薪酬结构确定将从技能分析开始。所谓的技能分析指的是一个系统的采集完成组织中的工作所需要的知识和技能方面的信息的方法。在技能分析中，首先需要确定“技能块”和技能水平。这里所谓的技能块指的是完成工作所需要的不同类型的技能的一个集合，它的作用与工作分析中的补偿因素相似。技能块应该具备以下三个特征：第一，技能块必须是从所要完成的工作中提炼出来的。第二，技能块的根本目的是要促进员工队伍的高度灵活性。第三，这些技能块必须能够被公司的利益相关人理解和接受。在每一个技能块内部，又可划分为不同的等级，这就是技能水平。技能导向的薪酬计划的一种做法是针对某一种职位所需要的所有技能进行列举，并在此基础上设计三种技能块，包括基础技能块、限制性选择技能块和自由选择技能块。其中，基础技能块是公司对这种职位员工的最低要求，不计算分数。限制性选择技能块中每一种技能都对应一个分数，员工已经掌握的限制性技能块中所有技能各项分数的加总就是员工在限制性技能块上的水平衡量。自由选择技能块的项目也不计算分数，而是直接按照种类计算。这样，公司就可以将这种职位划分为若干个级别，各个级别除了都要求掌握的全部基础技能外，还要确定相应的按照分数计算的限制性选择技能块的水平和按照种类计算的自由选择技能块的水平。最后我们得到的结果应该是，随着技能级别的提高，限制性选择技能块的最低要求分数在不断上升，自由选择技能块的最低要求种类也在不断上升。与不同的技能水平级别相对应的是不同的薪酬水平。

工作导向与技能导向的比较

显然，技能导向的薪酬结构确定方法的主要优点是：第一，公司在员工调配方面有很大的灵活性；第二，公司可以保持一支比较精干的员工队伍，最大限度地避免人浮于事，这在公司业务不稳定的时期有重要意义。第三，国外已有的一些研究发现技能导向的薪酬结构确定方法还在提高生产效率、提高产品质量、提高员工的出勤率、增加员工的满意度和增加公司的营业额等方面有重要作用。当然，技能导向的薪酬结构确定方法也存在着明显的缺陷。由于员工的薪酬水平是由他所掌握的技能水平决定的，因此员工将积极要求参加技术培训以尽快达到最高级别的薪酬水平。而如果所有的员工的薪酬水平都处于上限，那么公司的人工成本势必过高。结果，公司产品的价格水平也将因此在市场上失去竞争力。公司解决这种问题的策略是将公司员工的起薪水平确定在略低于竞争对手的水平上，或者适当控制员工技能水平提高的速度。总之，一个技能导向的薪酬结构确定体系要发挥作用的前提是其比较高的平均薪酬水平必须能够被规模比较小的劳动力数量或者比较高的劳动生产率消化和吸收。

工作导向的薪酬结构确定方法与技能导向的薪酬结构确定方法之间的区别可以用表 8-7 来说明。

表 8-7　工作导向与技能导向的比较

	工作导向	技能导向
薪酬结构	以承担的工作为基础	以员工掌握的技能为基础
工作价值决定	以整个工作的价值为依据	以技能块的价值为依据
管理者的重点	工作对应工资，员工与工作匹配	员工对应工资，员工与技能相连
员工的重点	追求工作晋升以获得更高报酬	追求更多技能以获得更高报酬
必要的步骤	评估工作内容，估值工作	评估技能，估值技能
绩效评估	业绩考核评定	能力测试
薪酬增长	以年资、业绩考核结果和实际产出为依据	以技能测试中表现出来的技能提高为依据

续表

	工作导向	技能导向
工作变动效果	工资随着工作变动	工资保持不变
培训的作用	是工作需要而不是员工意愿	是增强工作适应性和增加报酬的基础。
员工晋升	需要工作空缺	不需要空缺，只要通过能力测试
优点	薪酬以完成的工作的价值为基础	调配弹性，减少员工数量
局限性	潜在的人事官僚主义，缺乏弹性	潜在的人事官僚主义，需要成本控制

市场导向的薪酬结构的确定

除了工作导向的薪酬结构和技能导向的薪酬结构，还有一种市场导向的薪酬结构。所谓的市场导向的薪酬结构确定方法指的是根据市场上本公司的竞争对手的薪酬水平来决定本公司的内部薪酬结构。其具体做法是，首先对本公司内部的所有工作岗位根据其对公司目标实现贡献的大小进行排序，然后对市场上与本公司有竞争关系的若干家公司的薪酬情况进行调查。显然，在本公司的所有工作岗位中，有很大一部分将与外部公司的工作岗位相同，但是也有一部分工作岗位不同。在确定本公司的薪酬结构时，首先按照这些竞争对手公司与本公司相同的工作岗位的薪酬平均水平来决定这些可比较的工作岗位的薪酬水平。然后参照这些可比较的岗位的薪酬水平再决定那些不可比较的工作岗位的相应薪酬水平。表8－8是一个市场导向的薪酬结构决定方法的范式。

表8－8　薪酬决定的市场法

	本公司	公司Ⅰ	公司Ⅱ	公司Ⅲ	公司Ⅳ	外部平均水平	
		A					
工	工作A		A		A	A	
资		B				B	工
水	工作B			B	B		资
平	工作C						水
		C					平
					C	C	
	工作D		C				
			D	D	D	D	

这种市场导向的薪酬结构的确定方法实际上是以外部劳动力市场上的薪酬关系来决定公司内部的薪酬结构，它强调的重点是公司人工成本的外部竞

争力，而不是公司内部各种工作之间在对公司整体目标贡献上的相对关系。换言之，市场导向的薪酬结构确定方法是让竞争者来决定公司内部的薪酬结构，因此有可能使本公司的薪酬结构丧失内部一致性。

薪酬水平的决定

我们知道，企业的薪酬制度应同时实现内部公平和外部公平。工作评价能够保证在组织内部的各种工作之间保持合理的报酬比例关系，从而实现薪酬制度的内部公平。薪酬政策外部公平的实现的关键是要为企业的各种工作确定一个与市场水平相一致的报酬标准，要实现这一点，就需要进行市场薪酬调查，并在此基础上结合工作评价的结果来制定企业合理的薪酬结构。

市场薪酬的调查

不难知道，要使企业的薪酬水平具有外部竞争力，需要解决以下两个问题：一是了解自己的竞争对手给他们的员工的报酬水平是多少，二是针对竞争对手的报酬水平设定本公司的薪酬标准。外部竞争力方面的决策将直接影响组织的总支出。付给员工的报酬越高，劳动力的成本就越大。相应地，付给员工的报酬比竞争对手的高出的越多，自己公司产出与竞争对手相比的成本比较优势就越小。因此，公司必须把最低报酬设定在尽可能低的水平上。通过进行市场工资调查，企业就可以了解同行业和相关劳动力市场的流行工资率，因此企业可以直接用同行的薪酬标准作为给付的标准，或者通过调查确定某些基本工作的给付标准，然后按照相对价值为其他工作确定薪酬。通过调查，企业还可以得到同行采用的各种福利措施，如保险、病假和休假规定等。

在美国等西方国家，公司都是通过薪酬调查来了解其他公司对各种具体工作的报酬标准的。一般来说，这种薪酬调查要对处于一个地区、一个行业、规模近似的公司的各种工作的报酬标准进行调查并公布调查的结果。在实施薪酬调查时，调查者可以使用与各个公司的员工面谈的方法，也可以使用电话或发放调查问卷的方法。前者的回应比率很高，也比较容易得到准确的结果，但是花费的时间成本和人力成本都比较多。后者可以在短时间内获得大量的信息，但是被调查者回应的比率比较低，信息失真的可能性也比较大。此外，企业还

可以利用社会调查资料来获取有关市场薪酬水平的信息。国外各种商业公司、专业协会和政府机构经常进行地区薪酬调查、产业薪酬调查和职业薪酬调查，并定期公布，公司可以参考这些资料决定本公司的薪酬标准。

在通常情况下，每个公司都有很多种类的工作，如果薪酬调查要涵盖所有的工作不仅不大现实，也没有必要。实践中，薪酬调查总是要对候选的工作进行筛选，挑选出关键的标尺类工作作为研究对象。能够充当这种标尺的工作应该具有以下的特征：第一，工作的内容比较稳定，不随时间的变化而变化。第二，承担这种工作的员工的规模很大。第三，这种工作在大量的企业中存在。综合上述的后两个特征，就会发现从事这种工作的员工应该在每个企业中都有很多，因此对这类工作进行研究就具有很强的应用价值。第四，在劳动力市场上，从事这种工作的员工的供求形势至少在最近没有出现短缺或者过剩，因此对这种工作进行调查能够得到比较正常的结果，对公司的薪酬决策具有长期的指导意义。

在公布调查结果时，必须把公司的真实名称隐去，甚至可以根本不明确公布有哪些公司参加本次薪酬调查，以保守公司的秘密。这种薪酬调查公布的结果通常包括各种工作的最低小时工资、中位数小时工资、最高小时工资、平均小时工资等指标，有时还会报告各个公司该类员工的人数。当然调查结果公布时不会缺少调查进行的时间，以供使用这一调查结果的公司比较时参考。薪酬调查可以由需要薪酬调查结果的企业自己来进行，也可以由政府的有关机构、行业协会、咨询公司等组织来实施。通常由政府机构进行的薪酬调查综合性比较强，经过汇总以后使数据比较抽象，不便于公司有针对性地制定自己的决策；而由咨询公司特别是企业自己进行的调查分类往往更加细致，结果更加明确，更便于应用。显然，由公司自己进行这类调查的成本很高，难度也很大。

工资曲线与薪酬等级

公司以工作为基础或者以技能为基础，结合薪酬市场调查的结果，就可以为从事不同工作或者不同技能水平的员工确定不同的工资水平。到目前为止，我们已经把企业中的所有工作岗位的报酬划分为若干个工资级别，并且市场薪酬调查的结果也为我们提供了与本企业相关的劳动力市场的流行工资率。当我们将通过市场薪酬调查得到的报酬水平作为纵轴，将工作评价结果作为横轴，两者之间的配合关系就形成了一条曲线，这条曲线的含义是按照市场目前的薪酬标准，本企业中各种工作应该得到的报酬。因此，我们可以把这条曲线称为薪酬市场线，如图 8－1 所示。

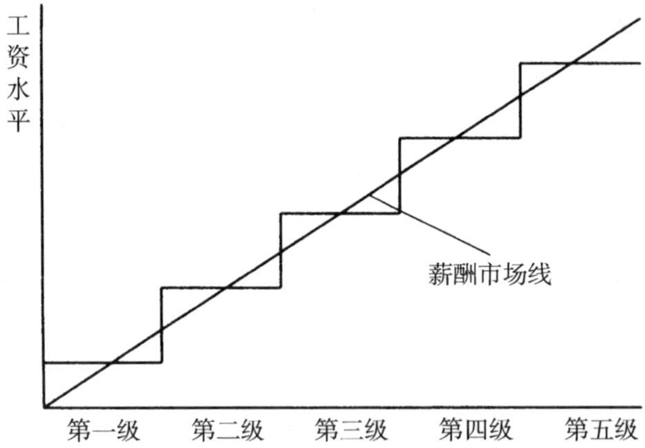

图 8－1　薪酬市场线

当企业中存在许多种工作时，通常需要划分工资等级，每一个等级中包含价值相同的若干种工作或者技能水平相同的若干名员工。同一个工资级别内的各种工作都得到相同的工资，当然还需要考虑员工个人之间在工作绩效和资历方面的差异。设置工资级别的数目时主要是考虑薪酬管理上的便利和各种工作之间价值（如点数）差异的大小。在价值最大的工作和价值最小的工作之间的点数差异既定的情况下，如果划分的工资级别数目太少，那些在工作任务、责任和工作环境上差别很大的员工被支付相同的基本工资，就会损害报酬政策的内部公平性。另一方面，如果划分的工资级别数目太多，那些在本质没有什么明显差别的工作就会得到不同的报酬，同样也会损害企业薪酬政策的内部公平性。

我们知道，在同一个工资级别内的工作得到相同的基本工资，在此基础上员工个人的报酬要受到员工的资历、绩效水平、生产率、倒班情况等因素的影响。在确定工资等级过程中，还需要设计合理的工资级别的范围。所谓工资级别的范围指的是在一个工资级别内最低报酬和最高报酬之间的差距的大小，因此需要为每一个工资的档次设置上限和下限，各个工资档次的中点水平应该以薪酬市场线为基准，上限可以在该档次中点工资水平上增加某一个百分比来决定，下限可以在该档次中点工资水平上减少相同的一个百分比来确定。一般而言，在工作评价中点数越低的工作，其工资级别的范围就应该越小；而在工作评价中点数越高的工作，其工资级别的范围就应该越大。这种做法的两个最重要的理由是：第一，价值越大的工作，任职者工作绩效

的变差就越大；而价值越小的工作，任职者工作绩效的变差就越小。因此，只有报酬的变差比较大，才能够激励那些承担对企业价值比较大的工作的承担者努力工作。第二，不管程度如何，企业的组织结构总是呈现某种金字塔形式，因此，级别越高或者价值越大的工作岗位上的员工继续晋升的空间就越小，因此需要设置比较大的报酬变动空间来激励他们努力工作。每一个工资等级的中点所代表的工资水平应该是一个经验丰富的工人在其工作达到规定的标准时应该得到的工资率。而每个工资等级的最低值与最高值之间的差距应该反映在正常情况下员工从没有经验到完全能够胜任这一工作所需要的时间之内工资应该相应发生的变化。

需要指出的是，并不总是较高档次的工资水平永远高于较低档次的工资水平。如果各个档次的工资幅度大到一定的程度，相邻的两个工资档次之间将存在着一定的重叠，也就是说一个工资级别的最高水平通常高于与它相邻的较高工资级别的最低水平。工资级别重叠的程度取决于以下几种因素：第一，相邻两个工资级别中的工作在工作评价中得到的点数差异的大小，点数差异越大，重叠的程度就应该越小；而点数差异越小，重叠的程度就应该越大。第二，在每一个工资档次内部，员工从该档次的下限向上限的提升可以取决于年资，也可以取决于绩效。如果企业工资的增长主要以员工的年资为依据，那么就需要每个工资级别的范围比较大，因此相邻两个工资级别之间的重叠程度也会比较高。这是为了使在某一工资级别中长期从事某一类工作的员工有机会不断获得工资的提升，否则这些员工将面临工资增长的死胡同，影响其工作的动力。一般来说，根据年资来决定提薪的方法应用起来比较简便，而且有助于稳定员工队伍，但是随着员工平均年龄的增长，企业单位产出的人工成本将上升。根据员工个人绩效来决定提薪的方法可以促进生产效率的提高，有助于抑制单位产出人工成本的增加，但是需要公司建立有效的员工业绩考核体系。

薪酬水平策略

企业薪酬政策的外部竞争力策略实施的实质是要相对于市场的薪酬水平设定一个本公司的报酬水平，在这一环节上，市场的薪酬调查结果具有重要作用。如何使用市场的薪酬调查结果呢？假设公司的目标是使本公司的薪酬标准与市场水平保持一致，企业在年底可以得到市场薪酬调查的结果。如果公司在下一年的年初按照调查结果的数据制定公司的薪酬标准，是否就已经保持了与市场的一致呢？回答是没有。其原因是市场的薪酬水平在不断上

升，假定它正在以每年5%的速度增长。企业在年底得到的薪酬数据实际上是本年度的市场薪酬水平。按照公司的上述做法，公司在新的一年中的薪酬水平与市场上一年的水平持平，而落后于当期市场的薪酬水平。因此，这种薪酬调整方案并没有实现盯住市场的目的。为了盯住市场的薪酬水平，正确的做法是对调查得出的薪酬标准做出相应的调整，在本例中，公司应该按照增长5%的速度调整调查结果，作为新的一年的薪酬标准。如果公司的目标是实行领先市场的策略，那么可以在薪酬调查得到的薪酬市场线水平上乘以一个大于1的系数作为下一个年度公司薪酬水平的基础。如果公司的目标是实行滞后市场的策略，那么可以把按照薪酬调查得出的本年度的市场薪酬水平作为下一个年度的薪酬标准，也可以把薪酬调查得到的薪酬市场线乘以一个小于1的系数作为下一个年度的薪酬水平依据。

我们已经指出，一个公司可以使本公司的员工薪酬水平高于、相当于或低于自己竞争对手公司的薪酬水平。把薪酬标准设定在比较高的水平上是为了吸引和保持高质量的员工，降低员工对补偿的不满足感和提高生产率。而把薪酬标准设定在比较低的水平上主要是为了控制劳动成本。这些结论看起来似乎都是显然成立的，但是事实上并非如此。1993年，乔治·米考维奇和杰里·纽曼的研究结果说明了这一点。他们的结论可以概括为如表8－9所示。

表8－9　薪酬策略的效果

薪酬政策	薪酬政策目标				
	吸引力	保持力	控制劳动成本	降低对报酬的不满	提高生产率
高于市场	好	好	不明确	好	不明确
等于市场	中	中	中	中	不明确
低于市场	差	不明确	好	差	不明确

由此可见，高于市场水平的薪酬确实能够使公司吸引到众多的工作申请人，并在遴选过程中录用到质量最好的员工。很多人认为高于市场水平的薪酬吸引到的高素质的员工具有更高的生产率，从而抵消掉高报酬对劳动成本的上升部分，但是这一观点并没有得到研究结果的支持。在支付低于市场的薪酬是否损害公司保持员工能力的问题上也没有明确的结果。其原因可能是：第一，按照这种方法支付报酬的公司招聘到的员工不具备进入较好的公司的竞争力，因此他们在这种公司就业的心态比较稳定。第二，由于在其他支付较高报酬水平的公司任职的员工不愿意到这种公司求职，因此这类公司更有可能实行内部晋升机制，这对保持公司的员工队伍有重要作用。

第九章

人力资源的开发

人力资源管理包括一切对组织中的员工构成直接影响的管理决策及实践活动。这里所讲的组织涵盖的范围很广，它既包括“世界500强”中那些一般意义上的工商企业，也包括学校、医院甚至赌场等各种私人的或公共的组织。近年来，组织对其人力资源的管理受到了越来越高的重视，产生这种现象的主要原因是人们认识到员工的行为表现是组织是否能够达到自己目标的关键，因此人力资源开发对组织的成败至关重要。

人力资源开发的意义

人力资源开发的含义

关于人力资源开发的含义，国外有以下几种观点：

一、人力资源开发旨在培养有能力的工作人员

美国训练与发展学会（ASTD）对人力资源开发的定义具有广泛的影响。其中，最有影响的莫过于1983年和1989年由McLagan从事的研究。1983年，McLagan进行了一项全国性的关于训练和发展领域的研究，旨在确定训练者的作用和能力。这一研究成了在生产车间监督学习的人，用以衡量实践效果的标准。其新近研究把人力资源开发定义为："训练、开发、组织发展和职业发展的综合利用，以便改进个体的、团体的和组织的效率"。在1989年的研究中，他提出了35种能力，这35种能力可以分为四大部分：技术能力、商业能力、人际能力和理解能力，所确认的这些能力大都是与训练有关的。这就表明人力资源开发主要仍然是训练。目前，模型的性能倾向已从1983年的强调技能演化为1989年的强调行为、活动的质量。随着这种演化，McLagan认为在复杂、多变和不确定的实践中，个体的技能与其结果之间不可能存在单一的因果关系。所提出的这个与典型行为相一致的结论将会有助于确立行为的质量标准和伦理准则。这些方法缩小了人力资源开发情境中可接受的行为反应的范围，在理论上亦增加了其结果的可预测性。

二、人力资源开发就是开发人力资本

这一理论的代表人物主要是Carnevale Gainer Villet。Carnevale是一个经济学家，他对教育和经济之间的关系感兴趣，曾受劳动部和美国训练与发展学会之托进行过几次大规模的研究，旨在确定美国的训练内容和确定美国企业在训练方面投资的成本与利润之比。人力资本的训练理论把个体看作是一个企业的资本资源的一部分，且必须加以训练以便增加这种资源的价值，这样，便可维持企业的竞争优势。Carnevale Gainer Villet认为结合工作的学习往往比理论训练更为有价值。随着过去半个世纪以来经济和技术快速发展，雇主须通过一些非正式的学习过程来保证学习的效率和质量。为此，他们通常通过把现实的学习需要转变为结构化的学习方案的方法来尽力联系学习和现实工作。在公司的政策介绍中指出，训练或人力资源开发应该变成公司的制度或惯例。这一理论中的学习体制是多方面的，既包括雇主、雇员、教育者所提供的训练，亦包括政府委任有关部门所提供的训练。

三、人力资源开发旨在改变人的行为绩效

带有人力资本理论和行为主义色彩的另一理论是俄亥俄州大学的 Ron Jacobs 提出来的。Ron Jacobs 在其单行本《人类行为技术》中从教学技术角度阐述了人力资源开发领域的性质。Ron Jacobs 提议把人类行为技术作为人力资源开发领域的理论框架。Ron Jacobs 认为人类行为技术领域的目标是应用“系统的措施保证个体具有知识、技能、动机和提供一定的环境支持以使其有效地、富有创造性地完成工作”。最近，Ron Jacobs 认为人类行为技术是应用系统措施开发人类行为系统和组织管理其结果系统，以便实现个体和组织目标的方案。显然，这种定义的人力资源开发是一种工具制造性（tool making）的，即：“人类行为技术是一种关于人类行为的工程。这样，所涉及的技术就是以改变人类行为结果的原理是什么为基础的，而不仅仅是行为本身”。人类行为系统是一个循环系统，它以影响个体的组织和工作情境开始；然后是个体做出反应，获得一定结果，并对行为给予一定的反馈；最后，循环系统回复到做出反应的个体。人类行为技术专家通常以检查当前行为与理想行为之间的差别作为其工作的开始。这一理论的焦点就是帮助人们改进他们的绩效。然而，要真正改变人们的行为绩效却要涉及工作环境及其系统的各个方面的使用，以便促使变化的发生。因此，在某种意义上，人力资源开发就是职业辅助和导致人们及组织变化的促进器。行为绩效专家的手段无非就是直接指向这些结果以便促进整个组织的绩效。

四、人力资源开发类似于成人教育

Leonard Nadler 关于人力资源开发的观点源自成人教育理论。Leonard Nadler 认为人力资源开发是“在某一特定时期内，企业雇主所提供的学习经验（内容）导致雇员行为绩效改善和个体成长的可能性”。这一定义强调了工作中学习的显著性特点是它与工作的相关性。其理论框架仍然是行为主义。Leonard Nadler 确认了三种活动范围：训练（为学习者当前工作服务的学习)、教育（为学习者将来工作着想的学习）和发展（并不服务于工作的学习)。他们认为人力资源开发者有三个作用：即学习专家、顾问和人力资源开发管理者。在这一理论中，根据系统指导模型训练再次概念化。Leonard Nadler 提出了“关键事件训练模型”，在这一模型中，以确认组织的需要作为指导的开始。然后，以系统的方式进入具体工作，并确认学习者需要、决定目标、确立课程、选择指导策略、获取教学援助、进行训练。这一模型以中间插入评估和反馈构成一个循环，在其循环过程中的任何一个阶段上都会出现一定概率成功与否的决策。实际上，训练模型会因教育和发展而发生变化。Leonard Nadler 的成就是巨大的，他在努力探索一个独一无二的人力资源开发领域，以便确立一个独特的知识领域。然而，其理论内部的主观经验知识渗透在实践之中，这与他的狭隘区分亦有点不合。

五、人力资源开发是一种研究和评估活动

工业和组织心理学在人力资源开发领域进行了十分精确的研究。Goldstein 在关于人力资源开发的早期著作《组织中的训练：需要评估、发展和评价》中提出了一个关于指导系统的核心模型。其中的需要评估导致了训练和发展反应，紧随其后的便是使用以研究为基础的模型进行评估。该模型以训练目标为结束，这些训练目标根据训练有效性、转化有效性、组织内部有效性和组织间有效性加以检验。这一定义在以下方面可以看出是十分有意义的：第一，它主要根据学习者的绩效结果来定义训练；第二，正如其他人所看重的那样，该定义强调自身的系统性；最后，在其定义中，训练的迁移是相当重要的一部分。就是说，如在训练中所学得的东西不能迁移到工作情境中，那训练就是等于没有发生。Goldstein 认为操作模型、社会学习理论和认知心理都有助于我们理解训练问题，它们对训练效果的各个方面提出了不同的理解。他说，一个受过良好训练的工业组织心理学家应该提出从各个方面看来都很好的心理模型。

上述观点从不同角度定义了人力资源开发，具有参考借鉴价值。人力资源开发的基本含义是指政府及企事业人力资源管理机构通过培训教育，提高员工素质和工作绩效基础上，科学地搞好人与事的结合、搞好人与人的结合，创造条件充分发挥人的主动性、积极性与创造性，提高劳动生产力，创造社会经济发展的高效益，建设高度的物质文明与精神文明。可见，人力资源开发的核心是人的智力的开发与利用，途径是培养训练，直接目的是提高员工工作绩效，目标是促进管理组织的经济和社会效益。人力资源开发包括三层任务：一是员工现有能力的充分运用，二是员工未来能力的培养，三是员工潜在能力的挖掘。这三层任务构成了人力资源开发的主要内容。

人力资源开发的意义

人力资源开发成为管理的核心，是人类自我管理中，在扬弃传统管理弊端基础上找到的一条正确的管理道路。

一、人力资源开发是人类社会文明发展的需要

21世纪，人类社会已进入了一个新的发展时期，人类社会文明发展所依赖的战略资源发生了巨大变化，已经由自然资源、资本资源，转向人力资源及其开发。当今，人力资源（主要是指智力资源、“头脑资源”）的开发和有效利用，已成为世界各国求生存、图发展的必由之路，成为国家富裕、发达，民族强盛的关键。

面对新的科学技术革命，急需造就大批适应当今社会经济发展不同行业、不同部门、不同层次需要的各类人才（其中包括国家公务员），并把他们配置在适当的岗位上，充分发挥他们智慧潜能，然而，传统的干部人事管理已显得不能适应这种形势。换言之，尊重知识、尊重人才、尊重创造，充分挖掘人的内部潜力，开发人的智力资源，推动人才合理流动，是现代人力资源管理的基本任务。因此，现代人力资源管理就要冲破传统的“进、管、出”或“干部档案材料的管理”的模式，立足于人才、智力资源的开发利用，运用当代科学技术新成果，以管理新理论、新方法和新手段为主导，建立干部人事管理结构新系统，追求系统的整体功能和效益，逐步建立一套现代化、科学化、民主化和法制化的国家公务员制度以及企事业人事制度，并不断加以改革和完善。实践表明，培养造就一支庞大的高素质的各类专业技术人才、经营管理人才、行政管理专家及其后备人才队伍，是摆在各国政府面前的一项重要、艰巨而又复杂的任务。因为，这是一支决定国家、地区、系统、单位、企业宏观效益和整体命运的队伍。

在一定程度上说，衡量一个国家综合国力的主要标志，就是该国拥有的各类人才（特别是高级人才）的数量与质量，以及培养造就这些人才和人力资源开发的投资、设施、规模和效益的状况。因此，在当代社会，哪个国家

能充分发掘人的智慧潜能，充分开发并有效利用人力资源，哪个国家就能够得到迅速发展，就能在国际竞争中立于不败之地，就能步入发达国家行列。

二、人力资源开发是迎接科技革命挑战的需要

20世纪90年代以来，一场新科学技术革命正在世界范围内蓬勃发展。一批以现代科学为基础的高新技术：信息技术（群）、新材料技术（群）、新能源技术（群）、生物技术（群）、空间技术（群）、海洋工程技术（群）、微电子技术（群）、激光技术（群）、智能机器人等日益崛起。这场高新技术革命，内容之丰富，发展之迅猛，影响之深远，都超过了以往任何一次科技革命。这场新科技革命使人类进入了新的飞跃发展时代。面对新科学技术革命，我们的战略决策是：抓住机遇，迎接挑战。为此，必须充分认识和高度评价科学是一种在历史上起推动作用的革命力量，科学是社会生产力，生产力中包括科学在内的科学论断和原理；必须明确科学是统一的，不仅包括自然科学也包括社会科学，尤其是管理科学。其中人力资源管理和有效开发利用，已成为这场新科学技术竞争、经济竞争、综合国力竞争的关键。实践表明，只有自然科学技术的进步，没有社会科学的进步，尤其是人力资源管理科学的进步，人类社会不会得到协调发展的。

总的来看，以往的技术革命是以经验为基础，以资本的扩张、人的肢体的灵巧为主要特征的技术：而新的科学技术革命是以最新科学的成就为基础，以智能的扩张、人脑潜能的拓展为主要特征的高技术。新科学技术革命使社会技术基础从资本或劳动密集型转向知识、智能技术密集型。当前，谁拥有的知识多，谁就能在世界事务中拥有强有力的发言权；谁掌握的技术先进，谁就获得了真正的强国地位；谁培养的出类拔萃的人才多，谁就在科学技术进步中处于领先地位。因此，各国无一不在教育投资、职工培训、人才培养、人力资源开发和有效利用方面下功夫，花大力气，给予高度重视。

当代兴起的新的科学技术革命的新特点，要求各国的人才战略、人才政策、人才培养、人才资源管理及开发、利用与其相配套、相适应。只有充分理解了当代新科学技术革命的特点，才能在发现人才、培养人才、使用人才方面不断更新旧观念，确立新思想、新观念，才能运用新理论、新方法、新手段去改革传统的干部人事制度，把工作重点转变到人力资源开发上来，变管理为开发，变管理为服务。

三、人力资源开发是推动经济持续增长的决定力量

马克思主义认为，人是生产力中最具有决定性的力量，是先进生产力的创造主体。生产力的各项要素只有同具有一定科学知识、生产经验和劳动技能的人相结合，才能促进生产力的发展和人类社会的进步。人力资源开发就是通过提高劳动者的综合素质，提高劳动生产效率，来推动社会经济的发展。

进入21世纪，经济全球化已成为历史潮流，为中国的经济发展带来前所未有的机遇，又面临着新的挑战。尤其在加入世贸组织后，中国已直接面对着在更大范围和更深程度上参与国际竞争的挑战和压力。现代竞争的根本是人才的竞争、人的综合素质的竞争，人力资源正成为驱动经济发展的核心要素。中国要在入世后的国际经济发展竞争中赢得优势、取得主动，就必须把人力资源开发作为基础性、决定性的战略任务摆在突出重要的位置。加强人力资源开发、加快培养各类人才，为增强我国综合竞争力提供强有力的智力支撑，这是为我国经济可持续发展扩大智力资源储备的必然选择和重要途径。

四、人力资源开发是组织生存和发展的关键因素

21世纪企业之间的竞争，不仅仅是雄厚的物质资本的竞争，而且也是雄厚的人才资本的竞争。激烈的市场竞争需要大量各类经营管理和专业技术人才，而人力资源的开发，员工培训工作是达到快出人才、多出人才、出好人才的重要途径。激烈的市场竞争对人才的需要千变万化，对各层次人才的培养提出越来越高的要求，仅仅依靠正规的、专门的大中专院校教育，是难以满足社会的需要的。特别是我国教育经费十分有限，办学能力远远不能适应社会的需求，而且专门人才的培养周期长，中专和大学专科一般要二三年，大学本科要四五年。因而各类人才的新生力量不可能全部都由大中专毕业生补充，也不可能把全部员工送到中、高等学校去深造，因此，在职人员的提高，就是当前大力资源开发的一项十分紧迫的任务。只有依靠本地区、本部门、本单位广泛地开展培训，逐步提高科学文化水平和工作技能，走在实践中培训成长之路。就是刚分配到工作岗位上的大中专毕业生，也不可能立即成才，也应经过实际工作锻炼和接受必要的教育培训，才能成为名副其实的专门人才。

加强人力资源开发，强化职员培训，是调动职员积极性，提高工作效率的有效方法。无论是国有企业还是民营企业的工作人员，大多数都渴望自己有所成就，都渴求能够不断地充实自己，完善自己，使自己的潜力能够充分发挥出来。这种自我实现的需要一旦得到满足，将会产生深刻而又持久的工作动力。国内外大量实践证明，安排工作人员去参加培训，到国外去考察学习，到先进单位去跟班学习，或脱产到高校深造，去发达国家进修、学习访问，都是满足职工学习愿望的途径。经学习和培训的职工，不仅提高了素质和能力，而且改变了工作态度和工作动机，提高了工作效率。只有加强人力资源开发，通过必要的培训手段，使其更新观念，增长知识，提高能力，才能更好地适应新形势下的工作要求，做到人适其事，事竟其功。

人力资源开发的环境

人力资源开发作为一项社会系统工程，更是离不开与之密切相关的环境。环境总会对人力资源开发产生有利的或不利的影响和作用，总会制约、限制或影响人力资源对环境认识的深度和广度，产生正确的或错误的认识，总会左右着人力资源对环境的利用的有效性、合理性和适度性。在一个束缚人的智慧，压抑人的潜能，限制人的自由，剥夺人的创造发明成果，限制人的创业精神的社会环境下，人力资源的个体素质、人的个性、人的发展以及群体素质，不但得不到提高，受不到激励，得不到挖掘和发挥；反而会受到压制，甚至摧残。只有在一个活跃的、祥和的、有强大激励机制的社会环境下，人的才华、人的智慧潜能才可能借助巨大的自我开发动力，得到充分的提高和发挥，才能创造出骄人的业绩。可见，人力资源开发不仅离不开环境，还必须依赖环境，以环境为依托，并优化环境，才能取得人力资源开发的最佳效益。

人力资源开发的经济环境

人类在走过了依赖自然资源、资本资源发展经济的时代，进入依赖人力资源发展的时代。人力资源作为经济发展的资源来看，其开发、利用、发展本身就是一种经济活动。这种经济活动必然要受到经济环境的制约和影响，即要受到经济体制、经济结构、生产力水平、国民经济及财政状况、分配制度与分配方式，以及经济运行方式和机制的制约和影响。在市场经济体制下，人力资源作为一种资源，通过市场进行优化配置；通过市场对人力资源直接进行开发；通过市场促进人力资源进行自我开发，实现自我价值，提高自身素质；通过市场有关部门获得人力资源供求信息，及早做出决策，有计划有目的地对人力资源进行投资、进行培训；通过市场建立起人力资源规避风险的安全网——社会保障。同时，人才通过市场既获得理想的流动场所，找到实现价值的单位，又使知识产权不受侵犯，经济权益得到有力保障，还有一个有利于人才生活、学习、创造的心理、生理等方面的环境。

一个良好的、有利于人力资源开发的经济环境，必须能激励人力资源对自身进行自我开发；必须能促进使用人才的单位重视人力资源的开发、再开发，积极主动地对人力资源进行投资、再投资；必须保证人、人才、人力资源能大量涌现，畅行无阻地流动；必须保证人力资源得到科学、合理配置，充分利用，不断发展。

我国人力资源开发与管理系统工程刚刚启动，迫切要求摆脱计划经济下长期形成的老框框、老办法的制约，转入市场经济发展条件下的开发人力资源的轨道。为此，要做好以下几方面工作：

（1）必须研究市场，了解市场，认识市场，找准位置，充分发挥市场作为资源（特别是人力资源）配置基础的重要作用。

（2）必须更新把人、人才、人力资源当作工具、螺丝钉、成本的旧观念、旧思想；确立人、人才、人力资源是最宝贵的财富、资源、重要资源、第一资源，是人类社会赖以发展的战略资源，是经济增长的重要源泉，是经济竞争、科技竞争、综合国力竞争的实质与关键的新思想、新理念。建立与之相适应的尊重人、尊重知识和以人为本的管理新体系、新制度、新规章。

（3）必须根据市场经济多成分、多层次特点，研究和建立人力资源开发与管理新体系。针对不同系统、不同部门、不同领域、不同层次、不同类别，建立科学的分类管理、规范化的管理，运用不同的管理机制和方法。

（4）必须根据市场经济的公开、民主、平等、竞争、淘汰的特点，建立和完善各类人才的竞选、考试、录用、晋升以及淘汰等制度，形成科学的人力资源管理体系，以利于人才脱颖而出，调动人的积极性、创造性。

（5）必须根据市场经济利益导向多元化的特性，结合“知识驱动”将取代“利益驱动”的趋势，研究、制定、建立一套符合人力资源开发需要的，科学、民主、公开、公平合理的，以知识驱动为主导的利益分配制度和薪酬形式。

（6）必须根据市场经济重视知识，重视产品知识含量的特性，适应知识经济时代的需要，培养造就一大批高素质的人力资源队伍。实现国民经济和社会发展长远目标，确保经济持续、快速、健康发展。要造就一支受过良好教育和掌握高新科学技术的高素质的人力资源队伍。不能靠引进，只能靠自己培养，靠把人力资源开发放在首位，予以优先发展。这既是发达国家崛起的共同经验，也是我国历史发展的唯一的必然选择。

（7）必须根据市场经济社会化、国际化的特性，研究与把握人才流动、头脑流动、智力交流的流量和流向。要设法把它导向本国、本地区、本单位、本企业，要做好择业指导、就业安排、富余人员安置，还要做好国际人才智力交流、人才回归，以及国际劳务合作和交流。

（8）必须根据市场经济统一性、有序性的特点，研究、预测和规划未来人才的需求，测定未来人才需求的数量和质量，以及不同行业、不同部门、不同层次、不同专业的需求状况，并及早采取相应对策和措施。还必须充分认识市场经济是有序的法制化的经济，加强法制建设，做好人力资源开发与管理的各项立法工作，使人力资源开发与管理在法律的指导、监督下，有条不紊地得到发展。

人力资源开发的政治环境

社会环境构成人、人力资源开发的大背景。它通过各个外部因素直接或间接地影响着人力资源开发的深度与广度，效益与效率。就政治环境而言，主要包括国家体制、政治制度、政党、政治组织、国家法律、方针政策，以及政治风气、政治气候、政治运行机制和方法等。这些制度、机制、层面等都对人力资源开发与管理的指导思想、基本内容、开发机制、法制建设、管理模式等产生一系列重大的直接或间接影响与作用。

为了充分开发、使用、发展人类社会赖以前进的战略资源——人力资源，为了营造一个宽松、和谐、向上、进取以及人才辈出的人力资源开发新局面，必须改革那些不合时宜的、陈旧的、不适应市场经济体制要求的、不尊重人才、不把人当作宝贵财富和第一资源的旧机制，建立与人、人力资源开发与管理新思想、新理念、新模式相适应、相配套的新机制。

我国改革历程表明，从否定商品货币关系存在的传统计划经济模式，发展到承认商品货币关系，发展市场经济的道路来看，新的社会主义市场经济模式要求不断开拓、不断创新，讲究价值观念、市场观念、效率观念、信誉观念、法制观念、民主观念和人才观念等。因此，随着经济体制改革的深入发展，迫切要求在政治上创造一个与之相适应的、有利于人力资源及头脑资源开发的环境和条件。只有在这种良好的政治环境下，人力资源才能得到充分开发、使用和发展，才能取得预期的效益与效率。

人力资源开发的文化环境

经济、政治环境与思想文化意识环境，存在着千丝万缕的内在联系。它们相互依赖，相互支撑，相互渗透，相互影响。任何政治活动、经济活动都显现着人们的某种文化观念、民族精神或伦理道德、思想意识。它制约、影响、支配着人们的行为，也规范着人们的活动。传统思想文化蕴含着人类社会和民族精神的优秀成果，是宝贵的精神财富，要吸收和借鉴，继承和发扬。但是，传统思想文化也存在着一些局限性。它深深地积淀在人们的心理和性格中，渗透在人们的思想观念中，并以无形的力量，顽固地、长期地影响着各项改革，影响着人力资源开发与管理的正常发育与成长。因此，我们必须采取正确的态度，在建立和完善人力资源开发与管理体系时，既要大胆吸收、借鉴人类文明发展的有益思想文化和积极因素，又要否定、摒弃陈腐、有害的思想文化和消极因素。

譬如，我国古代在选才、用人方面，有不少精辟的、科学的、至今仍有价值的用人思想和选才方法。如“为政之道，唯在得人”“不论贵贱，唯才是举”“用人如器，各取所长”“任贤无疑，推心待士”“用人需知人善任”“用其所长”“官在得人，不在员多”“量才授职，多省官员”“论德而定次，量能而授官”“礼贤下士”等等。这些思想文化意识对今天的人力资源开发与管理仍具有重要的指导意义。

当然，我国古代的传统思想文化意识也有许多陈腐、消极的东西。如专权思想，君主、皇帝拥有最高统治权，享有最高立法、司法和行政权，享有最高决策权和对官吏的任免权，“朕即国家，法出自君”。又如宗法等级思

想，“君君、臣臣、父父、子子”“父为家君，君为国父”“三纲五常”等。再如封建的神权、族权思想，它与专制政权、宗法等紧密结合，形成束缚人们的精神枷锁。皇帝以“天子自命”，鼓吹“君权神授”，为封建专制宗法等级戴上了神教的光环。今天的封建迷信、家长制、族长制、等级制、一言堂、官本位、个人崇拜、特权，以及宗派主义、地方主义、小集团等等就与此有关。在建立和完善人力资源开发和管理系统工程时，我们不得不面对这些陈腐的、反动的消极因素，及其带来的一系列的影响和掣肘。我们必须在体制上、机制上、管理思想方法上、思想文化上、伦理道德上、心理和精神上，以及法律建设上，注意消除、抵制这些消极因素的影响。树立适应市场经济体制、符合人力资源开发与管理需要的人、人才的价值观念，创新观念，“知识驱动”观念等新思想、新理念、新文化。

人力资源开发的国际环境

随着人类社会的不断前进，高新科学技术的飞速发展，经济发展国际化、一体化和贸易投资自由化速度加快，人才、智力交流和流动在世界范围内开展，特别是人才、头脑资源国际间争夺的白热化，以及人力资源开发与管理理论的突破性发展，各国不得不从战略发展高度重新审视和研究、规划人力资源开发，不得不加大对人力资源开发的投资、设施和规模，不得不改善人力资源开发的国内经济、政治、文化环境和国际交往，以及各国间交流和流动的国际环境。经过几十年的发展，国外在人力资源开发与管理的理论与实践方面，都取得了巨大成就和进展，目前已跨入人力资源开发新时代。这些宝贵的经验，对我们建立人力资源开发与管理体系具有十分重要的现实意义，对我国劳务出口、人才回归、吸引国际智力亦具有重要作用。因此，我们必须认真研究、吸收和借鉴。

中华人民共和国成立以来的较长时间里，由于国际环境等原因，未能摆脱一些旧的影响和主观偏见的束缚，人事工作处于封闭状态，很少参与国际交流。改革开放以后，随着对外经济合作交流和人员交往的增多，信息交流频繁，我国的人事部门也逐步增加了与国际同行的接触和了解，互通信息，互相促进，互相支持。特别是 1990 年联合国开发计划署给我国提供了 230 万美元的人力资源开发的培训合作项目资助。根据项目文件要求，仅在一年多的时间里，中国相继邀请 12 个国家的 22 名政府高级官员和专家、教授来华讲学，同时又将150多名学员分别派往15个国家和地区实地考察，还在国内或国外举办或参加了许多有关人力资源开发和公务员制度的国际研讨会。这些活动不仅为我国建立人力资源开发系统，还为公务员制度建设，为深化企业、事业单位人事体制改革，培训了一大批骨干人员和实际操作运行人员，而且提供了借鉴经验。不过，这仅是一个良好的开端，今后还必须继续解放思想，彻底摆脱旧思想、偏见和束缚，从了解、学习人类社会一切先进的人力资源开发与管理的理论、方法和经验入手，多方面、多渠道、多国别地组织不同系统、不同部门、不同层次的有关人力资源开发与管理的国际性考察、交流、研讨和培训，从而真正走进国际大循环，开创人力资源开发与管理新局面。

人才资源开发的生态环境

我国人均资源占有量较少，资源利用率也很低，浪费比较严重。目前国内污染物排放总量长期居高不下，远远超过环境自净能力。部分地区水和大气污染十分严重，生态环境破坏程度在加剧，严重地影响我国人力资源可持续开发的前景及其赖以存在的自然生态基础。科学发展观把坚持可持续发展、包括对人力资源进行持续开发作为重要内容，强调要牢固树立生态文明的观念，建立和维护人与自然相对平衡的关系，即从人与自然是一个有机整体的视角理解人类生存及人力资源开发。认识到保护自然就是保护人类，建设自然就是造福人类。人类对自然界既要索取、利用，又要补偿、建设，人类只有在对自然的索取、利用和补偿、建设的双重过程中，只有在建立和维护人与自然相对平衡关系的条件下，才能优质、高效地开发人力资源，才能获得自身比较满意的存在和持续发展的环境。

人力资源开发的内容

“头脑资源”开发

世界兴起的以高科技和高科技产业为标志的科学技术革命，是与人力资源的深度开发相联系的。人力资源开发主要指人的知识智力资源、人的“头脑资源”的开发利用。即人才的培养、智力投资、人的素质的提高。换句话说，就是指把人力资源由潜能转变为财富。当今，人力资源、智力资源、“头脑资源”的开发和有效利用，已成为高新科学技术革命的必要前提，成为世界各国求生存、图发展的必由之路，成为国家富裕发达、民族强盛的关键。因此，世界各国无不重视科学知识的普及及其有效利用；无不重视知识分子和各类人才的培养教育；无不把智力、“头脑”的开发放在首位。

人力资源开发的好坏，最终体现在这个社会的效率的高低上，而效率的高低又最终取决于人力资源开发的深度与广度。人力资源开发、人才开发，说到底就是开发人脑，这是一个无尽的宝藏。

人力资源研究学者认为开发人脑的内容有 7 个方面：（1）知识、信息的灌输、积累和储存；（2）优良品格和精神状态和培育和养成；（3）智慧的启发；（4）方法的掌握；（5）技能的训练；（6）审美能力的育成；（7）体魄的强健和身体素质的灵巧和谐。一句话，减少人的头脑的浪费、智力的浪费、人才的浪费，充分挖掘人的智慧潜能，充分调动人的积极性、创造性，有效地开发、利用人力资源，就是搞好人力资源管理的重要课题。

一个国家、一个民族、一个地区、一个单位、一个企业，如果对人、人才、智力、头脑资源开发、人才培养、教育、智力投资漠然视之，不把它列为首要任务来抓，迟早有一天会因落后而被淘汰。

“人的潜力”开发

我们知道，人的能力有现有能力和潜在能力之分。人才有崭露头角、已被人们注意和认识的人才；也有尚未被发现、挖掘，未露锋芒的潜人才。企业对前者往往乐于接受并委以重任；对后者往往重视不够，或者不愿花费时间、精力去关注，更不愿意投入财力去挖掘、培养。实际上，对企业、对国家来说，前者固然重要，但后者对人类社会发展、对国家兴旺发达、对企业获取成就来说意义更加重大。新加坡之所以能在短短几年里一跃成为“亚洲四小龙”之一，其诀窍就在于成功地进行了人力资源深度开发。他们提出了“治贫先治愚”、“先富脑袋，再富口袋”的治国方略。他们的经验很有参考借鉴意义。

现在越来越多的企业认识到，“人的潜在能力”开发是企业的制胜“法宝”。在当今时代激烈竞争中，各企业重新发现“人的潜力”、“人的智慧潜

能”，是在国际竞争中立于不败之地的“王牌”，是提高企业经济效益和社会效益的关键。因此，对人才资源、人力资源的深度开发，主要是对员工的潜力的开发利用，是企业可持续发展的关键要素。

开发“人的潜力”的具体措施，表现在对企业“潜人才”的发现和培养过程中。潜人才，是指已做出创造性成果，但由于条件限制，尚未被社会发现和承认的人才。一个人处于潜人才阶段时，能否被及时发现并得到有效培养和使用，对于他以后的发展具有十分重要的意义。对于企业来说，“潜人才”是一支比“显人才”更大的队伍，更值得开发。一个企业有了“潜人才”开发举措，就有了“可持续发展”的基础。

“高潜人才”开发

开发“高潜人才”是一项重要战略举措。当人们在积极挖掘人的智慧潜能，重视潜人才的开发时，国外一些发达国家已着手开发“高潜人才”，并把它作为一项重要战略。

“高潜人才”通常指追求最高层管理职位的具有潜力的高水平的管理者。“高潜人才”应是最具忍耐力、应变力，并有很强的实践能力和协调能力，愿为企业、公司的利益做出个人牺牲的高水平管理者。“高潜人才”一般在40岁之前就可以领导一个主要职能部门或一个重要地区分部。

“高潜人才”通常是从一个可供选择的名单中按照严格程序筛选出来的，将来可能成为企业、公司的领导人。对甄选出的人要进行严格的详细的审查，并提供发展机会。如借助工作轮换给“高潜人才”提供领导工作经验；或通过精心设计的工作岗位、职务，使“高潜人才”一步步地得到提升；或把具有丰富知识和技术的“高潜人才”送到著名高等学府、工商管理学院、研究院（所）进行深造；或举办短期研讨会，为“高潜人才”提供非正式培训；或者把“高潜人才”派往某些知名的有影响力的企业、公司的高层领导人那里，与他们一起工作。

“高潜人才”候选人一般通过能力和业绩进行评估。在欧洲对“高潜人才”的鉴定和选择，一般采用推选体系，即由公司的管理评估委员会按照一套正规的严格的标准和程序进行推选。评估中，特别注意被推选者是否具有丰富的实践经验和经历，尤其看重是否具有跨国经历。在鉴定和选择某人是不是“高潜人才”时，常被一些假象所欺骗。因此，企业对那些能真正鉴定和选择出“高潜人才”的专家、管理者就十分重视。为确保所筛选出的“高潜人才”的质量，往往向他们支付可观的报酬。国外一些企业除采用标准化程序评价出“高潜人才”，并用计算机程序提供设计、规划出职业道路，使之尽快达到理想职位外，有时也采用非正式个人推荐方法，或聘请心理学家和各种各样的专家来进行。有的国家如英国采用双重体系来鉴定和发展“高潜人才”。即一个正式的标准系统和一个非正式的实践系统。

一些企业、公司为了得到具有丰富知识和技能、丰富实践经验和经历，并有良好行为和态度的“高潜人才”，除从内部推选外，还注意从外部招选“高潜人才”。普通的做法是到著名的大学去招聘大学生。有的则是从其他公司、企业中挖一些有经验的管理者。一些猎头公司大行其道，并受到一些公司的欢迎和关注。

“创造能力”开发

狭义的创造是指对整个人类社会进步过程的价值创新。如科学上的新发现，技术上的新发明，艺术上的新杰作等，都是前人不曾实现过的创造活动，能对人类社会产生新的价值。广义的创造是指个体发展过程中对个人生活的价值创新。一个人如果对某一问题的解决富于创造性，不管这一问题及其解决过程前人是否提出过，都可以看作是广义的创造。

创造具有主体性、新颖性、突破性、价值性、艰巨性、实践性等特点。

创造力是人的知识、技能、智力、智慧及个性、品格的统一与综合，是一系列连续的高水平的思维活动。它反映了创造主体（个人或团体、机关或事业、企业或国家）在创造活动中表现出来并发展起来的各种能力的总和，是人类大脑思维功能和社会实践能力的综合表现。具体地讲，创造力包括创造性思维的能力及为实施创造所需要的一切能力的总和。创造性思维能力，就是想前人之未想的创新设想的能力；实施创造所需要的能力，即干前人所未干的能力。

创造力是一种潜在能力。因此，尽管创造力“人皆有之”，现实生活中仍是没有创造成果的普通人居多，有创造成果的人才偏少。造成人们创造力大小不同的原因，除开先天因素和环境的影响外，在很大程度上取决于个人对创造力的认识程度和开发深度。

创造力是可以开发而且也是能够开发的一种潜力。近 20 年，国际上对人类潜能的开发，正日益显示出关注之势。就一个国家而言，对国民创造力及智能的开发是一项维系国运昌盛的战略举措。在一些西方国家，纷纷把开发人的创造潜力作为提高公民素质的战略举措，除民间有关机构在这方面大力推动外，政府也在这一方面加快了步伐。就个人而言，创造力的开发也是一项毕生的任务。个人创造潜能的开发大体包括两个方面：一是创造精神、创造品格的塑造与创造性思维的培养。这是创造潜能开发的法则和基础；二是有关基础知识的积累与更新、对创造理论的理解与把握、对创造规律的认识与运用、对创造技法的学习与领会。这是有关创造潜能开发的方法与技巧。

从组织管理角度讲，创造力开始的主要内容：一是激发创新意识；二是培养创造人性；三是训练创造思维；四是实践创造技法；五是培养创新人才；六是优化创新环境。

“人的全面”发展

“人的全面发展”是新世纪人力资源开发的最高命题。

人力资源开发、深度开发，不仅仅是为了推动人类社会发展、科技进步和经济增长，更重要更本质的是为了“人的发展”、人本身的进步与发展、人的自由与幸福。“人的全面发展”就是指每个人在体能、知识、智力、智能、技能、潜能和心理能力等方面的整体发展、综合发展，其实质是人的智慧潜能的开发。人的潜力来自人的素质的不断提高。人的素质包括：（1）人的体质。身体素质、营养状况、精神状态、忍耐力、抗病力、对自然和社会环境的适应力等；（2）人的智质。记忆力、理解力、思维能力、应变能力、接受能力、感知力、条理性等；（3）人的文化素养与受教育程度。最后学历、文化知识总量、分析能力、创新能力、决策能力、经营能力、组织管理能力、再学习能力、演讲能力、社交能力、预测能力、未来感知力、写作能力等；（4）人的伦理道德和心理素质。忠诚正直、团结友爱、谦虚谨慎、有事业心、有鲜明是非观、有奉献精神等。人的这些素质的育成和不断提高，有赖于人类社会环境的培育和发展以及各个人的全方位参与，如社会经济发展、科学技术研究、文化教育体育卫生事业的发展、社会决策、社区发展等。

“人的全面发展”作为新世纪的最高命题，其根本意义就在于人真正认识到自身的价值；认识到人作为人类社会发展所依赖的战略资源、“第一资源”的重要地位和作用；认识到人所拥有的知识、创新能力、智慧潜能成为推动高新科技迅猛发展、知识经济高速增长、人类社会前进的源泉和动力；认识到人拥有的知识是唯一可以不断增值的、无限的、可再生的、体现收益递增规律的、为全社会共享的资源；认到人的知识、智慧、潜能是一切事业成败的关键；认识到“资本万岁”的时代已经结束，“智慧万岁”的时代已经到来。

人力资源的自我开发

自我知识更新，提高工作技能

知识经济社会是新技术革命的飞速发展，知识更新、技术更新的周期趋向越来越短的社会。大学生、研究生在学校掌握的专业知识二三年内就可能有一半过时，如果不继续参加培训，不掌握新知识，就将落伍或被淘汰，人才将可能会变为庸才，也就不可能创造一流的企业、一流的产品。当今，新技术、新材料、新工艺、新观点、新思想、新学科不断出现，在这种情况下，我们必须加紧学习。通过学习，不断更新知识、更新技术、更新观念，才能够走在技术革命的前列；否则，会被社会淘汰。技术创新推动和要求管理创新，信息技术的广泛应用，使办公自动化进程日新月异，国家机关和企业职能机构的管理活动也必须和应该发生革命性的变革。这对机关工作人员和企业的管理员工提出许多新的要求，这也必须通过学习和培训加以解决。因此，强化职员的自我知识更新，不断提高广大员工的科学技术知识水平，是时代的需要，是迎接新的技术革命和知识经济的需要。

知识更新首先应观念更新，就是要破除旧的传统观念，树立与学习型社会相适应的新的理念。一是树立学习是生存和发展的需要的理念。每一个员工都应当明白，学习是为自己的未来投资，是为自己的生存而学，为自己的发展而学；二是树立终身教育、终身学习的理念。每一个员工都应当明白，要能适应知识经济时代环境的变化，比学历更重要的是知识的更新，这就需

要不间断的“充电”，形成一种终身学习，不断创新进取的循环机制。终身教育和终身学习是紧密相连、相辅相成的，接受终身教育的过程也是终身学习的过程；三是树立工作学习化、学习工作化的理念。把学习引入工作，使学习与工作有机结合，实现工作学习化，学习工作化，这是学习型组织的本质特征。在这样的组织中，学习融入组织运行的各个阶段，学习成为创新发展、开创各项工作新局面的动力；四是树立不断创新的理念。学习型组织，就是一个创新的组织。当今社会，真正意义的学习，不再单纯是为了获取知识或掌握技能，而是通过学习重新塑造自我、完善自我、创新自我，重新认识世界与我们的生存关系，是一个扩展创造性能量的过程。也就是说，变被动地接受客观知识为主动地提高内在素质，将学习转化为创造性的行为，不断提高学习能力和创新能力。

知识更新的实质是提高创新能力。知识经济时代，以信息和知识的大量生产和传播为主要特征。据统计，现在每天约有十亿信息单元的信息量产生，通过网络不停地传播，并以每年 18% ~20% 的递增率发展。由于生理、心理状态的差异性，人们学习能力的差异，也将由于外界环境的变化而愈见明显，从而导致成功者与失败者之间的鸿沟加大。在现代信息传播媒体的推动下，知识资源具有了极大的再现性和共享性，使“在知识面前人人平等”真正实现。然而，“知识共享”只能给人们成功提供一个基本条件，而不是充分条件。事实上，知识经济时代并不是成功者大众化的乐园，是否取得成功，不仅在于能否掌握知识，关键在于是否具有创新能力。创新是新的经济增长和价值倍增的关键所在，只有不断地创新才能在竞争中保持领先，创新能力是未来成功者的核心能力。因此，不断增强自己的创新能力，是所有参与社会竞争者所面临的重要挑战。

自我心理调适，增强工作积极性

工作压力是常见的社会心理现象，在经济转型期尤为突出。

一、工作压力的概念

物理学中压力是指物体受到试图扭曲它的外力作用，在其内部产生相应的力；紧张则是指压力超过物体承受能力时造成扭曲的结果或状态。与此相似，管理心理学把压力看作个体对外界刺激的反应过程，包括对威胁的感知和相应的身心反应；紧张则是压力导致的消极后果之一，即对压力无效应付而导致的消极影响，如自我评价降低、挫折、肌肉紧张、血压升高、心不在焉、工作绩效降低等，从长远角度来看，更严重的紧张状态还包括工作衰竭。

管理心理学认为，承受力与绩效具有正相关性，即员工对压力的心理承受能力越强则企业的绩效越好；反之，则差。作为企业，应使员工有职业安全和经济保障，把员工和企业二者的命运紧密联系在一起，风险共担，共同承受压力，同时也就提高了员工对压力的承受能力。

二、工作压力的作用

1. 工作压力对工作绩效的积极作用

适度的压力水平可以使人集中注意力，提高忍受力，增强机体活力，减少错误的发生。压力可以说是机体对外界的一种调节的需要，而调节则往往意味着成长。在压力情境下，不断地学会应付的有效办法，可以使应付能力不断提高，工作效率也会随之上升。所以，压力是提高人的动机水平的有力工具，通过设计有挑战性的目标、激发员工的成就动机等手段，给下属以一定程度的心理压力，可使其动机得以激发，更好地完成工作。当然，这种压力必须建立在人的应付能力范围之内。这方面的内容主要由激励理论予以探讨，本文关注的重点在于压力的消极影响及其消除的问题。

2. 工作压力的消极作用

工作压力过度或严重所引起的紧张症状可归并为三种类型：生理的、心理的和行为的。

（1）生理症状：压力感出现的初期，最容易引起注意的就是生理方面的症状。血液从四肢转入肌肉、心脏和大脑，外围血管收缩，因此导致手脚冰冷，包括产生唾液在内的消耗能量的消化过程被关闭，导致嘴部发干，没有食欲和肠道紊乱。压力感较重时还可导致新陈代谢紊乱，心率、呼吸加快，血压升高，头痛，心脏病等。

（2）心理症状：工作不满意可以说是过度工作压力“最简单、最明显的心理影响后果”。有关事实表明，当个人工作过多，过于单调，工作反馈机构不健全，对工作缺乏控制感，又常伴随角色模糊及角色冲突时，员工的压力感和不满意感都会增强，工作卷入程度也会随之降低。除了工作满意度下降外，工作压力的其他心理症状还有生气、烦躁、抑郁、猜疑、苦闷、压

抑、懊恼、气愤、无奈、忧伤、焦虑、厌烦、遗憾、后悔、失败感、恐惧、绝望等。

（3）行为症状：包括工作效率下降、缺勤、离职、饮食习惯改变、嗜烟、嗜酒、烦躁、睡眠失调、力不从心等。

工作压力不仅关系到员工的身心健康，而且对个人和组织的工作绩效有很大的影响。因此，对压力的有效应付与管理是当代管理者应密切关注的问题。由于压力的产生是个体与组织交互作用的结果，所以，工作压力的应付与管理也只有将个体与组织结合起来，才能收到最好的效果。

三、员工个体面对压力的自动调适

1. 体育锻炼

它可以使员工身体健壮，精力充沛，应付压力的能力增强，从而减少或消除一些压力的生理影响。体育锻炼要有规律、持之以恒，还要以适量和娱乐性为原则。我国古老的一些运动方式，如气功、太极拳等都是消除压力的良好锻炼形式。

2. 放松训练

这主要是通过一系列的心理训练，使个体学会在遇到压力而感到紧张时通过放松来控制自己，从而消除或减轻紧张反应。与使用酒精或镇静剂获得的松弛状态不同，这些训练导致的松弛状态是持久、有益的，是通过自身努力形成的，因此容易形成对环境的控制感，而这种内部的控制感对减少环境压力所造成的紧张是非常重要的。

3. 寻求社会支持

寻求社会支持是我们应付压力情感反应的一个有效手段。研究表明，当其他威胁健康的因素发生时，缺乏社会支持的人比那些经常有朋友交往，较多社会支持的人更可能生病或死亡。当个体受到压力威胁时，他人的帮助和支持可以使我们恢复信心。这种支持和帮助表现为一起讨论目前压力的情境，帮助确立更现实的目标，并指出我们不曾发现的情境中的一些积极特征。另外，一些消极情感如愤怒、恐惧、挫折等也可以从中得到某种发泄，这对舒缓压力和紧张的情绪是非常必要的。

4. 压力免疫

这是通过改变对压力的认知来帮助人们应付压力反应的方法，包括教

育、演练、应用三个阶段。

（1）教育：在形成应付压力的有效策略之先，要对压力有明确的认识和接受的态度。应认识到压力及其反应不是个性的弱点，也不是个人能力差的标志，而是人人都会体验的正常心理现象。个体还应了解压力反应的机理，增强个体在紧张活动中对反应的感知能力。例如，一个在压力环境下很难控制自己怒气爆发的人，可以了解情绪反应如何发生的信息。换言之，个体被“教育”，使其对压力本质和反应可以更好地觉察。

（2）演练：主要是学会运用认知自我陈述的方法控制对压力的反应。个体要学会重新评价环境，并且从中发现积极的方面，形成对环境的理智反应。例如，上述不能控制自己怒气爆发的人，可以通过自言自语重新估价环境：“这可能是一个困境，但我能控制它”，或者“没有什么大不了的，要保持平静”等等，对自己所处的情境作积极的控制与评价。即使这种应付的努力不是特别成功，认知的自我陈述仍可以用来帮助控制失望的情感，增强自己的努力，如“这种情况不会永远持续下去”等等。当学会导致有效应付行为的认知自我陈述，并使之成为压力情境下的例行反应时，就可以避免单纯依靠个体本能的心理防卫机制对压力情境作混乱而无效的解释与应付。

（3）应用：在压力免疫的应用阶段，教育和演练阶段习得的态度和技能被应用于实际压力情境中。个体首先将这些态度和技能应用于一些相对较小的压力情境，然后做出评价，并判断是否需要修正自我陈述，或者发展一种新的陈述。当个体建立了有效的自我陈述，新的技能被用在更具压力的情境中，直到个体能在最大压力的情境下也能适应并产生有效的认知反应。

四、提高员工心理承受力

心理承受力是指员工对压力的适应能力，即员工在压力面前免于行为和心理失常的能力。提高心理承受力，其实质是增强个人的免疫能力。从组织角度主要有以下措施：一是提高员工的认知水平，帮助员工树立正确的压力观，要让他们认识到压力是工作和生活中的常见现象。这种认识有利于员工个人的成长和发展，有利于他们学会以建设性的方式去利用压力。尤其是新员工，企业对他们讲明工作的适应过程和可能遇到的困难，让他们有应付压力的心理准备，可以缩小个人期望与现实的反差，降低其挫折感，增强其适应能力；二是办好能力培训班，通过培育员工多方面的技能和能力，增强他

们的自信心和进取心，提高其适应工作的能力；三是引导员工加强锻炼和自我保健。医学心理学认为，锻炼身体可以减少压力并且可以抵消某些压力的有害的生理影响。这了这一目的，企业必须为员工制定健身计划，并提供教练指导和活动场所。另外，也可由企业出资并组织员工参与多种形式的集体活动，培养业余爱好，遇到压力时可以转移兴奋点，使心理活动趋于平坦；四是开展心理咨询活动，心理咨询是指咨询者通过语言、文字等媒介与咨询对象进行沟通，以矫正其心理偏差的一个过程。心理咨询的作用已受到人们的广泛关注，它可以促使咨询对象在认识、情感、态度等方面发生变化，较好地解决他们在学习、生活、工作、疾病、康复、人际关系等方面出现的心理问题，从而更好地适应环境，保持身心健康，提高工作效果和生活质量。因此，企业管理者在实际工作中应将现代心理咨询方法引入人力资源管理，开展多种形式的咨询活动，把有压力的员工看作是需要帮助的人，送以温暖，予以关心，从而正确有效地解决员工的压力问题。

人力资源开发的途径

人的素质与能力不是自然形成的，而应有计划地进行开发。人力资源开发的主要手段是教育和培训。从某种意义上说，职工培训是人力资本增值的重要途径，是组织效益提高的重要过程。人力资源开发就是要把人的潜能转变为财富。为做好这种转变，为充分发挥人的智慧潜能，必须抓好人才培养、职工的教育和培训，以及不断提高整个人力资源队伍的素质水平。

员工教育培训

首先必须更新职工培训及受教育的旧观念：（1）应由一次性受教育变为“继续受教育”、“终身受教育”；（2）应把职工接受培训看作是工作的有机组成部分。职工工作一年中应有几个月是学习，一天中应有几个小时是学习。学习不是额外负担，而是工作的一部分。每个职工工作一天都要有所收获，有所进步。因此，未来的组织更像一所学校。在美国，企业要创世界一

流，就必须将企业变成一个不断学习、不断提高、不断发展变化的机构。这样的企业才是人们向往、追求的企业。一些发达国家把培训职工看作是开发智力资源的“战略任务”，有的作为迅速发达的“秘密武器”。其次，在培训方面要舍得投资。一些国家不断增大教育经费在国民收入中所占的比例。如美国，1990 年的教育经费首次超过军费开支。

人力资源管理部门要把对职工的教育培训作为重要任务，加强管理。（1）要对培训有全面的计划和系统安排。人力资源管理部门必须对培训的内容、方法、教师、教材、参加人员、经费和时间等有一个系统的规划和安排。（2）要建立培训激励机制。教育培训工作应与职工的考核、提升、晋级、调动等紧密结合起来，以提高人们参与培训的积极性。（3）要加强一线职工的培训。过去，组织考虑培训人选时，往往优先考虑上层管理人员，对一线职工考虑较少。但是应该看到，整个一线职工队伍的建设对企业的生产经营是十分必要的，提高一线职工知识技能，将有利于提高企业经济效益。（4）要对培训项目加强评估和总结。培训评估的首要工作是确定评估标准，可卡帕切克提出了评估的 4 个标准：一是学员的反映，这包括学员对培训的印象，对培训价值的认可以及培训是否有助于他们的工作。一般做法是在培训结束后给学员一份调查问卷；二是学习标准，包括评估学员对课程的吸收程度；三是行为标准，即培训后学员工作行为的变化；最后一个标准是结果，指的是培训后绩效的变化，包括职工满意度增高、工作效率提高、浪费减少和绩效上升等结果。通过对培训进行评估有利于总结经验，吸取教训，改进教育培训工作，提高教育培训实效。

职工导向培训

一、职工导向培训含义

职工导向培训是指通过预先经过规划的各种活动，一方面把新职工介绍到组织、部门和他们的工作伙伴中去，另一方面向他们提供如何成为组织合格一员相应的知识、技能和态度。

职工导向培训在国内一般称为职前教育，用“导向”则更明确地表达出此类培训的主要目的在于给职工指引方向。新职工在正式开始工作之前，对企业的形象、产品和服务以及将要承担的职责、工作环境和薪资等条件已有所了解。如果在开始工作之时，不给予任何培训指导，新职工将会有一种茫

然无措的感觉。他们必须经过“组织社会化”的过程，学习被组织认可和期望的工作态度、各种准则及相应的行为方式，形成正确的自我意识，使自己能融入于组织文化中。组织的每个职工实际上无时不在经历这一过程，只不过在人们进入新环境、开始新工作时这一过程特别明显。

心理学家认为，人的早期经历会对其今后的成长产生一种潜在的影响，而人们在进入新组织开始新工作的最初阶段的经历也正如早期经历一样，会对他们今后在组织中的工作表现产生极大的影响。一些组织所做的研究表明，工作的第一天对新职工最为重要，他们对这一天的记忆可达数年之久。新职工对于最初的60～90天的工作中形成的印象也较为深刻，他们希望及早了解组织的总体情况、本部门的具体情况和本职工作的信息。在新职工刚进企业时，对他们进行良好的导向培训，一方面可以使他们较快地适应新的工作环境，加深对组织、本职工作的了解；另一方面又有助于职工及早形成对组织的归属感，这对于留住人才有实际意义。

美国著名的玻璃制品公司科宁公司曾有过这样的经历，20世纪80年代初，其职工跳槽率很高。经过调查研究之后，发现许多职工对刚上班时的新工作感到手足无措，公司总结出这是“一开始就播下的使职工离职的种子”，尔后，科宁公司花了大量的努力用于新职工导向培训，使离职率大为降低，取得了较好的效果。他们的经验后来为很多企业仿效。

二、职工导向培训的实施

职工导向培训，往往由人力资源管理部门和新职工所在部门共同进行。人力资源管理部门主要负责协调各层面的导向培训，使培训新职工的主管能有序地实施部门和岗位导向，实施组织总体导向并作追踪评估；新职工的直接主管则负责实施部门和岗位的工作导向。

1. 组织总体导向

在组织总体导向培训中，经常包含的内容有：

（1）组织的概论。包括组织的历史，组织文化和价值观，组织内职权范围和运作方式及组织机构设置情况。

（2）主要的制度和程序。包括休假、请假制度，培训制度，作息表等。

（3）薪资福利制度。包括工资结构，发薪日，加班工资制度，医疗、养老保险，住房政策，交通，工作餐及其他福利等。

（4）安全制度。对职工进行有关安全方面的教育，如工作安全、个人身体安全等。

（5）组织各部门位置的介绍。向职工介绍与他们开始工作有联系的各个部门所在位置，如办公室、食堂、停车或等候班车处等，便于职工寻找。

这些内容基本上适合于所有职工，所以在实施培训时可将新职工集中起来，由人力资源管理部门人员对他们进行培训，有些组织还会借助于录像带的形式让职工较快地熟悉自己所处的新环境。

2. 部门导向

在职工对组织总体情况了解之后，还需接受部门和岗位导向。新职工所在部门主管应向新职工介绍本部门的情况，介绍其与部门中的原有成员认识，以及介绍其所从事的工作的具体要求和注意事项。不同部门和岗位的职工导向培训还因各部门和岗位的不同要求而各有不同。

三、职工导向培训的跟踪及评估

职工导向培训在组织中花费的时间在 1 ~ 3 天左右。但许多组织开始意识到，不能把导向培训仅看作是这几天的事，而更应重视职工导向培训之后的跟踪及评估。通过跟踪及评估，可以了解目前所做的培训是否有效；同时对新职工来说，跟踪评估是促进他们适应组织与工作的一种强化措施。

职工在职培训

一、在职培训含义

它是指在不脱离工作岗位的情况下，对职工进行培训，也称为“在岗培训”、“不脱产培训”等。在职培训的主要特点为：

1. 培训内容与工作现场实际运作相结合，强调实践性。

2. 是一个连续不断、重复进行的过程。

3. 在所有职工中进行，且培训内容具有鲜明的针对性。

4. 培训者往往由组织内部人员，如主管或由有一定资历、经验的职工担当。

5. 由于不脱产，较为经济。

在职培训的基本要求是培训职工具备一定的技能，达到完成工作的最低水平。通过在职培训，让学员学到更多的技能，使其目前从事的工作上一个水平，并有可能扩展工作职责。

二、在职培训的方式

1. 工作轮换。这主要指在组织内部，让职工在相类似或稍高水平的工作岗位上分别工作一段时间。轮换的时间可长可短。许多企业采用这种方法对新职工进行培训，使其熟悉组织内部的运作功能和程序。也有一些组织为了让职工能胜任更高职位的工作，在提拔之前，先让其到不同部门在不同岗位上进行工作轮换。如有些跨国公司采用“跨国轮换”的方式。

2. 职工发展会议。在这类会议上，讨论每个职工的工作特点及其应如何提高个人工作绩效。

3. “助理”方式。这种培训方式让有潜力的职工在一段时间内担任某职务的助理，让其对这一职务有更多的了解，同时也帮助他增加工作经验与培养胜任这一职务的能力。

4. 解决问题会议。这类会议的目的是解决某一部门或组织面临的某一问题。它包括运用“头脑风暴法”及其他创造性思维展开对问题的讨论并提出解决方案。通过这类会议，可培养职工特别是管理人员分析组织内部问题和解决问题的能力，有很强的实践性。

5. 指导。让有经验的职工作为新职工的指导老师，帮助新职工了解组织，为新职工提供各种建议。对于新职工来说，有些信息不便于或不能从直接主管那里得知，可向指导老师寻求帮助和解决。

6. 特别任务。给某个职工或某一个有新职工的群体布置一项特别任务，要求其在规定时间内完成。这种特别任务可能是写一份报告，做一份可行性分析报告，拟订一项计划，准备组织期刊等等。通过让职工完成这些特别任务来锻炼、提高他们的某项技能和能力。

7. 师徒制。这种培训方式是较为常见的在职培训方式，在手工艺人中，这是培训新人最常用的方法。它的特点是由一经验丰富的师傅负责帮带一名或几名新来的职工。其传授技能过程为：传授（告诉培训对象做什么）——示范（做给他看）——练习（培训对象跟着做）一一检查反馈（检查培训对象的工作）。学徒制的时间依工作类别不同而不同，短则半年，长则三年。学徒制往往使师傅和徒弟间建立起深厚的感情。

职工脱产培训

脱产培训指离开工作和工作现场，由组织内外的专家和教师，对组织内各类人员进行集中教育培训，其本意是“职业外培训”。脱产培训的常见方式有：

1. 短期课堂讨论或研讨会。一些研究机构、行业协会、咨询机构和培训机构经常会举办各种内容为期一天至一周的短期课堂讨论或研讨会。这些短期课堂讨论或研讨会有较强的针对性，内容安排紧凑，可集中较新的研究成果，使参加者在较短时间内得到大量新的信息。

2. 学院、大学学历教育项目。许多职工在参加工作以后，感到需要再“充电”，他们会选择一些院校来继续受教育。现在较为普及的，如上夜大学、在职进修等。一些组织考虑到职工这方面的需要，愿意为职工承担全部或部分培训费用。

3. 高级管理培训。为了提高管理人员的管理水平，一些知名大学的管理学院推出了面向中、高级管理人员的高级管理培训。这种培训往往需要参加者离开工作岗位一段时间，较为系统地接受新知识、新信息。考虑到这个层次的管理人员很难长时间离开工作岗位，有些主办者采用变通手法，如允许学员每周脱产两次，持续三个月至半年参加培训。高级管理培训的内容往往是浓缩的 MPA（公共管理硕士）课程。

管理培训中，目前国内另一股热潮是 MBA 热。许多工作过一段时间、有一定经验的管理人员纷纷选择报考 MBA 对自己进行再培训。

4. 各类组织外会议。多数部门主管与专业技术人员都有机会外出参加工作会议，如年会、各类展览会、交易会、研讨会、技术标准会等等。这也是他们学习的良好机会。

5. 出国培训。近两年来，国内一些省、市政府人事部门从政府和企业中选拔了一小批领导干部送往国外大学、培训机构及企业进行企业管理、营销及科技知识的学习和培训。这种方法也是培养高级管理人才的较好途径之一。

以上我们探讨了几种常见的脱产培训方式，可以看出，它们的实践性、针对性相对在职培训来说要弱一点，但是，在脱产培训中得到的知识、信息往往更系统和更全面些。

案例分析

案例分析是根据一定的学习要求和培训目标，将实际生活中的真实情景或事件，加以典型化处理后，供学员进行针对性地思考分析，通过独立研究和相互讨论，提高学员分析问题和解决问题的能力。它要求教员向学员提供案例，引导学员讨论，培养学员们分析问题、解决问题的能力，并将这种能力迁移到日常工作中去。这种方法往往会与讨论法、角色扮演等方法结合运用，且常用于对中高级管理人员的培训上。案例分析的讨论发言可以是口头的或书面的。教员可以从发言的针对性、逻辑性、清晰性和条理性以及相关知识的掌握深度、创新意识与独立见解等几方面给以评价，并反馈给学员。

案例分析的最大优点在于，它讲述的不是抽象的，放之四海而皆准的原则，而是提供了具体的、复杂的问题环境和背景，它鼓励学生思考和力求解决问题。而且解决问题的行动方案可能有多个，使学生学会权衡和选择。从中培养学生提高面对压力情景，解决实际问题的能力。案例教学的主体是学生，他们必须经过充分的准备，深入的思考，相互的探讨，才能汲取知识和经验，达到预期的能力。

案例教学的难点和关键点是案例的编写。如果案例没有真实具体的情景，不具有典型性，尤其是存在着基本的常识性错误，那么都很难启发学生，甚至还要误导学生。因此，一个教学案例的基本构件必须有：事件发生的背景资料；发生的时间、人物关系；事件具有典型性，代表了行政管理中的一系列重要问题；能够引起学生的争论，并能贯彻培训的目标；具有相对独立和完整的情节；案例结构合理、语言流畅。在行政决策中，我们常常使用的凯普纳和崔戈的决策案例，就是一个典范式的教学案例。

情景模拟

这种方法可使培训对象犹如身临其境地分析、解决问题，通常用于对管理人员的培训上，事先要精心设计，充分准备。常用的又有：

1. 公文处理法。也称一揽子事件法，让培训对象在一定时间内完成若干文件的阅读、批示和处理，这些文件与其日常工作有一定相似性。

2. 角色扮演法。让培训对象假想担任公司某一部门领导职位，以此角色身份来处理面临的问题，可用于多种内容的培训。

3. 无领导小组讨论。主持者事先给出一主题，让培训对象自由展开讨论，从中可观察每个人不同的人际交往能力、领导能力及表达能力。

4. 管理游戏法。游戏方式有对抗赛、模拟市场竞争等。管理游戏的设计很重要，要使学员在游戏般的气氛中有所领悟，有所收获。目前这种方法正得到愈来愈多的应用。有一些游戏已从室内走向室外，例如被称为“野外生存训练”的游戏，要求参加者“攀尖越崖”、“空中过独木桥”等以求生存。这类培训用于锻炼开发参加者的意志力、团队合作的能力、创造力、进取心等。

此外，在培训中，还可借助于一些先进的多媒体教学工具，如目前在培训中已被广泛采用的投影仪、录像机、摄像机等视听工具。在一些如讲演技巧的培训中，用摄像机将学员的讲演拍摄下来，再用录像机现场播放，让学员观看自己的讲演过程，再进行反馈，效果要比讲师直接告诉学员“你应该这样”好。

计算机辅助教学（CAI）

随着计算机技术的不断发展，计算机辅助教学也日渐普遍。在这种教学中，培养对象可直接与机器进行“人—机”对话，并根据自己的水平选择相应的教学程序和内容，在课程结束后，还可以测试自己的掌握程度。另外一种新型的借助于计算机的教学方式是“网上教育”，即应用目前日益普及的国际互联网进行培训和教育活动。近几十年来，由于现代信息技术的飞速发展，教育培训手段不断更新，使现代教育培训的发展获得了前所未有的机遇。

1. 再现型传播媒体的应用使教育培训实现“经验替代功能”。如幻灯、投影、电影、电视等设备的使用，可将他人的直接经验和知识，进行从真实到再现、抽象到形象、枯燥到趣味、复杂到简化的转化。

2. 电子多媒体扩展了教育培训的“系统学习功能”。通过使用将数字、符号、声、像等多种信息储存和再现的多媒体技术，人们可以将系统学习的资料储存到录像带、磁盘和光盘上。通过“媒体教师”，人们可以高效地实现集理论学习、技能训练、问题解决为一体的完整的、系统的学习过程。比如40年前，在美国莱诺铸排机上学会排版需要六年时间。然而，使用现在的排版软件，编辑和记者可在一天内学会排版排字。

3. 现代媒体巨大的储存和选择功能，极大地扩充了知识储存的空间。比如，利用一张CD-ROM（只读存储光盘），就可以将一套24卷的《世界手册》储存进去，读者可以通过计算机任意调用。把图书馆搬回家，获得人类所有的知识和智慧遗产，将成为现实可能。

4. 全球互联网络和信息高速公路，使教育培训具有了超越时空的功能。人们的学习将冲破场地、时间和教师的限制。人们可以随时随地学习和办公，需要时可以请来世界上最好的教师，学到最好的课程。知识已不再是少数人的“专利”和致富的手段，真正的知识共享时代正在来临。

5. 智能化媒体的出现使学习实现“智能自动共享”。随着智能计算机、智能机器人、智能信息网的发展，智能化的媒体系统能将数据处理转化为知识处理，并具有类似于人的右脑所具有的图形识别、情感感觉等功能，还可以帮助人们在无数选择中，做出最佳选择。这种智能化网络技术能为人们提供两类服务：一是“服务智能化”，即利用知识库和专家咨询系统，向用户提供储存的知识和处理规则，对质疑做出解释，同时还能够吸收使用者的意见，自动改进和更新系统。比如，施乐复印机公司有一种工作指导信息库，当一名修理工发现复印机某一部件产生故障时，就会将这件事输入信息库，信息库将指导工程师在设计新产品时注意到这一问题，并作相应改进；二是“操作智能化”，即网络运行、维护和管理的智能化。比如，开发网络故障自动检测和修复的专家系统，开发优化路线选择的专家系统等。

中国香港注重实际的员工管理与培训

一、健全的教育体制

中国香港有一套相当健全的政府管制的教育体制，行政局具有最高的决策权。教育及人力统筹司是香港教育的最高行政管理机构（1983 年成立），该机构直接向布政司负责，下辖教育署、工业教育及职业训练署和劳工署。教育署负责执行政府的教育政策并按照教育条例监察香港的幼稚园、中小学及部分专业学院和负责课程发展、策划研究、建校、学校分配、辅导服务、学校行政、专业教育及语文教育学院等工作。和行政局对口的协助机构是教育统筹委员会（1984 年成立），其职权包括：制定整体教育目标，制定政策；统筹及监察各教育阶段的策划和发展工作；推动教育研究工作。此外，还有三个教育咨询机构，即教育委员会（1920 年成立）、大学及理工教育资助委员会（1965 年成立）和职业训练局（1982 年成立）。

中国香港的教育近 30 多年来因受到现代资本主义经济发展的影响，教育紧密配合社会经济发展，形成了一个多层次、普及的和实用的庞大教育体系。在这个体系中，中西文化交汇，中西教育兼容，不同宗教背景的学校和平共处，各种团体竞相办学，形成了香港自由港的教育特点。健全的教育体制和政府对教育的权威性及教育奖金保证，亦起到了保证和推动教育发展的积极作用。香港发达的教育为人力资源的广泛开发奠定了基础。

二、专职的政府培训部门

在中国香港人力资源开发体制中，专职的政府培训部门是中国香港的一个特点。

1. 公务员训练处。公务员训练处于1961年成立，是培训公务员的统筹机构。该处由政府拨款，负责检讨各部门的训练计划及提供意见，也为各部门训练一般职系人员，举办督导课程，训练导师以及调配海外和本地训练计划的资金。公务员训练处按照公务员事务科（香港的科大于处）制定的公务员培训政策执行培训，为首长级公务员、中层管理人员及基层管理人员举办训练课程。

2. 职业训练局。职业训练局成立于1982年，由中国香港各行业的专业人士及企业家组成，负责估量本行业的人力需求，提出解决办法，以保证香港的职业教育及训练，配合经济的发展。职业训练局成立以来在政府的大力支持下不断扩展，目前，管辖20个训练委员会和7个一般委员会，管理两家科技学院、7家工业学院和24个工商业训练中心。每年开办多学科数百余项课程，积极为香港的工商业等主要行业培育、输送所需要的新鲜血液。除了注重培训中三程度以上的技工、中五以上的技术员，训练局亦负责推行学徒训练计划及见习训练计划。职业训练局开办的许多培训课程全部免收学费。

3. 半官半民的生产力促进局。中国香港生产力促进局是于1967年成立的法定机构，服务范围多元化，其宗旨是促进生产力及提高香港工商界效率。生产力促进局的工作及其对香港经济的贡献在于提供一系列的开发、顾问、培训及技术转移服务，增强各类企业的人力资源及技术基础。生产力促进局的半官性质在于它是政府成立的法定机构，对它实行监督的理事会的主席及22位委员均由特首委任，包括管理阶层、劳工界、学术界、专业人士及生产力有关的政府部门代表，政府给其部分拨款。半民的性质在于其聘任的600余名经严格挑选、训练、技术纯熟的顾问及雇员，虽然拿相当于同级公务员的工资，却不属公务员编制。这些顾问及雇员每年为4000多家公司提供多元化服务并收取服务费用。这笔费用用于扩大生产力促进局的基本建构、经营和服务范围。在生产力促进局多元化的专业服务中，提供有关策略性人力资源开发及管理的服务是重要内容。包括组织及职能设计、人事预测、评估培训需求和发展培训计划、事业计划、建立团队，设计及实行各种策略性表现管理、招募、职员工作表现评估及减少职员流失的计划。生产力促进局每年开办各方面的技术及管理训练课程，培训人数超过15000万人。

4. 各部门、公司的人力资源培训中心。在香港，凡大、中型的企业、公司等部门单位均配备隶属人力资源开发部的员工培训中心。该中心结合本部门发展需求和员工状况进行普及与提高性质的培训。这种培训中心培训员工的目的和政策非常明确，即吸引和挽留优秀人才，提供适当的培训和给予及时的鼓舞，使员工对本企业、公司有归属感，对本部门事业发展及自身的奋斗有成功感。

这几种不同部门的对员工的培训在本部门层次中，培训的技术是最先进的，老师是最好的，教材是最新且最实际的。

三、多元化的培训内容

在健全的教育体制和政府及部门设置的专职培训部门的基础上，香港对员工的培训包含多元化的内容。

1. 多种对象，班次多样。如：公务员处培训公务员；生产力促进局培训高科技、高级专业人才，部门、企业经理等高级管理人才；职业训练局培训各种技工、技术员；各部门培训中心培训本部门的中层领导和一般员工。班次随发展需要和对象状况随时设置。当中年妇女找工作难时，职业训练局甚至开过提高中年妇女应聘能力的培训班。

2. 课程丰富，培训量大。如：公务员训练处1993~1994年开办管理训练、语言及传意、中国事务及电脑等课程208个，培训公务员共19772名；职业训练局仅其下属的7个工业学院设立的16个学系就开办应用科学、商业、电脑、营造、设计、文理工学、电机、制造、纺织、电子等工程及酒店经营、印务56项课程。

3. 培训面宽，高、中、低层次俱全。香港员工培训不仅建构齐全，网络成体系、量大、内容多，而且培训面宽。如公务员培训处培训中、高及一般公务员；生产力促进局培训各类高级科技、管理人才；职业训练局和各部门培训中心培训一般员工和中、低级技术、管理人员。几乎所有的员工都有其对应的培训部门、班次和课程。

四、务实的培训特点

香港的员工培训走出了一条培训实用人才的成功之路。因而可以说务实是香港员工培训的最大特点。具体表现在：第一，各类培训均按照市场需求确定培训内容，几乎没有不着市场边际而设置的培训计划和课程。第二，根据部门、企业发展及员工素质状况安排培训课程，一切培训都紧扣上述主题，没有空泛的理论和脱离实际的说教。第三，只进行有回报率的培训，经过预测，没有回报率的培训不搞。包括大学提出的科研课题经费，没有市场回报率，政府不予拨款；生产力促进局的高精尖科技人才培训如果近期还不会被香港市场所接受，也不会一厢情愿地进行。虽然生产力促进局有引导和促进香港生产力朝健康、向上、科学方面发展的责任。第四，培训与员工的个人利益挂钩。凡是对员工的培训，都紧紧和其利益联系在一起，或是学习新本领、新技术，或是充实、提高其现有的还不胜任本职工作的知识和能力，或是调任新职前的岗前培训。总之，伴随培训而来的，不是提职，就是提薪，至少可以促其安稳保持眼前的位置。

这种经常性的、务实的、高效的培训，使得人的素质在全香港极为关注企业、产品的品质管理的同时也得到提高。人的素质提高了，管理水平提高了，产品的质量也提高了，从而使香港能在风云变幻之中不断占领国际市场。

发达国家公职人员在职培训工作的基本做法

一、重视通过立法的形式建立健全国家公职人员在职培训制度，并不断完善化

随着现代社会科学技术的发展，科学文化知识和先进的电子技术设备广泛应用于各级政府工作部门，国家的经济和社会职能日益复杂化和智能化，对国家公职人员素质的要求越来越高。各发达国家决策阶层在实践中普遍认识到，国家公职人员职前学到的知识和技能固然很重要，但又是特别有限的，仅占一生中所需知识的 1/10 左右。公职人员走上工作岗位以后只有坚持“回归的”、“终身的”职业培训，才能根据社会发展和科学技术进步的

要求不断更新和补充知识、技能，开阔视野，进而熟悉国家行政组织的组织体系和工作程序，提高工作责任感和兴趣，增强对未来工作的适应性；否则，就无法及时了解现代科学技术的最新发展动态，难以掌握工作中所需的新知识和新技能，提高管理水平和工作效率的愿望就会落空。因此，各主要经济发达国家都对传统公职人员培养制度中只重视职前培训而忽视在职培训的做法进行了大胆的改革，把公职人员的在职培训当作政府的一项战略任务来抓，通过立法的形式把参加在职培训定为公职人员应该享受的权利和义务，使公职人员的在职培训有法律保障。

法国政府为了适应现代社会发展的要求，把公职人员在职培训当作政府各项工作中的头等大事来抓，并给予法律的保证。在《法国公务员总章程》中明确规定："应保证每个有能力的公务员有机会受到培训"，"公务员有接受培训的权利和义务"。1985 年颁布的《关于国家职员职业培训的法令》中明确规定："职业培训旨在使被培训的职员最有效地行使赋予他们的职能，以满足被培训单位的需要"，"要对听课或教课的职员按现行条文付给报酬"。这样，国家公职人员在职培训的目的、原则、权利和义务等重大问题都用法令的形式确定下来，保证了法国公职人员在职培训的顺利进行。

日本政府一直很重视公职人员的在职培训，把公职人员的在职培训用法律条款的形式固定下来。例如《国家公务员法》明文指出："政府负有定期组织培训的专门性义务，公务员享有接受培训，停职培训期间工资和自修时政府提供免费的权利。"日本的《职员的教育训练法》规定："各省厅首长为了发挥和提高职员的业务能力，必须为职员的教育训练所需的情况进行调查，制定进修计划，以促其实现"，"各省厅首长作为职员的监督者，必须通过日常工作尽量使职员进行适当的进修"，"各省厅首长在必要时，有权命令职员停止日常工作，专心致志地进修"。

二、采取有效措施，筹措培训经费

国家公职人员在职培训的顺利实施，不但需要政府的高度重视和法律条文的保证，而且还要有实施教育的最基本条件——经费的保障。

在法国，公职人员在职培训的经费来源有两种途径：一是国家拨款资助，如 1982 年为 150 亿法郎（相当于法国当年教育经费的 1/4）用于国家公职人员的在职培训；二是法律规定公共部门和公司企业对公职人员在职培训的投资。在法国有关职员培训的法律中明确规定，无论是公共部门还是国营企业，每年都必须拿出职工工资总额的1.1%作为培训费。“据法国公职总局统计，1986年整个公职部门用于培训的费用竟高达工资总额的60%”。20世纪80年代以来，美国政府每年都拨出大量经费对联邦政府雇员和国营企业职员进行在职培训；为了帮助地方政府提高公职人员的素质，联邦政府每年还拨出2.4亿美元的经费资助各州举办各种职业培训班和培训成人教育师资。据统计，美国州政府和各个公司企业每年花在职员培训方面的费用高达300亿美元，约占全部教育经费的一半左右，而且接受在职培训人员的工资和津贴还没有计算在内。

三、建立健全公职人员培训的组织机构

各主要经济发达国家为了加强对公职人员在职培训工作的组织、领导和监督，都普遍建立了专门管理公职人员在职培训工作的组织机构，认为它是保证培训工作经常进行的最根本的组织保证，是提高培训工作的质量和效率的重要前提。

日本公职人员的培训计划，由人事院负责制定，并协调各省厅职员的培训计划。人事院同时还举办各种进修班、研究会，对各省厅担任职员培训指导的工作人员和教师进行培训。各省厅在人事院的指导下，制定本系统职员的进修计划，培训师资和工作人员，对本系统公职人员进行轮流培训。

在法国，所有公职人员的在职培训都是在国家公职管理总局的监督指导下进行的，由总理府负责人事与行政改革的部长级官员负责，各个行政部门则承担本系统公职人员在职培训的具体工作。法国于1977年成立了国家职业教育部，下设继续教育局，并在全国设有22个职业教育部的代表机构；该部主管全国职员的职业培训，负责全国的职业继续教育立法和统一规划管理，分配和使用继续教育的经费，以及培训国家职业教育的师资和工作人员等。各省厅和地区设有继续教育处和职业培训中心，负责该地区职员在职培训的计划、组织和协调任务，各企业公司的职员培训则由企业公司的委员会具体负责。

在美国，联邦政府公职人员的在职培训由文官委员会负责。文官委员会内设有培训局，负责制定和实施职员在职培训计划，注意研究培训的新方法，为各培训中心和机构的课程设置提供咨询，对各州公职人员在职培训进

行协调和指导，通过有目的、有组织的业务训练，提高公职人员的业务能力。州政府负责本部门公职人员的在职培训工作，企业和公司职员的在职培训工作在州政府的指导下具体实施。

四、根据实际需要确定培训内容和方法

为了切实保证公职人员在职培训的效果，使公职人员通过在职培训确实能更新观念，有所收获、有所提高，各发达国家普遍强调公职人员在职培训的内容必须是现任职务或预计今后所任职务和责任有密切关系的知识技能，在教学过程中要贯彻理论结合实际的原则，既强调提高公职人员的理论素养，又注重教学的实践环节，不断提高他们的实际工作能力。

各国确定公职人员培训内容的基本原则是学以致用，除公职人员职前培训的内容中必需的基础理论课相对稳定外，其他培训内容都是由政府有关部门根据新颁布的法规和科学技术发展的要求以及各部门的反馈意见编制的教学大纲确定的，具有鲜明的时代性、实用性和灵活性，符合实际工作部门的需要，因而各级政府和企业公司都愿意花费大量钱财选送他们的职员参加在职培训，也容易调动公职人员学习的积极性、主动性。

各发达国家公职人员在职培训中突破了普通高等教育教学模式的束缚，特别注意根据成年人的特点改进教学方法。教师在课堂上只用较少的时间讲清教材中的重点和难点，把较多的时间留给学生自学和师生讨论问题。为了调动学生和教师讨论问题的积极性，教学班上教师和学生经常圆桌式围坐，教师引导学生把听、看、口头表达、思考、讨论、综合书面材料等有机地结合起来，通过独立思考创造性地掌握所学知识。教师在教学中不仅传授理论知识，还强调实践环节的重要性，让学员走出课堂，运用所学的知识技能解决实际问题，到社会实践中锻炼自己，提高自己的实际工作能力。

五、采取各种有效措施，支持公职人员参加在职培训

为了调动公职人员参加在职培训的积极性，各发达国家普遍制定了一系列优惠政策，采取了许多措施鼓励和支持公职人员参加在职培训，他们的主要做法有：

1. 时间上充分保障。许多发达国家颁布法令，国家公职人员每年享受一次不少于一个月的带薪休假，公职人员在工作一定年限（一般为 5 ~ 7 年）后，可以为学习或研究而停职，轮流享受学术休假（带薪）半年到一年，到

国内有关院校或国外进行学习和研究，从而使公职人员的在职培训从时间上能切实得到保障。

2. 经济上大力支持。各发达国家普遍制定了公职人员带薪参加培训的政策，此外还采取了支付学杂费、颁发奖学金、资助交通费用，提供培训津贴和一定数量的无息贷款等措施，以帮助公职人员克服经济上遇到的困难，毫无忧虑地参加在职培训。

3. 注意对公职人员进行定期考核，把培训同使用、晋升相结合。为了督促公职人员参加在职培训，不断提高自身的素质，更好地履行自己的职责，各发达国家普遍建立了公职人员考核制度，由国家有关部门的专家对公职人员的品行、业务水平定期进行考核，品德好，成绩优异者才能按规定晋升级别，增加工资；品行不好，业务能力差，经过一段在职培训仍然达不到要求的公职人员，则要解除聘任合同，或重新安排适合他们特定的工作。